工芸の教育

大坪圭輔

武蔵野美術大学出版局

はじめに

科目としての工芸

　「手」ではじまる言葉を思いつくままにあげてみると、「手間」「手業」「手離れ」「手回し」「手抜き」「手まめ」「手遊び」「手真似」「手解き」「手振り」「手筈」「手配り」「手の内」「手並み」「手直し」「手妻」「手伝い」「手づくり」「手筋」「手数」「手順」「手締め」「手塩」「手触り」「手頃」「手心」「手柄」「手打ち」「手入れ」「手当」等々、それは際限がないほどであり、「手」が我々の身体の一部であるということ以上に、いかに我々の生活と深い関係にあるかがあらためて感じられる。

　筆者が子どものころには、今よりも「手」に関する「しつけ」も多かったように思う。食事のときの箸の上げ下げにはじまり、挨拶のときや人前での手の位置、はたまた雑巾の絞り方、そして場合によっては手をピシャリということもあった。頭を使って生活するというよりも、手を使って暮らしているという感覚があったのは確かである。もちろん、現在も手は使っている。しかし、その使い方や使う場面は縮小し、何より「手」についての意識が希薄になってきていることも確かなようである。「手仕事」という言葉に、どこか懐かしさを感じてしまうようになったのは、いつ頃からだろうか。

　このようなことが、単に個人的な経験の問題として済ませられない社会的状況があるとの危機感が、本書の根底にある。粘土を触れない、砂場で遊べない、手が汚れることを極端に嫌がる子どもや、鉛筆をナイフで削ったことのない小学生、マッチを擦って火をつけたことのない大学生など、教育の現場から聞こえてくる身体性を通しての体験不足の報告は枚挙に遑がない。産業界においても熟練工の不足は慢性化しているし、さまざまな巨大プロジェクトの欠陥が指摘されるたびに、身体性を伴う現場の担当者とまずは文書や理屈ありきの管理者との齟齬が浮き彫りになる。

　今、我々の社会では身体的感覚を軽視する傾向が進む中で、「ものづくり」（ここでは多様な意味を含めて平仮名を用いるが）における地盤沈下とでも言うべき現象が起きている。人工知能や3Dプリンターは新しい「ものづくり」を開くとされるが、それらによって生産されたものを最終的に評価するのは、「手」に象徴される人の身体的感覚を通しての「質」の見定めである。人はものをつくる生物である。手で文明を築いてきた。したがって本書

は「手の教育」を考えること、もう少し正確に言うならば「人間のさまざまな能力の内、手を通して発揮されるもの」としての工芸の教育を考えることを目的としている。

　また、本書は高等学校工芸の教員免許状取得希望者を第一の読者と想定していることから、幼児期から青年期までの「ものづくり」による教育を視野に入れながら、高等学校の「各学科に共通する各教科」の内、「芸術科工芸Ⅰ、工芸Ⅱ、工芸Ⅲ」（以下、普通科目芸術科工芸と呼ぶ）の各科目における実践を柱としている。しかし、工芸という科目の枠の中だけで工芸の教育を考えることは、その教育の意義や価値を見失うことになる。何より、高等学校における工芸の開設状況は、前述の「ものづくり」における地盤沈下現象を象徴しても余りある。

　高等学校の各科目の履修者数を全国規模で俯瞰する場合には、教科書の需要冊数を取り上げるとわかりやすい。具体的には、2016（平成28）年度の全高等学校生徒数は3,251,477人（註1）であるが、「工芸Ⅰ」の教科書の需要冊数は20,007冊で全体の約0.6％、「工芸Ⅱ」は6,955冊で全体の約0.2％である（註2）。なお、「工芸Ⅲ」の教科書は作成されていない。「工芸Ⅰ」「工芸Ⅱ」の履修率は、高等学校の全科目の中でも最低ランクであるが、これは、工芸の履修希望者が少ないのではなく、工芸を開設している学校が少ないことによるものである。どの科目を開設するかは高等学校の場合、学校の裁量すなわち学校長の判断による。つまりは、高等学校教育の現場関係者における工芸の教育的価値についての認識や評価の低さが、そのまま履修率の低さに現れていると言える。

　本書では、教科科目としての「工芸」の出自を明らかにするために「第3章　手工教育の変遷」「第4章　工芸教育の変遷」に多くのページを割いている。そこには、学校における工芸教育が「手工」の名の下にはじまった明治時代から、その普及の困難さを示す歴史がある。戦後においては、1958（昭和33）年の中学校技術・家庭科の開設によって、中学美術科との差異化が課題となり、「設計・製図」「木材加工・金属加工」「被服製作」「家庭機械・家庭工作」は技術・家庭科の内容となっている。さらに、1960（昭和35）年には、高等学校芸術科として「美術」と「工芸」が並立することになり、各領域の区分が必要となってきた。すなわち、全体を通して科目「工芸」という学習の目的や内容が、他の教科や科目と比較してわかりにくいことが、関係者の無理解を生む理由の1つなのである。

普通教育と専門教育

　現在の普通科目芸術科工芸はその領域を「クラフト」だけでなく、人の生活と社会に関わる造形全般を対象としており、「工芸デザイン」という言葉でその領域を示す方がわかりやすい。これまで工芸デザインに関する教育の内、人間性の育成を目的とする教育は初等中等教育の教員養成の場で扱われ、工芸家やデザインの専門家を養成する教育は美術工芸を専門とする大学や研究機関で扱われてきた。このことは、工芸と限定せず、美術教育全体でみるとさらに顕著である。美術工芸教育研究者が集まる学会などの組織と美術作家の団体、デザイナーやデザイン理論研究者による協会、美学美術史の研究者が集まる研究会など、各組織間の交流は希薄である。また、工芸作家やデザイナー育成の教育では、直接職業と結びつく技術や知識の習得が中心であり、経済的要素も重要である。それは、今までの初等中等教育における人間性育成の教育とは相容れない性質を持っている。

　しかし、こと工芸デザインに限るならば、工芸デザインが人間の生活の上に成立する物理的存在である以上、技術や知識が存在し、さらに生活の必要性という視点からは、経済活動をも含む社会性を持っていることも重要な要素である。前述したように、そもそも人は「ものをつくる生き物」であり、「人間のさまざまな能力の内、手を通して発揮されるもの」と工芸を定義するならば、教育機関の目的の違いから両者を分離して考えることにどれほどの意味があるのか疑問である。美術工芸教育研究者だけで考えてきた工芸教育の魅力のなさも、普通科目芸術科工芸の開設を停滞させている一因とも言える。

　工芸制作を支える技術を修得することと、工作・工芸の学習の中で培われる感性や人間性は本来的に1つであり、「ものをつくる生き物」である人間の教育は、たとえ学習者の年齢やその教育機関が担う教育目的に違いがあっても、人間の生き方に立脚した工芸デザインの教育と定義するのが本来の姿ではないだろうか。

現代における創造力

　そのような専門性と人間性を一体化した教育的要素を示すものとして、「第2章 工芸の定義と工芸教育」において「徒弟制度」を取り上げている。徒弟制度については、閉鎖的な人間関係の中での恣意的な指導というイメージがあり、他者との関係性を築くことに負担を感じる現代人にとっては、極

めて考えにくい教育環境であると言える。しかし、ひと昔前までは専門的技術を習得し、優れた職能者を育成するための社会システムとして機能していた。特に、親方から弟子へと有言無言に伝えられる素材や技術に対する真摯な態度や誠実さこそが、人間の生活とともにある工芸を生み出す創造力の源であり、それをもって、「民藝運動」を展開した柳宗悦 (p.302参照) は「健康な美しさ」と評し、無名の職人たちの手による実用品の中に優れた造形性を見出すことになる。

　現代の創造力には、どこかに勤勉さや誠実さを置き忘れてきた危うさが感じられる。これからの社会を生き抜く力の1つとして、創造力は多くの領域分野において身につけるべき能力となっているが、それは無責任な発想や独りよがりの構想ではないはずである。「ものづくり」によって育てられる創造力は、素材に対する真摯な姿勢や誠実さによって裏打ちされていることを忘れてはならない。

　現在の学校教育は「学校教育法」が定める学力の三要素「基礎的・基本的な知識・技能」「知識・技能を活用して課題を解決するために必要な思考力・判断力・表現力等」「主体的に学習に取り組む態度」を基本とする教育を実践している。その中で、「ものをつくる生き物」としての本来的な欲求を保障し、造形的思考の育成を目標とする工作・工芸の教育は、さまざまな知識や技能を生きるために活用することのできる汎用的能力としての創造力育成にこそ、その存在の意義がある。柳が指摘した「健康な美しさ」を忘れた国民の育成になってはならない。

2つの思考方法

　人間の生活とともにある工芸は、常に同時代性を持つ。伝統的な技術を用いながらも、絶えず同時代に生きる人の暮らしの中に存在している。工芸の豊かな芸術性もまた、現代の人々の感性と響き合っている。そのように宿命的に背負う工芸の同時代性を無視して、偏狭な定義づけをすること自体にあまり価値はないと考える。

　しかし、現在の普通科目芸術科工芸には「身近な生活と工芸」と「社会と工芸」の2領域が設定されている。これらは従前の「工芸制作」と「プロダクト制作」が学習指導要領の改訂に伴って改編されたものであり、将来の学習指導要領改訂においても、「クラフト」と「プロダクト」の2領域を学習領域とすることには変更がないと思われる。また、本書「第2章 工芸の定

義と工芸教育」では、高等学校工業科と美術科の専門科目を取り上げている
が、工業科の科目の1つである「デザイン技術」では、「プロダクトデザイン」の中に「クラフトデザイン」を組み込み、美術科の科目である「クラフトデザイン」では、「工芸」「プロダクトデザイン」「伝統工芸」を同列に扱っている。

　このように枠組みがあいまいな状況であることこそ、工芸教育の特質でもあると言えるが、問題解決という教育方法論的な視点から考えるならば、普通科目芸術科工芸では、2つの思考方法を学習することになる。自身の問題を解決するためのクラフトと社会の問題を解決するためのプロダクト、すなわちクラフトにおける内向性とプロダクトにおける外向性である。この相反する2つの思考方法は、工芸教育では無理なく共存できるし、また共存させなければならない。それは美と用という工芸の本質的要素に立脚している。他教科の教育目標を概観してみるならば、一方向での問題解決を迅速に、場合によっては効率よく思考することが求められている。これに対して工芸教育に設定されている複合する思考方法は、多様性や汎用性が求められるこれからの教育において、重要な役割を果たすことになる。

　クラフトとプロダクトの位置づけについては、それぞれの立場から各種の意見があることは事実であるが、本書では学習領域としてのクラフトとプロダクトを同列に扱うことを原則としている。また、「工芸教育」と表記する場合は主として学校教育における工作・工芸教育を意味し、本書の書名でもある「工芸の教育」を用いるときは、学校教育における工作・工芸教育も含む工芸及び工芸デザインの教育全体をイメージする意味で用いている。

註1　全高等学校生徒数は、文部科学省「平成28年度学校基本調査」による。

註2　「工芸Ⅰ」「工芸Ⅱ」の教科書需要冊数は、文部科学省ウェブサイト「教科書制度」、文部科学省初等中等教育局「教科書制度の概要」の「付表3　教科書の種類数・点数・需要数（平成28年度用）」による。
http://www.mext.go.jp/a_menu/shotou/kyoukasho/gaiyou/04060901/__icsFiles/afieldfile/2016/08/29/1235103_003.pdf（2016年12月現在）

目次

はじめに　　　　　　　　　　　　　　　　　　　　　　　　　　　　　3
　　　　科目としての工芸／普通教育と専門教育／現代における創造力／2つの思考方法

第1章　百見ハ一試ニ如カズ

　　第1節　ものづくりの教育　　　　　　　　　　　　　　　　　　　14
　　　　　　仕事と労働／工芸大国／生活工芸／伝承という教育／一試ニ如カズ

　　第2節　ニワトリを育てて食べる授業　　　　　　　　　　　　　　21
　　　　　　実学／命の授業／学力論

　　第3節　言葉と体験の間　　　　　　　　　　　　　　　　　　　　27
　　　　　　身体性による学び／言葉と体験

　　第4節　生活の変化と身体性　　　　　　　　　　　　　　　　　　32
　　　　　　火打石／熨斗袋

第2章　工芸の定義と工芸教育

　　第1節　工芸の定義　　　　　　　　　　　　　　　　　　　　　　38
　　　　　　工芸の教育からの工芸論／工芸概念の成立／工芸の分類／
　　　　　　デザインとしての工芸／雑貨論

　　第2節　万国博覧会と工芸　　　　　　　　　　　　　　　　　　　47
　　　　　　博覧会の時代／ウィーン万国博覧会／博覧会派遣員報告

　　第3節　徒弟制度の教育　　　　　　　　　　　　　　　　　　　　60
　　　　　　職人尽絵／木に学べ／徒弟制度と教育制度

　　第4節　現代の工作・工芸教育　　　　　　　　　　　　　　　　　66
　　　　　　教科名／小学校図画工作科／中学校美術科／高等学校芸術科工芸

　　第5節　工業科、美術科の工芸デザイン　　　　　　　　　　　　　74
　　　　　　専門学科／専門学科工業の科目／専門学科美術の科目

第3章　手工教育の変遷

第1節　手工・工作・工芸・技術・芸術　　82
美術と技術／工芸と工業／工作と工芸へ

第2節　手工教育のはじまりとしての「恩物」　　89
フリードリヒ・フレーベル／東京女子師範学校附属幼稚園／
「恩物」の構成

第3節　手工科の設置とスロイド　　99
工業と工芸、手工／手工科創設／文部省手工講習会／
スロイドシステム／後藤牧太の手工教育説

第4節　小学校手工科の普及と確立　　111
加設科目手工／手工教科書

第5節　岡山秀吉と阿部七五三吉の手工教育　　118
手工教育の状況／岡山秀吉の手工教育／阿部七五三吉の手工教育

第6節　自由主義教育における手工　　131
石野隆「創作手工」／山本鼎「工芸手工」／手工教育の改革／
手工科の子どもの作品

第7節　中学校「手工科」と「作業科」、「芸能科工作」　　147
中学校の変遷と手工／基本科目作業科／中等学校芸能科工作／
国定教科書『工作』

第8節　国民学校「芸能科工作」　　160
「工作科」誕生／国民学校令／芸能科工作の指導／芸能科工作の教材

第4章　工芸教育の変遷

第1節　戦後教育改革期の工作・工芸教育　　180
学習指導要領成立の背景と改訂の経緯／
「学習指導要領 図画工作編 試案 昭和二十二年度」における「工作」／
新制高等学校における「工作」

第2節　芸術教育としての工芸教育　　194
高等学校芸術科工芸の誕生／昭和35年改訂告示 高等学校学習指導要領／
1960（昭和35）年「芸術科工芸」の教科書

第3節　芸術科工芸　　209
学習指導要領の分析／クラフトとプロダクト

第4節　中学校美術科と技術・家庭科　　223
試案から告示へ──中学校学習指導要領／
「昭和26年（1951）改訂版」と「昭和33年改訂告示」の比較／
中学校美術科教科書／中学校技術・家庭科の内容

第5章　工芸の技法

第1節　道具と手仕事　　　　238
刃物と教育／大工道具／方法と技

第2節　工作・工芸の教室と教材　　　　247
学校施設整備指針／普通科高等学校の工芸教室／教材整備指針／
キット教材

第3節　技法と題材開発　　　　259
工芸授業の題材開発／木工／陶芸／金工／テキスタイル／ガラス／
編組素材／モデルメーキング／その他の技法素材

第6章　工芸の鑑賞

第1節　行動としての鑑賞　　　　282
鑑賞行動／幼児の行動から／鑑賞行動の日常性／
「めでる」と「たなごころ」

第2節　工芸デザイン史　　　　288
文部科学省著作教科書『高等学校用デザイン史』／
学習指導要領 工芸Ⅰ、工芸Ⅱ、工芸Ⅲ／
工芸Ⅱにおける「近代デザインの変遷」／資料「椅子の変遷」

第3節　手仕事の日本　　　　301
手仕事／伝統工芸／民藝運動／民藝の鑑賞

第4節　文化財保護法と伝産法　　　　310
文化と経済／文化財保護法／伝統的工芸品産業の振興に関する法律／
伝統的工芸品

おわりに　　　　321
「機能美」と「用の美」／大いなる素人工芸愛好家／工業・工芸高等学校の行方／
暗黙知と形式知／謝辞

索引　　　　326

第1章　百見ハ一試ニ如カズ

第1節　ものづくりの教育

仕事と労働

　「仕事」という言葉はそれが使われる状況や使う人の職業によって意味合いが違ってくる。美術や工芸の世界では、作品そのものやその人の技量や仕事ぶりなどを指すが、そのような限定的な状況だけではなく、一般的な意味での「仕事」であったとしても、それが「労働」という言葉に置き換えられるとき、心の中にザラリとした違和感が残る。この違和感の出所について明快な答えを示してくれたのが、クロード・レヴィ＝ストロース（人類学者、1908-2009、仏）である。具体的には、彼の著書『構造・神話・労働　クロード・レヴィ＝ストロース日本講演集』（大橋保夫編、三好郁朗ほか訳、みすず書房、1979、註1）を読んだことによる。

　レヴィ＝ストロースは、日本文化を高く評価する親日家であり、国際交流基金の招きに応じて1977（昭和52）年10月17日から6週間日本に滞在している。その間、日本文化に接することを目的に意欲的に活動している。特に伝統文化を受け継ぐ人々との対話を望み、北陸を中心とする金沢箔の職人、輪島塗の蒔絵師や木地師、そして船大工や杜氏、刀鍛冶、和菓子職人など多くの伝統的な仕事に従事する職人たちと会い、通訳を介しながらではあるが取材をしている。そこで得た日本人の「仕事」観について、次のように説明している。

　まず、西欧社会における「労働」の観念には、2つの要素があるとしている。1つはユダヤ＝キリスト教的な伝統では「労働」は神によって人間に課せられた「罰」であり、2つめは商業経済及び資本主義の観点からの「労働」で、これは売買可能なものであり、市場の機能を通して均質化されるとした。それに対して、わずかな日本滞在期間の調査ではあるがと前置きしながらも、日本の伝統的技術を継承する人々の「仕事」には、聖なる感情が保持されており、「労働」を通じて神との接触が成り立っていることを、驚きとともに解説している。さらには、能の《高砂》に見られる「労働」を表す身ぶりが詩的表現となっていることについて、西欧では到底考え及ばないことと語っている。

　同書の編者であり、レヴィ＝ストロースのはじめての日本滞在をアシストし、滞在期間中のインタビューやシンポジウムを担当した大橋保夫（仏文学

者、1929-1998）は、レヴィ＝ストロースが指摘する西欧と日本の「労働観」の違いについて、「ユダヤ・キリスト教的視点からは、人間は神との接触を失ったがために、額に汗して自らのパンを稼がなければならなくなったのであって、労働とは一種の『罰』である。したがって、人生の中で真に重要な部分は労働の外にあるもの、すなわち余暇であるが、日本人にはその両者の断絶がなくて、たとえば、仕事が生きがいだというのは珍しくない。」（p.97）との見解を同書に付している。

　また、滞在期間中のインタビュー番組においてレヴィ＝ストロースは、司会を担当した大橋から受けた来日目的についての質問に対して、その第一に日本の芸術における仕事の完璧さ、完成度について理解することをあげている。そして、その基礎になっているものの考え方の1つが、日本人特有の「仕事観」であることは間違いない。

　このレヴィ＝ストロースが指摘する日本人の「仕事観」と西欧における「労働観」の違いは、「聖なる感情」という意識はなくとも、彼が出会った伝統工芸や伝統的技術をもって生業とする人々だけではなく、大方の日本人の中にある心理でもあると言える。何より「お仕事」という言葉はあっても、「労働」に尊敬の意を表す接頭語はつかない。そして、その日本人特有の「仕事観」が端的に表出される場の1つに「ものづくり」がある。「ものづくり」が意味する範囲は広くとも、その場にある人々の誠実さは、「労働」ではなく「仕事」故に生まれてくるものである。

工芸大国

　レヴィ＝ストロースは日本の芸術の美しさとともに比類なきその完璧さに感嘆し、それらは日本のカメラや電子機器などに受け継がれているとしているが、ここでレヴィ＝ストロースが指摘する芸術は、主として日本の伝統工芸を指している。19世紀後半のジャポニスム（註2）の本質も工芸にあったし、工芸大国日本と評してよい状況が明治期にはすでに存在していたことは間違いない。

　「工芸」の言葉の定義、その概念の成立については第2章に示すとして、日本美術論の古典的名著の1つである『日本美術の特質（第2版）』（岩波書店、1965）において、著者である矢代幸雄（日本美術史家・美術評論家、1890-1975）は、「まず日本は美術国というよりもむしろ工芸国と呼ぶを適当とするほど、工芸の盛んなる国である。」（p.184）との一文を掲げている。その理

由として、多彩な材料や多様な技術による工芸の発展もさることながら、工芸が純粋美術と離れて発達するのではなく、絵画彫刻が材料技術的に工芸的手法を包含し、区別できないほどの密接な関係で発達してきたことをあげている。そして、画家が数々の工芸作品を制作し、その下絵を描いてきた事例とともに、その経験が画家の画風に影響していると説く。すなわち、近世までの日本美術史を概観するならば、生活空間こそが美術品があるべき、用いられるべき場所であり、ゆえに絵画や彫刻も工芸的要素を包含し美術と工芸の密接な関係性によって成り立つ日本美術の特質が形成され、矢代をして「日本は工芸国なり」と言わしめたと考えることができる。

　しかし、工芸の領域を広く捉え、「ものづくり」の視点から考えるならば、別の「工芸大国」論も可能である。すなわち、美術としての工芸をその原初的な形である「生活工芸」を「生活の用具を身近な素材から生産すること」と考える「工芸大国」論である。

生活工芸

　風土と美術文化の密接な関係は言うまでもないが、工芸もしくはものづくりは、一層その密度が濃い領域である。日本列島の多彩な風土は、多彩な材料を提供し、繊細な造形感覚を持った人々がそれらから多様な生活の用具を造り出し、日本文化を築いてきた。

　どこにどのような材料があり、どのような生活工芸が展開したのか、日本列島全体を俯瞰できるような詳細な検討をここですることはできないが、2016（平成28）年に「農山漁村文化協会」（註3）が編集、発行した『地域素材活用 生活工芸大百科』で取り上げている「植物・動物・品種名」は約720品目に上る。ただし、同書は農業の振興を目的にした編集であることから、動物は羊に関することのみに限定されている。すなわち、そのほとんどが草木の類であって、これに金属や土などを加えるならば「生活工芸」の素材の豊富さは計り知れない。そして、このような「生活工芸」が次第に洗練され、精緻な技術によって優れた造形性を持つに至ったのが、今日でいうところの「伝統工芸」であり、レヴィ＝ストロースがその完璧さに驚嘆した、日本の美術としての工芸なのである。

　このような「生活工芸」を土台とする「伝統工芸」の文化はまた、世界の各地にそれぞれの風土とともに発展し、今日の文明社会を築く土台となってきたことはその歴史からも明らかである。しかし、西欧文化国においては、

そのほとんどが現在は存在しないことは、レヴィ゠ストロースも認めるところである。西欧の「手仕事」による「ものづくり」の不在は、その機械文明の浸透の速さと深さを物語っている。

それはまた、「工芸」の原初的な形である「生活工芸」の消滅も意味している。小さな地域や個人の段階ではあったとしても、もはや「手仕事」による「ものづくり」の社会的存在意義は、西欧に見出すことは難しい。わが国においては、その未来が危ぶまれる状況ではあるものの、「伝統工芸」もしくは「手仕事」の文化は、まだ社会に息づいていると言える。

伝承という教育

わが国の「手仕事」による「ものづくり」の領域において、「生活工芸」の対極にあるもの、すなわち「美術品としての工芸」の象徴的なものの1つに「御装束神宝」がある。

伊勢神宮の20年に一度の式年遷宮（註4）では、新社殿を造営し御神体を移し奉る「遷御の儀」がつとに有名であるが、社殿のほかにも、神に奉げられる衣服や装飾品、調度類もすべて新しく「調製」される。「調製」とは、受け継がれてきた仕様どおりにつくることを意味するが、毎回の式年遷宮で調製される御装束神宝は、714種、1,576点にのぼる。その内容は、南里空海著『伊勢の神宮――御装束神宝』（世界文化社、2014）によると、次のようなものである。

御装束（525種、1085点）
・神座を奉飾する鋪設品（目的に応じて場を整えたり、飾りつけたりする品）
・殿舎の鋪設品、諸門に鋪設する布帛品（絹や麻を主とする織物のこと）
・神様の身を装う衣装をはじめ、襪（足袋）、履（沓）などの服飾品
・遷御の路程に用いる威儀具

神宝（189種、491点）
・紡績具
・武具
・馬具
・楽器
・文具

・そのほか御鏡、御櫛などの日常具

　これらの調製に必要な金工や木工、漆工、染織など技法、技術は81種に及ぶとされるが、20年毎の遷宮には、それに伴う技術の伝承という意味もある。寸法や色彩をはじめとして、素材から製作方法まで、あらゆるものが前回の御装束神宝と全く同じに調製されることが重要であり、それを担当できる各種の匠の教育育成もまた、式年遷宮というシステムの一部とも言える。
　一方「生活工芸」は、御装束神宝の調製を担当するような専門の技術者である匠たちの仕事ではなく、ほとんどが生活の必要のために製作する一般の人々の仕事である。かつての農村や山村、漁村に普通にあった「手仕事」であり、「ものづくり」である。その技術や知識の伝承は、親から子へと引き継がれていくものであった。自身の最高の技術をもって神に奉げ、最上のものをこの世に残したいという御装束神宝を調製する匠たちの職人気質に対して、「生活工芸」の作者たちにとっては生活上の必要性こそ創作の源であり、子や孫へと伝えるべき理由であった。
　しかし、「美術品としての工芸」と「生活工芸」のいずれにおいても伝承という教育方法は同じであり、そこに技法書や秘伝書のようなものが用いられることは少ない。口伝であったり、見て覚えさせたりすることが、一般的な教育方法である。

一試ニ如カズ

　口伝や見て覚えさせる教育では、「試」にやってみることが重要である。それは親方から弟子に対して、親から子や孫に対して直接的に指示されて試みる場合と、自らの意思でなされる場合があるだろうが、どちらにしてもまずは失敗する。そして、その失敗こそが本当の理解へと繋がっていく。特に目と手を使う技術の習得においては、失敗の経験こそが技術習得の父であり、成功経験の喜びこそが技術理解の母である。
　明治期の手工教育提唱者たちが共通の標語としていたのが「百聞ハ一見ニ如カズ、然レドモ、百見ハ一試ニ如カズ」であった。現代の工作・工芸教育と比較すれば、明治の手工教育は技術教育としての性格が強いものであったが、その主たる教育方法が「試みること」、すなわち実習を取り入れた授業であったことを忘れてはならない。
　しかし、現代の学校教育ではどの教科においても、実習の機会は減少して

いる。教育課程が詰め込みすぎの状況となり、学習内容を十分に消化できない中で、時間と労力の必要な実習は敬遠されがちである。また、教育の成果は指導者の責任となり、いかにわかりやすく効率のよい学習指導ができるかに教育評価が集中するとき、実習による指導は学習者の姿勢によって学習成果の差が生じやすく、座学型の授業に変更されることも多い。しかし、理解すること、修得すること、できるようになるということを学習成果とするならば、最終的にはそれは学習者側の問題ではないだろうか。

　ここでは「一試」をわかりやすく実習に置き換えたが、本来はやってみようという学習者側の姿勢も意味している。指導者は試みようとする意欲を起こさせ、仮に失敗してもやり直しの利く学習条件を整備することこそ、本来の仕事ではないだろうか。現在の教育テーマの1つであるアクティブ・ラーニングでは、学習者の深い学びが重要視されている。言葉だけで知ることと、知ったことを「試みる」という体験を通して理解することの差は明らかである。

　レヴィ＝ストロースが来日した40年前と現在を比較すれば、「伝統工芸」はまだしも「生活工芸」は明らかに我々の生活から遠ざかりつつある。それは、我々の生活そのものが変化し、多彩な素材から多様な生活の用具をつくり出す「生活工芸」の必要性の低下という現実であり、当然のこととしてその伝承も途絶えていく。それはまた、口伝を頼りに見て覚えるという学習体験の消滅であり、仕事観の変化へと繋がることになる。

　次節からは、「百見ハ一試ニ如カズ」の教育の必要性を現代の子どもたちの状況からさらに具体的に考えることにする。

註1　1977（昭和52）年10月17日からの滞在期間中に各地で行われたレヴィ＝ストロースの講演や対談、シンポジウムを記録、編集したものである。たとえば「労働の表象」と題する講演は、同年11月14日に国立京都国際会館で行っている。

註2　ジャポニスムは一般的に「日本趣味」などと訳され、浮世絵などの「日本の美術」による画家や工芸家たちへの影響がよく取り上げられるが、その当時、一般市民の間で流行したのは、むしろ19世紀中頃の万国博覧会への出品を期に知られるようになった「日本の工芸」であった。

註3　農山漁村文化協会は1940（昭和15）年に創立され、農林水産省の所管にあったが、2013（平成25）年に一般社団法人となり、現在は農業、健康、教育などに関する書

籍や雑誌などを出版している。また、学校教育に関しては「食育」の浸透を働きか
けている。

註4　「式年」とは定められた年を意味し、「遷宮」は神社本殿の造営または修理にあたっ
　　て、神体を移すことを意味する。伊勢神宮以外にも式年遷宮を行っている神社はあ
　　るが、その歴史や規模から単に「式年遷宮」とする場合は、伊勢神宮の「神宮式年
　　遷宮」を意味することが多い。
　　　直近の神宮式年遷宮は、2013年10月2日に第62回内宮式年遷宮が、同年10月5
　　日に第62回外宮式年遷宮が執り行われた。

第2節　ニワトリを育てて食べる授業

実学

　「実学」の言葉は一般的に空理・空論ではなく実践の学として理解される。ここでは、「実学としての工芸教育」を考える。それは、工芸がまさしく材料を扱い、道具を操り、生活の場を具体的に考察する学びであるという意味もあるが、現在の初等中等教育における普通教育全体を俯瞰する中で、工芸教育が担うべき役割を象徴的に言い表すならば、「実学」が最もふさわしい。すなわち、現在の子どもたちにとって実体験から学ぶ機会が減り、教科書や教材というすでに安全に整理された内容を効率よくインプットすることを求められる学習が主流となっている。

　それらはまた、学習の到達度を図るための検査、試験によって綿密に調査され、その結果による評価は子どもたちの将来に大きな影響を与えることになる。具体的な現象としては、図工美術、工芸の時間数の削減にはじまり、他にも理科の実験の減少、文化的体験的行事の縮小廃止、ネット中心の調べ学習の拡大などが象徴的なものとしてあげられる。特に、大学生の課題レポートが、ネット上で公開されている他者の論文などをコピーして貼りつけるいわゆるコピー・アンド・ペースト（コピペ）によってつくられるという傾向が強まり問題化しているが、これも学びのバーチャル化と言える傾向からの現象と捉えることもできるだろう。

　本書ではまず、このような状況下における工芸教育の在り方を考えてみることからはじめてみたい。

命の授業

　現在、小学校や中学校の教師が特に危機感を募らせているのが、子どもたちの命に対する感覚の希薄さである。命あるものに対する共感や慈しみの感情は、自らの実感を通して育むものであって、教科書を読んでも意味がない。「命の学習」と題する、「総合的な学習の時間」などでの取り組みも多くなってきているが、現実にはかなり厳しい状況がある。小学校1年生に対する指導では、小学校で飼育されている小動物、ウサギやモルモットなどを抱きかかえるところからはじめる授業が多いが、その中で動物に触れることができない子どもや、飼育小屋の中に入ることを拒否する子どもも多いとの報告を、

小学校での授業研究会などでよく耳にする。

　このような命に対する感覚や意識の問題として、新聞に掲載され、全国的に知られるようになった事例が、「『ニワトリ育て食べる』授業中止」である。きっかけは、2001（平成13）年11月13日の朝日新聞朝刊に掲載された同タイトルの記事である。この記事内容を要約、補足すると次のようなものになる。

　秋田県平鹿郡雄物川町（現横手市雄物川町）の雄物川北小学校のある担任教諭が、食用の「比内鶏」のヒヨコ6羽を近隣の県立農業高校からもらい受け、子どもたちには最初から、ヒヨコを飼育し成長したら解体して食べることを説明し、保護者にもその趣旨を伝えた。これは、当時導入が決定されていた「総合的な学習の時間」に先行しての取り組みであった。新聞記事では、ここに「総合的な学習の時間」を「自ら学び、考え、主体的に判断する」力を養うのが目的で、テーマ選びは学校側に任されるとの解説を入れており、当時は総合学習についての社会的認知はまだ低かった。また、関係者が後に語ったところによると、マグロの赤身を大好きであると答えた子どもの中に、それが何であるか（魚の肉であることが）わからない子どもがいたことも、この取り組みをはじめる理由の1つであった。

　子どもたちが飼育したニワトリは5羽が成長し、それを農業高校に持ち込み、子どもの目前で解体処理し、学校でカレーに調理して昼食に子どもたちが食べる手はずになっていた。ところが、前日になり、「娘が嫌がっているのでやめてほしい」という1人の保護者からの投書が県教育事務に届き、同町教育委員会は「殺すために学校でニワトリを飼育するのは本末転倒」との指導を同校に行い、この取り組みは中止となった。

　この件について当時の同校校長は「保護者との意見交換が不十分だった。ただ今回のことは決してマイナスではなく、いいチャレンジだったと思う。」と新聞記者の取材に答えている。また、「2週間ほど前に、改めて父母に対して意見を求めた。反対なら声を出してもらって一緒に考えたかった。」との担任の談話を伝えている。保護者側の意見としては、「愛情ある命を絶ち、食することは、教えることの内容は良いとしても、手段が間違っている」「自分が子どものころは、さばいて食べるのは普通だった。一つの勉強ではないか」を紹介している。

　さらに記事は、担任が事前に学級通信に掲載した子どもたちの意見として、「かわいそうだけど、最初から食べるために飼ったニワトリなので食べ

る。」「一生懸命育てたから食べる。」「生き物にはかわいそうだけど、生きるために必要。育てて食べるのは欠かせない。」「人間は別の生き物を食べなくては生きていけない。」「スーパーの肉なら食べられる。自分たちで育てた鶏はちょっと、かわいそう。」「夏休みも世話をして、エサをやってがんばったのに殺すなんて。」「メスだけ残すといいと思う。殺すところは見たくない。」も紹介している。

　この報道が注目を集めた背景としては、前述のように1998（平成10）年の小学校・中学校学習指導要領改訂によって、「総合的な学習の時間」の導入が決定されたことがある。2001（平成13）年の小学校は、新学習指導要領完全実施の前年にあたり、多くの教師がいわゆる「総合学習」の授業内容や方法を模索していた。「平成10年12月改訂告示 小学校学習指導要領」には、「総合的な学習の時間においては、各学校は、地域や学校、児童の実態等に応じて、横断的・総合的な学習や児童の興味・関心等に基づく学習など創意工夫を生かした教育活動を行うものとする。」とあり、そのねらいとして次の3点をあげている。

(1) 自ら課題を見付け、自ら学び、自ら考え、主体的に判断し、よりよく問題を解決する資質や能力を育てること。

(2) 学び方やものの考え方を身に付け、問題の解決や探究活動に主体的、創造的に取り組む態度を育て、自己の生き方を考えることができるようにすること。

(3) 各教科、道徳及び特別活動で身に付けた知識や技能等を相互に関連付け、学習や生活において生かし、それらが総合的に働くようにすること。

　そもそも「総合的な学習の時間」は、「ゆとり教育」と連動している。教育全体が学校教育中心であり、家庭や地域社会における教育力が低下しているという声と相まって、学校5日制が検討されはじめ、2002（平成14）年からの導入が決定された。その5日制に対応し、学習内容を精選したのが「ゆとり教育」と呼ばれる「平成10年12月改訂告示 学習指導要領」である。そして学習内容の精選とともに、教科横断的性格を持つ「総合的な学習の時間」が導入されたのである。しかし、大幅な学習内容の削減が発表されると、従来からあった「学力低下問題」が再燃し、その危機感が強く訴えられるようになった。また、「総合的な学習の時間」の導入についても、その目的である主体的に学ぶ力の育成を成し得るものかどうか、疑問視する声も根強い

ものがあった。このような過渡期に、「『ニワトリ育て食べる』授業中止」が報道され、衆目を集めたのである。

学力論

「『ニワトリ育て食べる』授業中止」についての報道の初期の段階では、取材の対象となった子どもたち、教師、保護者、教育委員会は、命についてどう指導すればよいのか、命に対する尊敬と共感をどのように育むのかを、それぞれの立場で真摯に考えた結果としての授業中止の判断であった。それが、報道によって広まることで、「命の教育」も含めて、学校とは何を教えるところなのか、学びとは何かの問題へと発展していくことになり、ひいては、「ゆとり教育」「総合的な学習の時間」への賛否の議論へと繋がった。その結果として、国語や算数等の学力を保障することが学校の主たる役割であるとの学力重視論が「学力低下問題」と連動して大きく広がり、「ゆとり教育」からの脱却、「総合的な学習の時間」の縮小へと展開していくことになる。

学力重視論が拡大することになった原因の1つに、「経済協力開発機構」（Organisation for Economic Cooperation and Development：OECD）による「生徒の学習到達度調査」（Programme for International Student Assessment：PISA）（註1）がある。第1回の調査は2000（平成12）年、第2回は3年後の2003年に実施され、それぞれ調査の翌年に結果が公表されている。

第1回調査では、「読解力」を中心として、「科学的リテラシー」、「数学的リテラシー」の分析が行われ、わが国は調査参加31か国中、「読解力」は2位グループ、「科学的リテラシー」第2位、「数学的リテラシー」は第1位であった。第2回調査では、「数学的リテラシー」を中心として「読解力」、「科学的リテラシー」に加え「問題解決能力」についても調査している。その結果、「数学的リテラシー」は第6位、「読解力」は14位、「科学的リテラシー」は2位、「問題解決能力」は4位と、わが国は調査参加国40か国中の順位を大幅に落とした。その原因として「ゆとり教育」はやり玉にあがり、「平成20年3月改訂告示 学習指導要領」では、全体の学習内容の充実とともに、国語、算数（数学）、理科、外国語（英語）を中心とする学習時間の増加が組み込まれることとなった。

このような学校教育における学力論争の中で、この「『ニワトリ育て食べる』授業中止」は、多くの教育関係者から注目されることになる。教室で

動物を育てる授業や教育活動については、本件以外にもいくつかの事例があり、それらの中には映画化されるなど教育的話題を提供しているものもあるが、ほとんどは、「命」についての学びが、子どもたちの成長にどのように関わっているかを体験的に伝えるものである。しかし、今、学校教育が教科書などの教材に整理された知識を効率よく学習させ、その成果を試験によって確認するという学力観に傾倒していこうとするとき、新たな学力とも言うべき視点を提示している。

　雄物川北小学校の子どもたちは、「『ニワトリ育て食べる』授業中止」の中で、悩み苦しんだかもしれないが、簡単に答えることのできない大きな課題を背負ったのである。その答えを見出すための学びは、正に本当の知識として、彼らの人としての成長に生涯にわたって大きく影響することになる。試験が終わったら忘れてしまう知識は、知識ではない。コンピュータは知識の膨大な集積によって思考するが、人間はそうではない。自らの意志とそれを支える感情によって思考し、必要な知識を得ようとする。これを「問題解決型学習」ということもあるし、工芸による学びもその要素を持っている。

　我々は、雄物川北小学校の子どもたちと先生たちが悩みの中に提示してくれた、本当の学力について議論する機会を逸したようだ。「学力低下問題」に対する議論を反映し、2007（平成19）年より文部科学省が実施し、近年ではその順位の発表で物議を醸す「全国学力・学習状況調査」で、全国のトップに秋田県があることは、「『ニワトリ育て食べる』授業中止」に直接的な関係はないとしても、学力についての認識の差を抱えたまま進行する学校教育を象徴しているようである。あらためて、学力を国際競争力という位置づけで考える今の教育の在り方を深く洞察してみる必要がある。

　一方で、偏狭な学力論への反省から、近年は学ぶ意欲や姿勢、思考力を育む教育も唱えられている。また「自立」「協働」「創造」を柱とする「生涯学習社会」(註2) も提示されている。このような状況の中で、「実学としての工芸」が果たす役割は大きい。子どもたちは、感覚を開き、観察し、体全体で思考し、行動する。そして手で触り、手で思考し、手を動かす。そのような子どもたちの工作・工芸の授業に、つくったつもりの授業、表現したつもりの授業は存在しない。本を見ただけの知識ではものづくりはできない。自らの意思で手を動かしてつくろうとするとき、本当に必要な知識が求められることになる。

註1 OECDが実施する国際学力調査。児童生徒の学習到達度に関する国際比較は、多年にわたって国際教育到達度評価学会（IEA）が実施してきたが、OECDも1998年から10年計画によるPISAと呼ばれる独自の国際的な学習到達度調査を開始した。この調査は3年ごとに3回実施するもので、2000年は読解力、2003年は数学的リテラシー、2006年は科学的リテラシーを中心に、主としてOECD加盟国の15歳児を対象として行う。我が国における調査は国立教育政策研究所が主体となって実施され、第1回（読解力中心）調査は、全国の全日制高等学校から層化比例抽出した150校、約6,000人の生徒について実施された。その結果は「生きるための知識と技能— OECD生徒の学習到達度調査（PISA）2000年調査国際結果報告書」として2002（平成14）年2月に公刊された。
（今野喜清＋新井郁男＋児島邦宏編『新版 学校教育辞典』教育出版、2003、p.569）

註2 1981（昭和56）年に中央教育審議会が「生涯教育について」と題する答申を出している。そこでは、生涯教育の意義について次のように記している。

人間は、その自然的、社会的、文化的環境とのかかわり合いの中で自己を形成していくものであるが、教育は、人間がその生涯を通じて資質・能力を伸ばし、主体的な成長・発達を続けていく上で重要な役割を担っている。

第3節　言葉と体験の間

身体性による学び

　ここでは身体性を基にした学びについて考えるために、身体性の低下を「小学校図画工作科」の教科書から考察してみる。

　2010（平成22）年検定済の小学校図画工作科の教科書は3社から発行されており、各社とも巻末には、趣向を凝らした道具の扱い方を掲載している。これは「平成20年3月改訂告示　小学校学習指導要領」の図画工作科における「指導計画の作成と内容の取扱い」に、「材料や用具については、次のとおり取り扱うこととし、必要に応じて、当該学年より前の学年において初歩的な形で取り上げたり、その後の学年で繰り返し取り上げたりすること。」の項目があることに対応している (p.68参照)。

　その内、第1、2学年については、「ア　第1学年及び第2学年においては、土、粘土、木、紙、クレヨン、パス、はさみ、のり、簡単な小刀類など身近で扱いやすいものを用いることとし、児童がこれらに十分に慣れることができるようにすること。」となっている。なお、このような素材や道具の指定は小学校のみであり、中学校、高等学校における美術や工芸の授業では、教師の判断によって、必要に応じて可能な材料や道具を用いることになる。

　その中で注目したいのは『文部省検定済教科書小学校図画工作科用 ずがこうさく1・2上』、つまり小学校1年生が、最初に出会う図画工作科の教科書における道具の扱い方の記述である。上記のように「のり」は、小学校図画工作の学習において使い方などを身につけるべき重要な道具の1つである。現在はさまざまなタイプの「のり」が販売されているが、小学校の授業で最もよく普及し、実際に用いられているのは、「でんぷんのり」である。これは安全性と使いやすさ、価格の面からも学校教材の定番品だと言える。

　この「でんぷんのり」の扱い方について、図画工作科の教科書は次のように解説している。まずA社のものは、「TOOL BOX どうぐばこ」のページに「のりのつかいかた ●かみをはる」の表題をつけ、「つかわないときは、しっかりふたをしておく。」「のりをつけるゆび（中指）」「かみなどをもつゆび（親指と人差し指）」「べつのかみにのりをだす」「しめったぬのでゆびをふく」「かみをもつゆびにはのりがつかないようにしよう。のりをつけるゆびとかみをもつゆびをきめておこう。」の解説を付している。また、B

第3節　言葉と体験の間　27

社のものは、「つかってみようざいりょうとようぐ」のページに、「のりのつかいかた」の表題をつけ、「●のりをつけるときは、したにかみをしこう。」「●のりのついたゆびは、ぬれたタオルでふきとろう。」の解説を付している。さらに、Ｃ社では「みんなのどうぐばこ」に、「したにかみをしく。ゆびをふくぬれタオルをよういする。」「なかゆびでのりをつけると……」「おやゆびとひとさしゆびで、かみをつまむことができる。」の説明を付している。

　これらの解説は、いずれもわかりやすいイラストとともに提示されており、指でのりをつけて紙材を貼りつけるという活動に対して、どの教科書も相当な配慮をしていると言えるだろう。

　それにしても、のりがついた指をぬれた布でふき取ってきれいにすることは、教科書にしるし、学校の授業で学習させるべき内容なのだろうか。この疑問をＡ社の担当編集者に訊ねたところ、これは多くの小学校の先生たちからの要望であるとの答えが返ってきた。また、文部科学省検定済教科書であるということは、学習指導要領に照らして適切な内容として、文部科学省も認めていることになる。

　このような相当数の小学校１年生が、指先についたのりをどう処理していいかわからないでいるという事態は、家庭内や幼稚園、保育園などの幼児の生活環境において、「でんぷんのり」を使うような活動と体験が少なくなってきていることが原因としてまずあげられる。スティックのりやテープのりなど、より簡便に扱える接着剤が出回っていることもあるが、のりを用いるような活動自体が縮小していると言える。

　次に、あらゆるものを失敗しないように指導すべき、と考える現代の風潮をあげることができる。つまり、子どもたちにやらせてみて、それが最初の体験であるならばほとんどが失敗することを予想しつつ、その失敗からの学びを尊重する姿勢の欠如である。指先についたのりの処理を教科書で示し、すべての子どもたちが失敗することなくのりを扱えるようにしたいと考える教師には、授業において失敗を受容する時間的、心理的余裕はないのである。そしてそれは学校教育全体に蔓延しているとも言える。

　教育の成果を評価として競い合う教育では、失敗は敗北につながるのである。その中で、身体を通しての学び、すなわち場合によっては失敗というリスクのある教育は縮小されることになる。身体性の極一部であるスポーツなどを行うための運動能力の重要性は認められても、すべての学びの土台となる身体性は軽視されるのである。

言葉と体験

　ここで、子どもの造形物から、人間の身体が本来的に持つ柔軟な強さについて考えてみたい。

　下の写真は、素焼きをしてテラコッタ（註1）にしてある小学校3年生の粘土作品である。左は《ギッコンバッタン》と呼ばれる、向き合って座った者どうしが、足裏をくっつけて手で引っ張り合う遊びの状況を表現している。また、右は、お父さんに肩車をしてもらっている自分の姿を表している。大きさは《ギッコンバッタン》が長さ11cm、高さ7cm、《肩車》は高さが17cmほどである。

　両方とも小学校3年生が楽しみながらつくった作品として微笑ましい。ただし、この2人の小学生は視覚特別支援学校（旧盲学校、註2）に通う子どもである。この作品がつくられた背景や状況の詳細は不明であるが、この2人は生まれながらにして視覚障害があり、ほとんどものを見ることはできなかったと聞く。我々が事物を描いたり彫刻にしたりするためには、そのものの映像を脳内に描くことが必要である。通常は視覚的に取り入れた情報を中心にしてそれを描くことになるが、この2人の小学校3年生は視覚情報がない中で、このような造形を表現し得ている。すなわち、視覚の代わりに、触覚や聴覚、臭覚、体のバランス感覚、運動感覚などを総動員して、彼らの脳内映像は結ばれたと思われる。

　ここから言えることは、人間が生まれながらに持つ諸感覚が部分的に機能

視覚特別支援学校児童の粘土作品《ギッコンバッタン》（左）、《肩車》（右）

しなくても、他の機能によってそれを補うことが可能であるだけでなく、その条件ゆえの鋭敏さを持つことを示している。具体的には、この2つの作品には、手触りを主な手掛かりとする造形ゆえの、立体としての明解な把握が見て取れる。それは、見たままを表したものよりも、むしろ造形的強さや生命感さえ感じさせる。

　我々は、自らの人としての身体機能をもっと高く評価してよさそうだ。体全体から集めた感覚から思い描き、手足を使ってそれを表現する活動は、理解を深めさせ、自らの思いを確認させ、さまざまな感情を育み、何より鋭敏な感覚を育成する。

　近年、わが国では、物事を解説したり、考えや視点を明確に伝えたりする際に、難解な言葉や文章を使うことは敬遠され、よりわかりやすい言葉や文章、語りが求められる傾向が顕著である。テレビの番組などでニュース解説を担当するキャスターの中には、そのわかりやすい解説で人気を博す者もある。わかりやすさは確かに重要であり、学校の授業でもよい授業、子どもたちの効率のよい学習活動が展開される授業における指導者の言葉や解説は、わかりやすく的確である。さらに各種の映像装置を駆使するなど、わかりやすさを実現するための技術も進歩している。そこでは、言葉が思考と伝達のための主たる役目を担うことになるが、そのわかりやすさはときとして、受け取る側の思考の多様性や広がり、深まりを妨害することがある。

　わかりにくいものとわかりやすいものがあれば、人は当然わかりやすい方を選択する。わかりやすく的確な言葉は、そのまま学習者の中に蓄えられる。そして、多くの人はその時点で学習が終了したと考えるのである。わからなかったことがわかった、新しい知識を得た、これが学習の最終段階だと思ってしまうのである。しかしそれは、自身の中にその解説を発した人の言葉や考えを取り入れたにすぎない。「学びの真正性」とは、そこから自身の新たな思考を広げ、それらが表現される段階まで進むことである。そして、その多くは自分1人で行われるものではなく、他者との関係性の中で成立することが多い。

　「連携」や「協同」、さらに「協働」が教育の重要なキーワードとなって久しい。そのために人々は的確な言葉を用いわかりやすく語り、話し合おうとする。しかしながらその根底に「共感」が必要であることを忘れてはならない。自らの身体性を用い、ともに体験したものを土台とする「共感」は、お互いの理解や信頼を育む。しかし、受け取っただけのわかりやすい言葉は、

ときとしてすべてを理解し得たとの誤解を生じさせ、やがて忘れ去られてい
く。言葉と体験は、もっと近いところにあるべきなのである。

註1　テラコッタはイタリア語で「焼いた土」を意味する。陶芸における素焼きとほぼ同
　　　じであることから、そのまま「素焼き」と呼ぶこともある。その多くは、粘土を
　　　800℃程度で焼成したものである。世界の各地で古代から用いられており、日本の
　　　土偶や埴輪もこの技法でつくられている。

註2　2006（平成18）年に、障害のある児童生徒等の教育の一層の充実を図るとの趣旨から、
　　　「学校教育法等の一部を改正する法律」が公布され、それまでの「盲学校」「聾学校」
　　　「養護学校」が特別支援学校として統一された。また、盲学校、聾学校及び養護学
　　　校ごとであった教員の免許状も、特別支援学校教員免許状（各領域）となった。

第4節　生活の変化と身体性

火打石

　人はその歴史のはじまりから、自らの生活の場で用いる道具を、自らの手でつくり出してきた。骨董市などをのぞけば、人間の歴史はまさにものづくり、道具づくりの歴史であることを実感する。それこそが人とともにある工芸であり、工芸が教育的要素を持つ理由でもある。工芸は、人の歴史とともに存在するのである。また、近代の産業革命、現代のエネルギー革命におけるプロダクトデザインの世界も、その源は素朴な生活の中に生きる道具の働きにある。しかし、現代の便利な道具を使い現代に生きる我々と、中世や近世の人々を比較するとき、道具を扱う身体的能力には大きな差があるようだ。

　具体的な例として、火をつけることを取り上げてみる。すなわち、スイッチを押す指先1つで火をつけることのできる現代人と、火打石や火打金（註1）で火をつけていた江戸の人々の身体的能力の違いである。火打金と火打石による着火の手順は、まず利き手に火打金、反対の手に火口（ほくち）を添えた火打石を持ち、火打金を火打石に打ちつけて火花をだす。火口とは古着などの繊維をほぐしたもので、飛び散る火花を受け止めて発火する。火花が火口に触れ、くすぶりだしたら、経木の先に硫黄がついているつけ木に火を移す。それをろうそくや灯明に移したり、木くずとともに火を大きくして煮炊きに用いたりしていた。また、室内ではこれらの火付け道具一式を収めた箱があり、その箱に入った火口の上で火花を散らすこともあった。

　ここでは、手先の感覚とその日の風や湿度を見極める感覚、火打石の角を見極め、火打金を打ち付ける運動能力などさまざまな身体性が要求される。これに対して、現代の我々は電気であれガスであれ、灯りであれ煮炊

火口（左上）、火打石（左下）、付け木（中央）、火打金（右）

きであれ、指先1つで事足りている。また、これが日々の暮らしの中で毎日発揮される能力であるだけに、その差は一段と大きくなる。すでに、学校からアルコールランプは消え、美術工芸の授業や理科の実験では、ガスバーナーにガスライターで着火をする時代である。マッチで火をつけた経験がない子どもも増えている。

熨斗袋

　身体性の弱体化は、学校で学ぶ子どもたちだけの問題ではない。我々大人にとっても現代の生活環境の中で、身体性の弱体化は進行している。身体性による学びの重要性は、その活動や行為の中から知識や技能を身につけるだけではなく、感情や意思を伴うところにある。人の感情や意思を伴う活動はまた、文化を生み出す大地でもある。素晴らしい自然は、単にそのものだけでは自然のままであり、文化とはならない。人がその素晴らしい自然と関わり、さまざまな感情を抱き、さまざまな思考が生まれ、活動する中で文化が熟成される。そして文化は伝えられ、変化し成長していく。その文化の伝承と発展の多くは、身体性を通して行われる。

　身近な事例として熨斗袋（のし）を取り上げてみよう。熨斗袋は、祝い事に際して金銭を贈るときに用いるものであるが、その水引（みずひき）の結び方によって用いられ方に違いがある。「結びきり」や「あわじ結び」は一度結んだらほどけない

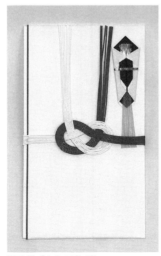
熨斗袋「あわじ結び」

熨斗袋「蝶結び（花結び）」

第4節　生活の変化と身体性　33

ということから、結婚などの一度きりの祝い事に用い、「蝶結び（花結び）」は何度も結んでほどけるということから、周年の祝いのような何度も繰りかえされる祝い事に用いる。

また、熨斗はもともと神饌（しんせん）として奉げられてきたもので、アワビを薄くそぎ乾燥させ押し伸ばして調理したものである。やがて、長寿を願う縁起物として贈答品に添えられるようになり、その形を、紙を折ってつくったものが、祝いの気持ちを表す飾りとしてつけられたり、印刷されたりするようになったものである。

今、我々はこれを、金銭を入れる飾りのついた封筒程度の感覚で、文房具店などで購入して用いている。しかしながら本来は、自らが熨斗袋を折り、水引を結んでつくることに意味があった。祝いの気持ちはその折り、結ぶ行為の中に込められ、表現されていたのである。たとえば、結婚の祝いであるならば、奉書紙や檀紙のようなコシのあるしっかりとした紙を折り、奇数の紅白の水引をまわして、「あわじ結び」や「結びきり」でしっかりと結ぶ。そして、黄色の紙を紅白の紙で包むようにして熨斗を折り、取りつける。場合によっては、水引をきつく結んで、少し奉書紙の角が曲がるようにすることもある。それは、それほど固い結婚の契りを祝う気持ちの表現でもある。

『折紙と図画』表紙

『折紙と図画』水引の例

また、受け取る方もその折り方や結び方から、敏感に贈り主の気持ちを感じ取ることができたのである。元々、紙を折る行為は、神への祈りと通じていた。すなわち、祝い金がまずあるのではなく、この一連の作業を通して込められた気持ちに添える祝い金なのである。

　現代の我々は便利さを手に入れたが、その代わりに自ら体験的に学び、身につけるべきたくさんのことを忘れてきたのではないだろうか。文房具店で売られている色とりどりにデザインされた熨斗袋は、一見華やかである。しかし、木内菊次郎(註2)が『折紙と図画』（実業之日本社、1908）に掲載している熨斗や包の折り方を見るにつけ、ものをつくることが生活の一部にしっかりと根づいていた時代の豊かさと比較するならば、どこか軽薄さが感じられてならない。身体性を忘れ、ものをつくることよりも消費することで成立している生活から感じる希薄さや軽さは、同時に人の感情や気持ちが希薄な生活とも言えないだろうか。

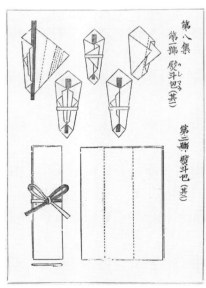

『折紙と図画』熨斗の折り方

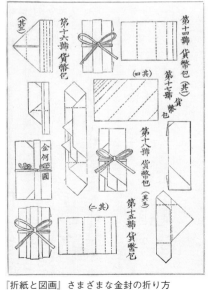

『折紙と図画』さまざまな金封の折り方

第4節　生活の変化と身体性　35

註1　江戸の町で広く用いられた火打金の1つは、現在の群馬県高崎市吉井町である「吉井宿」でつくられたものであった。「吉井宿」には数軒の火打金の製造業者があり、江戸へのお土産としても人気があった。

　　　また、火打石は現在の茨城県常陸大宮市から産出していたメノウ系の石である「水戸火打石」が人気であったとされる。吉井町にある「吉井郷土資料館」では、江戸時代の吉井の火打金を復刻、販売している。

註2　木内菊次郎は上原六四郎（p.99参照）、岡山秀吉（p.112参照）らとともに、手工教育草創期に活躍した人物であり、千葉県師範学校教諭などを務めている。正確な生没年は不明であるが、1910（明治43）年に実業之日本社から刊行された木内の著書である師範学校学生用教科書『最新手工科教授法』の巻末には、次のような書籍の紹介文が掲載されている。

!! 見よ学事に忠実なりし著者の三大遺著 !!
『最新手工科教授法』の著者木内菊次郎先生は篤学の士也。『手工科教授法』の校正未だ半ばならざるに卒然として逝く。是れ猶将士の敵弾に撃たれて名誉の戦士を遂げたると同じ。先生嚢に左（下）の三大名著あり。何れも先生が一代の心血を注ぎたるもの。先生今亡しと雖も幸ひに是等の著の残れるあり。思ふに長く学界に貢献するものあらん。読者願くは著者の長逝を悼むと共に、其遺著を愛誦せられんことを。

　　　　『折紙と図画』△価三十五銭　郵税六銭　△大版全一冊美本
　　　　『図画応用 紙細工 四版』△正価五十銭　△郵税八銭
　　　　『花むすび』△価五十銭　郵税六銭　△大版全一冊美本

　　　また、ここで取り上げた『折紙と図画』は、手工と図画教育の連結を主張する立場で編集されており、その序文には次のように記されている。

図画と手工とを連結せしむることの必要を唱ひ出でしは遠く西暦千五百年代の昔にして今や欧州諸国にては教育社会の世論となれり我邦にても先に図画取調委員会は図画と手工とを連結せしむることの必要を調査報告したり曰く図画と手工との関係は極めて密接にして恰も唇歯輔車の関係をなすものなれば教員はその連絡を保つことに注意すべし

第 2 章　工芸の定義と工芸教育

第1節　工芸の定義

工芸の教育からの工芸論

　本書が「工芸教育」を表題とするならば、「工芸の定義」ではなく、「工芸教育の定義」とすべきなのかも知れない。しかし、現代においては工芸そのものについて多様な意味付けがなされ、工芸と言われて各自が思い描く典型的工芸作品は、人によってかなり違うものとなっている。何より、これまでの工芸教育の視点では、工芸の表現や鑑賞の行為自体に教育的価値を見出すことに主眼があり、工芸作品の美学的吟味、芸術論からの工芸作品の評価とは、近くとも同一の舞台に立つことはなかった。しかし、前章で示したように工芸教育が新たな展開を必要とされている今、工芸とは何かとの問いを、教育をキーワードに考察する必要がある。

　とはいえ、工芸という言葉の定義はなかなか難しい。ましてや、人間の創造的な活動としての造形美術から工芸という領域を区分けすることは、さまざまな境界領域のあいまいさが広がる現代において、無意味でさえあるのかもしれない。しかし、人間のさまざまな能力の内、手を通して発揮されるものに限って見ていくならば、工芸のコアと言えるものが見えてくる。そのような視点で工芸を捉えようとするとき、そもそも人間が人間として生きはじめた最初から工芸は存在していたことになる。そして、手を通して発揮される能力はやがて多方面に展開し、発展し、洗練され、文化を形成していくことになるが、工芸教育という視点からは、それらが蓄積され、伝えられていったことに注目したい。すなわち、人類の原初的な「ものをつくる」という行為には自ずと学習や教育が存在するのである。現代的意味としての「工芸」の言葉自体の歴史はさほど古くなくとも、その行為自体は人が地上で活動しはじめたときからあったのである。

　このような工芸教育からの視点で工芸を考察するとき、工芸とするよりも「手仕事」という言葉を用いた方が理解されやすいとも言える。しかし、後に示す美学や美術史における工芸は、必ずしもこの「手仕事」という言葉とは一致しない。むしろ美学美術史における工芸論では「手仕事」の言葉の出現率は低く、「民藝」（p.304参照）においてやっとその意味が理論化されたといっても過言ではないだろう。工芸教育では更に「手仕事」から「手遊び」までを考える。それは、前述の人類の原初的な「ものをつくる」という行為

38　第2章　工芸の定義と工芸教育

の実像をそこに見ることができるからである。

　筆者が担当する大学の「工芸教育法」の講義では、受講する学生たちに、思い出すことができる限り最も幼いときの「手遊び」の記憶を訊ねている。その答えは土遊び、虫遊び、水遊びなどにはじまり、お手玉遊び、あやとり遊びなど多彩であるが、それらの記憶のほとんどが楽しい記憶、心地よい記憶として彼らに残っている。美術大学で表現の世界を志し、ものをつくることを専門とする学生にとって、それらの記憶や体験がその志向の土台となっていることは明らかである。すなわち、「手遊び」はやがて人の成長とともに「手仕事」へと昇華するのであり、その意味からも「手遊び」は創造の種子とも言える。

　さらに、学生たちは「手遊び」が単なる記憶ではなく、今も楽しいと言う。ほとんどの学生は自分の専門領域の制作活動に取り組んでいるが、その専門的制作とは全く関係のない、むしろ無意味と言ってよいような単に木を削る、金属を磨く、土をこねる、などの行為自体が好きであると答える。

　同じようなことは、筆者が中学校の美術教師であったときにも経験している。木彫の題材の学習で、仕上げを白木のままにするとしてサンドペーパーを渡して各自の作品に磨きを入れる段階になり、美術の授業時間の次にあたっている英語や社会等の教師から度々不評を買った。それは、英語や社会の授業中に、生徒たちが密かに机の下で木彫作品を磨いていたのである。彼らの言い分は明白で、「やりたかったから」の一言である。木彫作品の出来栄えが磨きによって大きく変わるものではないが、ともかく磨きによって木ならではの美しい光沢が生まれることが楽しくて、彼らは英語や社会の授業そっちのけで磨いていたのである。

　本書では、幼児たちがつくる泥だんご（註1）が象徴する「手遊び」から「重要無形文化財」（pp.311-314参照）まで、生活の中にある人がつくり得たものすべてを「工芸」とする。そこに込められた思考や感性を学び、自らの人間としての成長に生かすことが工芸教育の本来の姿と考えるのである。そして、その根底にあるのは、人はものをつくる生物であり、つくることで自らを確認する存在である、との認識である。

工芸概念の成立

　美術史の立場からの工芸論の対象は、工芸作家や専門の工房が制作したものということになるが、今日的意味としての「工芸」の言葉はさほど古くか

第1節　工芸の定義　39

ら用いられていたものではなく、その概念も明治期に入り西洋美術の導入によって、それまでの日本的造形が分類整理される中で生まれてきたとするのが一般的な見解である。更にそこには階層性があることを北澤憲昭（美術評論家、1951-）は明らかにしている。

　北澤は、その著書『美術のポリティクス――「工芸」の成り立ちを焦点として』（ゆまに書房、2013）において、明治期の「万国博覧会」と「内国勧業博覧会」（註2）における出品分類を丹念に比較し、その変化の中からわが国における美術や工芸の概念形成の過程を考察している。その中で、1877（明治10）年の第一回内国勧業博覧会における美術部門では、「書画」に絵模様のある花瓶や箪笥が分類され、浮き彫りのような彫刻があるものは「彫像術」に分類されるといった現在の概念と比較すると混沌とした状況にあったことを示し、その理由として、「fine arts」の概念が理解されていなかったこと、「工芸」という枠組みが不在であったことを指摘している（p.24）。

　また、「工芸」の枠組み不在の原因を、「美術」の言葉が誕生するきっかけとなった1873年のウィーン万国博覧会における日本の手工品の絶大な販売状況にあったとする。貿易不均衡に苦しむ当時の官僚にとって、手工品は輸出産業としての期待の的であり、その官僚たちにとって手工品は「美術」という新しい概念の中心に位置し、結果的に「工芸」の枠組みの必要性がなかったと説明する（p.24）。万国博覧会については、日本の美術史上においても、工芸の定義を考える上でもキーポイントとなるところから、次節で詳しく述べることとする。

　さらに、北澤は「工芸」の漢語は江戸時代の語彙にはなく、類義語としての「工業」（たくみのなりわい）が絵画や彫刻も含め存在したことを踏まえた上で、1890（明治23）年の第三回内国勧業博覧会において、「美術工業」なる分類細目が登場し、これを美術の下位ジャンルとしての「工芸」の成り立ちとしている。そして、1895年の第四回内国勧業博覧会おいては、それまでの「美術部門」が「美術及美術工芸部門」となり、美術と工芸の分割が成立したと指摘している（p.26、p.33）。このことは、本書「第3章、第3節」で取り上げる手工教育草創期の状況と符合する。まず、「手工科」のルーツとして「工業」の学科名を1881（明治14）年の「中学校教則大綱」の中に見ることができる。そして、1886年の「小学校令」では「手工科」が登場し、1887年の上原六四郎（p.99参照）による手工科教員養成を目的とした「文部省手工講習会」では、「工芸」と「工業」の混同がみられる。しかし、教科名

40　第2章　工芸の定義と工芸教育

としての「工芸」の登場は、第二次世界大戦後のことであり、草創期の手工教育者は、新ジャンル「工芸」及び「手工品産業」を念頭に置きながらも、手の教育、手わざの教育としての「手工」を採用したということになる。

工芸の分類

　美術史上における近代工芸の歴史が明治期にはじまるとして、現代までに続くそれらの工芸の系譜はどのように展開したのか、金子賢治（美術工芸評論家、1949-）は、次のような時代区分を提示している（註3）。

Ⅰ　幕末〜明治初頭：「工芸＝工業」時代
Ⅱ　明治初年代以降：輸出工芸時代
Ⅲ　大正中頃〜昭和初期：近代的個人作家の工芸制作の始まり
Ⅳ　戦後の工芸制作

　そして、この歴史的展開を踏まえて、現代における工芸を次の三種に分類している（註4）。

1. 産業工芸
　縄文土器以来の手作りの産業の意味であり、経産省所轄の「伝統的工芸品」（p.315参照）、「民藝」（p.304参照）などが含まれる。
2. 機械工業（産業デザイン）
　戦後はインダストリアルデザイン、グラフィックデザインと呼ばれるものであるが、戦前は工芸と呼ばれていた。
3. 工芸作家による工芸
　作家の個性を表現する工芸であり、産業としての工芸に対して「表現の工芸」とするのが適切。

　この分類については、ほとんどの研究者や工芸家が納得するものであり、現在、一般的な見解として理解できるものであるが、一方、金子は前出の『工芸の見かた・感じかた　感動を呼ぶ、近現代の作家と作品』において、わかりやすい解説という意味も含めて、「1. 産業工芸」においては、その従事者を陶工、漆工と呼び、「3. 工芸作家による工芸」では、陶芸家、漆芸家とするとしている。さらに、この区別は工芸概念を厳密にするための叙述で

第1節　工芸の定義　41

あり、陶芸作家が謙遜して自分を陶工と呼ぶことや、一般の工芸愛好家がどう使おうと問題ないとしている。ここに、金子の工芸観における「表現の工芸」の優位性が見えてくる。他者にはまねのできない秀でた一品制作によって、工芸の芸術性を追求する陶芸家と、寸分くるいのない百個の作品を短時間に仕上げる陶工では、制作の目的が違うのは当然であり、そこから生まれる作品の質を問う姿勢に違いのあることは間違いない。しかし、工芸の分類においては異なるとしても、工芸の教育という視点からはともに重要な造形教育としての価値を有していることも事実である。

　一方、「工芸作家による工芸」の中に、近年「表現する工芸」を標榜する新しい工芸の領域が生まれてきた。秋元雄史（アートディレクター、1955-）が、館長を務める金沢21世紀美術館において、キュレーションを担当した「工芸未来派展」（2012年4月28日-8月31日）で取り上げられた12名の作家たちである。具体的には陶磁の青木克世（1972-）、桑田卓郎（1981-）、大樋年雄（1958-）、漆芸の北村辰夫（1952-）、人形の中村信喬（1957-）などであるが、これら「工芸未来派」の作家たちの技法は、陶磁や金属、ガラス、漆芸など伝統的技法に立脚しつつも、その表現は同時代性にあふれている。これまでの伝統工芸が時代を超えた普遍性を追求してきたのに対して、「工芸未来派」の作品は、現代社会の短絡的、非伝統的思考を反映し、ポストモダンな時代状況の中で、アニメーションや漫画、デザイン、現代アートと同じような新たなイメージを生み出す今日的表現メディアであると秋元は指摘する（註5）。

　秋元の近著『工芸未来派──アート化する新しい工芸』（六耀社、2016）では、50名の「工芸未来派」の作家が取り上げられている。そのどれもが優れた素材感と卓越した技法を土台にして、工芸の特質でもある誠実な造形姿勢によって各自の表現を成立させているが、さらにここでは「用の美」の要素を持つ作家も加えている。秋元が言う「表現する工芸」としての「工芸未来派」は、現時点においてはまだチャレンジングな要素もあるが、新たな工芸領域として認識すべき段階にある。

デザインとしての工芸

　金子賢治は、前述の『美術史の余白に　工芸・アルス・現代美術』に収録された「『工芸』と『craft』──近代工芸の歴史の中で」の中で、日本の工芸作家による工芸制作を「表現の工芸」と呼び、モダンデザイン論の中に位

置づけられるクラフトとは違うことを示している。また、インダストリアル
デザイン（プロダクトデザイン）は、工芸とは呼ばないことも明示している。
工芸、クラフト、プロダクトデザインは日常的に使われる言葉でありながら、
その語彙とそれぞれの関係性については、論者の立場によって微妙な違いが
ある。またデザインが時代とともにあるように、それぞれの概念は変化する
要素もある。

　詳細は本書「第2章、第4節」及び「第4章、第3節」で取り上げるが、
「平成11年3月改訂告示 高等学校学習指導要領」を見ると芸術科工芸の「A
表現」の内容は「(1) 工芸制作」と「(2) プロダクト制作」に分かれている。
このような分類は、この改訂ではじめて採用されたものであるが、その解
説書として1999年12月に当時の文部省より提示された『高等学校学習指導
要領解説 芸術（音楽 美術 工芸 書道）編 音楽編 美術編』（文部省、教育芸術
社、1999）では、「工芸制作」を「手づくりのよさや美しさと生活の中で使
われるという機能性が融合した、いわば生活美の創造とも言える特質を有し
ている。」(p.122) と説明し、「プロダクト制作」については、「美と機能性の
融合を図りながら、量産を目的とした生産のための工芸の制作を行うものと
して設けられた分野である。」(p.122) と説明している。すなわち、工芸の科
目の中に、手づくりの作品制作を意味する「工芸制作」と、量産を目的とし
た生産のための工芸を意味する「プロダクト制作」の2領域が設定されてい
る。しかし、「平成21年3月改訂告示 学習指導要領」では、前者は制作する
人の視点を強調する「身近な生活と工芸」に、後者は使う人や場などを考え
る「社会と工芸」に変化している。

　一方、武蔵野美術大学の通信教育用テキストとして編集された『プロダク
トデザイン』（横溝健志＋田中克明＋近藤和子＋大藤ミナミ著、武蔵野美術
大学出版局、2002）では、クラフトデザイン、プロダクトデザインについて
次のような解説を示している。

■クラフトデザイン（『プロダクトデザイン』p.13）
日本におけるクラフトデザインは、戦後まもなく実用的な手工芸の質向上と流通
対策を目指したデザイン運動が用いた言葉であった。工芸をデザインとして捉え、
地域工芸の生産体制を継承しながら芸術を志向する美術工芸から分離することが
この運動のねらいだった。(註6)

第1節　工芸の定義　43

■プロダクトデザイン（『プロダクトデザイン』p.12）

（前略）プロダクトデザインという言葉は製品のデザインを意味しているが、こんなにも多くのモノに囲まれて生活していても、それをプロダクトデザインと呼ぶことはまれである。むしろ日本では工業デザインとかクラフトデザインといった言葉が使われてきたが、プロダクトデザインはその二つの領域を併せ持つ概念といえる。

　前述したようにデザインの概念自体が社会の動きとともに変化し拡大していく上において、各領域の厳密さを求めること自体どれ程の意味があるのかは不明であるが、「工芸の教育」の対象に各種のデザイン活動が含まれることは、現代のデザイン産業の状況とその社会的意義においても当然のことであり、個人的生活から社会的生活まで、人の営みのありようをテーマとする工芸・デザインの学びは、将来を生きる若い人たちにとって、必須の学習領域となる。

雑貨論

　2016（平成28）年2月26日から6月5日の会期で、東京六本木、ミッドタウン・ガーデン内の「21_21 DESIGN SIGHT」（公益財団法人 三宅一生デザイン文化財団）において「雑貨展」が開催された。展覧会ディレクターは深澤直人（プロダクトデザイナー、1956-）が担当し、さまざまな経歴を持つ若手のデザイナーやクリエイターたちによる20の雑貨ブースによって構成された展覧会であった。若い人を中心として多くの入場者がつめかけ、日によっては入場制限がされるほどであった。この展覧会の企画意図について、「21_21 DESIGN SIGHT」のウェブサイトでは次のように説明している。

日本の高度経済成長期にあたる約半世紀前までは、「雑貨」とは、やかんやほうき、バケツといった「荒物」＝生活に必須な道具を指していました。しかし現在、街中の「雑貨店」の店頭には、グラスやナイフにうつわ、ブラシやスツール、時に食品や化粧品まで、中には用途が分からないモノや実用性を持たないモノなど、従来の「雑貨」のカテゴリーを超えたあらゆるモノを見ることができます。インターネットが普及し、自身の嗜好や感性に馴染むモノがいつでもどこでも自由に入手可能になった現代で、こうした傾向はますます加速し、「雑貨」という概念も広がり続けています。

このような変遷を踏まえて、今あえてゆるやかに定義するならば、「雑貨」とは「私たちの日常の生活空間に寄り添い、ささやかな彩りを与えてくれるデザイン」といえるでしょう。探す、選ぶ、買う、使う、飾る、取り合わせるといった行為や経験を通じて、モノ自体が持つ魅力を再発見し、暮らしに楽しみをもたらしてくれる「雑貨」は、もはや現代人の生活空間に欠かせない存在となっています。

　「雑貨」という言葉から連想するイメージは、世代によってかなりの違いがある。「雑貨」の「雑」から雑多なもの、安価なもの、つくりが雑なもの、生活で使う簡便なものなどの連想をする層と、「雑貨」に自身の嗜好を反映させ、生活にゆとりと夢を与えてくれる存在として理解する層とに大別できる。また、これは単純に年齢で分けることはできない要素もある。

　「雑貨展」の各ブースは、かつて昭和初期を中心に活躍していた生活雑貨から、今日的なデザイン性を持つもの、そして全体として安価であり、つい手に取りたくなるようなものであふれていた。その多くは、前述の金子賢治の分類にしたがえば、「産業工芸」「機械工業（産業デザイン）」に属するもの、もしくは、クラフトデザインやプロダクトデザインの視点から開発された商品と言ってもよいものである。また、それらは、雑貨の特性の1つである安価でありながら、ある程度の質とバリエーションを持った商品を生産するための多種少量生産可能な中国やベトナムなどの海外生産拠点で製造されたものと、日本の国内における産業工芸の技術を持つ工房や工場で生産されたものとに、大きく分けることができる。

　デザイナーの多彩な要求を安価に処理できる海外の生産拠点と比較して、国内の工房や工場の製品は、デザイナーやクリエイターたちとその技術とのコラボレーションによるものが多い。また、その商品イメージは「和」が主流である。何をもって「和」もしくは「和風」とするかは検討の必要なところではあるが、薄れたとはいえ日本の伝統的な生活感情を持つ日本人の行動や嗜好をリサーチし、伝統工芸の技術を効果的に生かそうとする商品開発は、自ずと日本の伝統を再認識させるイメージを持つことになる。

　「雑貨展」の賑わいのみならず、雑貨を扱うショップは何処に行っても繁盛している。すなわち、相当な購買層が存在していることは明らかである。また、ネット販売の状況を概観しても、「和雑貨」「伝統的工芸雑貨」などの言葉が飛び交い、雑貨産業の隆盛を感じさせる。このような状況が、これまで論じてきた工芸文化と、どのように関わるのかは十分な検討を要する。

第1節　工芸の定義　45

もちろん、雑貨を工芸として捉えること自体に反対する意見もあるだろう
し、雑貨の流行は一時的なものとする見方もあるだろう。しかし、工芸の教
育の視点からは、若い人たちを中心として「工芸」への回帰の機会として捉
えたい。実際には、雑貨の多くが、「伝統工芸」風なもの、「手仕事」風なも
のであったとしても、そこから「ものづくり」への視点を持つことができる
ならば、縮小しつつある「ものづくり」の経験を補うに余りある。

　一方、生産する側の立場を俯瞰するならば、安価である「雑貨」の製造は、
高度な修練を要する技術でなくとも成り立つ。伝統工芸としてこれまで蓄積
されてきた精緻な技術を用いる必要がなくなったとき、その伝承が消えてい
くことは、歴史からも明らかである。人々の暮らしとともにある工芸が、現
代の暮らしや生活感情とどのように関わり合い、その在り方を変化させてい
くかは、工芸本来の姿であるとも言える。

註1　泥だんごについての研究者として加用文男（発達心理学者、1951-）がいる。京都教
　　　育大学の教授である加用は、ある保育園の園児たちの行動を観察するうちに、黒曜
　　　石のように光る泥だんごをつくる子どもたちを発見する。園庭の土と砂だけで見事
　　　に光る泥だんごを一心につくる子どもの姿からは、「ものづくり」における人の本
　　　来の姿を見ることができる。

註2　内国勧業博覧会は、国内物産の開発奨励を目的として、明治期に5回開催されてい
　　　る。第1回展は大久保利通の提案により1877（明治10）年8月に上野公園を会場とし
　　　て開催され、美術館、農業館、機械館、園芸館、動物館などが建てられた。

註3　「工芸」シンポジウム記録集編集委員会編『美術史の余白に──工芸・アルス・現
　　　代美術』（美学出版、2008）、p.101

註4　東京国立近代美術館工芸課編『工芸の見かた・感じかた　感動を呼ぶ、近現代の作
　　　家と作品』（淡交社、2010）、pp.5-6

註5　秋元雄史『工芸未来派』（「工芸未来派展」図録、金沢21世紀美術館、2012）、pp.4-
　　　25

註6　クラフトデザイン運動の中核となった団体には次のようなものがある。
　　　「公益社団法人日本クラフトデザイン協会」
　　　1956年に日本デザイナークラフトマン協会として設立。
　　　「クラフト・センター・ジャパン」
　　　1959年に創設、1960年に通産省（現・経済産業省）管轄の財団法人となるも、2014
　　　年に解散。

第2節　万国博覧会と工芸

博覧会の時代

　19世紀後半は「博覧会の時代」と言われるほど、後に示すような大がかりな博覧会が数多く開催されている。日本の工芸品などがはじめてオランダからの出品という形で展示された1853（嘉永6）年の「ニューヨーク万国産業博覧会」から見ても、明治30年代までに38回ほど開催されている。内容も単なる物産展ではなく、各国の工業生産技術とともに文化についても世界的な視野で紹介し、刺激し合う場となっている。鎖国の江戸時代から明治維新によって近代国家として走りはじめた日本にとっては、正に世界の文明文化を直接的に学びとる重要な場であり、近代国家日本の国威を先進諸国に示す機会ともなったのである。また、万国博覧会に出品する作品などを全国から選出する必要もあり、「内国勧業博覧会」も開催され、生産品の質の向上をはじめとして殖産興業の方策に大きく貢献することとなる。

　前節の「工芸の定義」において、日本の近代における「美術」そして「工芸」の概念成立に、万国博覧会が強く影響したことを示したが、その意味でも我々はもう少し万国博覧会についての知識を持つ必要がある。以下に日本が万国博覧会に参加をしはじめた頃の主な博覧会をまとめるが、これらについては主に、「博覧会国際事務局」（Bureau International des Expositions：BIE／仏、International Exhibitions Bureau／英。国際博覧会条約に基づき、1928年に設立。2014年現在、168か国が加盟）が提示する資料と、『海外博覧会本邦参同史料』（永山定富編、博覧会倶楽部、1928-1934／復刻版：フジミ書房、1997）の第一輯から第四輯を参考にしている。

・第1回ロンドン万国博覧会
　　1851（嘉永4）年5月1日−11月11日
　　国際博覧会のはじまり。鉄とガラスでできた水晶宮が人気となる。
・ニューヨーク万国産業博覧会
　　1853（嘉永6）年7月14日−1854（嘉永7）年11月1日
　　オランダからの展示品に、日本の屏風などが含まれていた。
・第1回パリ万国博覧会
　　1855（安政2）年5月15日−11月15日

オランダからの展示品に日本の品物80点が含まれていた。

・第2回ロンドン万国博覧会

　1862（文久2）年5月1日−11月1日

　幕府が、諸外国との開港等に関する条約の締結のために派遣した竹内下野守保徳（幕臣、1807-1867）を正使とする遣欧使節団（福沢諭吉ら総勢38名）が視察する。また、初代イギリス公使ラザフォード・オールコック（英、外交官、1809-1897）が、自身の収集品を展示している。武具や工芸品以外にも草履や蓑笠なども含まれていた。

・第2回パリ万国博覧会

　1867（慶応3）年4月1日−11月3日

　日本から、幕府、薩摩藩、鍋島藩が初参加し、主として工芸品を展示し、ジャポニスムの契機となった。幕府はフランス皇帝ナポレオン三世からの出品要請と元首の招聘を受け、将軍徳川慶喜の名代として、弟の徳川昭武を派遣した。その随員として渋沢栄一（実業家、1840-1931）らも渡航している。

・ウィーン万国博覧会

　1873（明治6）年5月1日−10月31日

　日本政府としてはじめて公式参加した博覧会である。工芸品を中心として最高水準の展示作品を全国より集めるとともに、日本の伝統的家屋と庭園を作る大工や造園師、またヨーロッパ各国の進んだ技術を学ぶための伝習生を同行させる（p.52参照）。1300坪の敷地に神社や日本庭園や反り橋を設置し、浮世絵や工芸品、名古屋城の金の 鯱（しゃちほこ）、鎌倉大仏や五重塔の模型などを展示し人気を集めている。

　これらの展示品の選定ついては、ドイツ人のお雇い外国人ゴットフリード・ワグネル（独、数学物理学者、1831-1892）の提言により、西洋と比べて見劣りのする機械製品ではなく、手づくりの日本の美術工芸品を展示することとなった。ワグネルは事業のために来日し、その後政府に雇われ、京都府立医学校、東京大学及び東京職工学校（現東京工業大学）で教鞭をとり、陶磁器やガラスなどの製造を指導した。結果的に日本館の展示品、販売品は飛ぶように売れ、ウィーンにおけるジャポニスムの流行に大きく影響している。

・フィラデルフィア万国博覧会

　1876（明治9）年5月10日−11月10日

48　第2章　工芸の定義と工芸教育

アメリカ独立100周年を記念しての博覧会で、ベルの電話やエジソンの電信装置等が展示されている。日本はウィーン万国博覧会を上回る規模で参加をし、「日本家屋」と「日本賣物店ノ建築」二棟を建てている。

・第3回パリ万国博覧会

1878（明治11）年5月1日－11月10日

エジソンの蓄音機、自動車、冷蔵庫等出展

・メルボルン万国博覧会

1880（明治13）年10月1日－1881年4月30日

日本の展示販売品は完売となり、多くの利益を上げ、日本にとっては大成功となった。特に文部省の教材や書籍、和紙人形や磁器、銅器などが注目された。

・バルセロナ万国博覧会

1888（明治21）年4月8日－12月10日

日本とスペインとの関係が薄いこともあり、準備期間がない中で日本政府は参加を決定している。全体として、低調な博覧会となったが、日本からの出品は一際注目を集め、他国を尻目に日本館は大盛況であった。1873（明治6）年のウィーン万国博覧会を機に日本の工芸製品の輸出を目的として政府が設立した「起立工商会社」（註1）が活躍し、収益を上げている。

・第4回パリ万国博覧会

1889（明治22）年5月5日－10月31日

フランス革命100周年を記念する博覧会で、エッフェル塔が建設され、エジソンの白熱電球による初の夜間照明などが話題となった。また、付帯事業として、「芸術・文学・科学・経済・社会」をテーマとする多くの国際会議が開催され、これ以降の万国博覧会において慣例となっている。

・シカゴ万国博覧会

1893（明治26）年5月1日－10月30日

コロンブスの新大陸発見400年を記念した博覧会で、日本は宇治平等院を模した「鳳凰殿」を会場に建設するなど、積極的に参加し、日本の優れた工芸品は美術品としての評価から美術館に展示されたが、日本製品の売り上げは芳しくなく、博覧会自体も赤字となった。

・第5回パリ万国博覧会

1900（明治33）年4月15日－11月12日

19世紀全体を俯瞰し、その100年の進歩から20世紀を展望することを目

的として開催され、くじつき入場券が発売され、地下鉄、動く歩道などが整備された。しかしながら、日本の工芸品は美術作品としての評価を得ることはできず、美術館での展示は拒否されている。

　一方、全体としてはアール・ヌーヴォーの展覧会であり、新世紀の芸術思想や社会思想を模索する段階にあった。その中で付帯事業である「万国公会」、すなわち国際会議は、「第一部　教育及教授法」をはじめとして各種12の分野で行われ、日本からも政府委員として38名が参加している。その中に、当時は文部官僚であり、後に長く東京美術学校校長を務める正木直彦（美術教育行政官、1862-1940）もいた。そこでの会議を受けて、「国際美術教育会議」（Fédération internationale pour l'éducation artistique ／仏、International Federation for Art Education, Drawing and Art Applied to Industries：FEA ／英）が組織された。FEA は第二次世界大戦後「国際美術教育学会」（International Society for Education through Art：InSEA）（註2）に吸収合併され、美術教育の国際機関として現在に続いている。

ウィーン万国博覧会

　ここまであげた博覧会の中でも、1873（明治6）年のウィーン万国博覧会は、日本政府が公式に初参加をした博覧会であり、万国博覧会参加のための政府としての基本的な制度、体制をつくり上げた。中でも、1873年にウィーン万国博覧会理事官となり、実質的にその中心となった佐野常民（政治家、1822-1902）の上申書には、この博覧会に参加する基本的な目的が示されている。以下に、前出の『海外博覧会本邦参同史料』より引用する。

今度墺国博覧会ニ御国産之物品ヲ被差出候ニ付テハ件々左（下）ノ目的ヲ以テ取扱可然哉
　第一目的
御国天産人造物ヲ採集撰択シ其図説ヲ可要モノハ之ヲ述作シ諸列品可成丈精良ヲ尽シ国土之豊饒ト人工之巧妙トヲ以テ御国ノ誉栄ヲ海外ニ揚候様深ク注意可致事
　第二目的
各国之列品ト其著説トヲ詳密点見シ又其品評論説ヲ聞知シ現今西洋各国ノ風土物産ト学芸ノ精妙トヲ看取シ機械妙用ノ工術ヲモ伝習シ勉メテ御国学芸進歩物産蕃殖ノ道ヲ開候様可致事

第三目的
此好機会ヲ以テ御国ニ於テモ学芸進歩ノ為ニ不可欠ノ博物館ヲ創建シ又博覧会ヲ催ス基礎ヲ可整事
　第四目的
御国産ノ名品製造方勉メテ精良ニ至リ広ク各国ノ称誉ヲ得彼日用ノ要品トナリテ後来輸出ノ数ヲ増加スル様厚ク注意可致事
　第五目的
各国製造産出ノ有名品及其原価売価等ヲ探捜査明シ又各国ニ於テ闕乏求需スルノ物品ヲ検知シ後来貿易ノ裨益トナル様注意可致事

右（上）件々之内第一条ハ素ヨリ今般ノ主目ニ付広ク鉱物等ノ天産ヲ採集シ従来有名ノ生糸漆器陶器等モ其製造極テ精良ニシテ且廉価ナルヲ要シ各々図説ヲ添ヘ出品可致候得共工術ノ未ダ粗拙ヲ免レザルハ論ヲ不待殊ニ御国内風俗変遷衣食住ノ諸要品日月ニ其趣ヲ異ニスルヲ以テ多クハ輸入ヲ待タザルヲ得ズ依テ第二条ヲ厚ク注意シ彼学芸ヲ採集スルニ必要ノ人員ヲ精撰シ又工業各科ノ学生及諸職工七十名程ヲ募撰シ之ヲ率ヰテ此会ニ赴キ現地ニ就テ各専門ノ業術ヲ実見伝習セシメ精良ノ器品巧妙ノ機械等其必用ナルハ之ヲ購求貿易シ帰朝ノ上第三条博物館創建ニ列スベキハ之ヲ列シ現今数百万ノ士族卒総テ産業ヲ要スルノ際会ニ乗ジ各科ノ工業ヲ速ニ御国内ニ伝播可致ノ方法ヲ設ケ第四条彼ノ日用要品ヲ精製シテ輸出ノ数ヲ増加致シ随テ輸入品ヲ減スル様精々注意可致事

《墺国博覧会場本館日本列品所入口内部之図》
（田中芳男＋平山成信編『墺国博覧会参同記要』1897）

今般ノ御用筋ハ御国ノ誉栄ヲ宇内各国ニ揚ルト否ラザルトニ関係シ又数十万円ノ
金額ヲ資用シテ後来ノ御国益ヲ期スル重事件ニ候得バ能前五ケ条ノ目的ヲ達スル
様左（下）ノ件々緊要ト存候
一渡航スベキ上下人員ハ能其任ニ堪候者精撰ノ事
一今度御用途ニ必需ノ金額ハ出格御詮議ノ事
一主任ノ人御撰定ノ上ハ相当ノ権ヲ許有シ其責ニ任ゼシムベキ事
其他細目ニ至リテハ予定スベキ件有之候得共差向前条目的ノ当否ヲ始メ大体ノ処
御急評有之度候也（壬申六月）

　この中で、第二目的にある各国の出品を見聞し、諸芸及び工業について学
び、わが国の諸学の進歩と生産の増進を目指して、学生及び職工をこの博覧
会に派遣することを提言していることは、専門家育成教育の動きとして重要
である。
　実際には、学生の派遣はならなかったが技術伝習生20余名を派遣団に加
えている。また、もともと官員として派遣されたが伝習生に転向し技術伝習
を受けた者もいた。伝習項目は養蚕法・樹芸法・林業・園庭築造・活字・活
字紙型・ガラス・鉛筆製造法・測量器・羅針盤の製法・時計・電信機の製
造・造船術・製線・染織法・石脳油（石油）製法・セメント製法・陶業・ギ
プス模型の製法・製紙業・眼鏡製造・巻き煙草製造・建築術・石版地図の製
法・工作図法・写真術・メリヤス機械操法・麦わら帽子製造機・煉瓦製造法
などであった。伝習生たちは、万国博終了後もヨーロッパ各地に留まって当
時の進んだ技術を学び、帰国後それぞれの領域の発展や後進の教育に活躍し
た。
　工芸関連の主な技術伝習をあげてみる。機械式レンズ製造技術を学び、帰
国後レンズの製作をおこなった朝倉松五郎（ガラス技術者、生年不明 -
1876）。「工作図学」と記録に残る正写図法、陰影図法、遠近図法等を学ん
だ平山英三（生没年不明）は、後に特許局の審査官として意匠審査を担当す
る。井口直樹（工業技術者、生没年不明）はウィーンでガラス技術と鉛筆の
製造を学び、帰国後、同じく伝習生の藤山種廣（たねひろ）（技術者、生年不明 -1886）
とともに鉛筆の生産をはじめる。伊達弥助（四代弥助、1813-1876）は京都
西陣の機業家であり西陣機業の近代化に努めている。中村喜一郎（染織家、
1850-1915）は人工染料を導入し、八王子織染学校校長及び十日町染織学校
校長を歴任し、農商務省技師となっている。椎野庄（正）兵衛（しょうべえ）（実業家、1839

52　第2章　工芸の定義と工芸教育

-1900) は、絹織物の生産と輸出の発展に寄与した。

　これら伝習生の中でも、陶磁器の製造について学んだ納富介次郎（画家・工業意匠家・教育者、1844-1918）は、帰国後、現在の石川県立工業高等学校、富山県立高岡工芸高等学校、香川県立高松工芸高等学校、佐賀県立有田工業高等学校をそれぞれ創立し校長を務めるなど、その後の工芸教育に大きな業績を残している。

　展示品については「第一区　鉱山を開く業と金属を製する術の事」から「第二十六区　少年の養育と教授と成人の後修学の事」まで26種の「区」に大別され、「区」のそれぞれに数種の「類」が設定されている。総数量は不明であるが172品目にも及ぶ展示品を持ち込んでいる。これらの膨大な展示品の内から、日本の展示品の中でも評判の高かった工芸に類するもので、万国博の審査で賞状及び賞牌を得たものをあげてみると次のようになる。なお、審査員は参加各国より出すこととなっており、日本からは、第十一区（紙楮類製造の事）の副審副長に田中芳男（博物学者・男爵、1838-1916）、第八区第三類（割りし木にて作りし品物家根板、水を漉す器械）の審査官に塩田眞（工芸研究家、1837-1917）、第九区第二類（焼土の品物 甓 ば樋、鍋、飾物、火爐、土像）の審査官に納富介次郎が任命されている。

■第五区　衣服　織物
［進歩賞牌］

生糸	勧工寮	生糸	富岡製糸場
帆木綿段通機	大阪府	木綿	小倉県
紙布及八橋織	宮城県	賤機織	静岡県
生糸	富岡製糸場	絹織物	伊達弥助
枕縫取ノ履物	椎野庄兵衛	海気織	鈴木興治右衛門

［有功賞牌］

織物	東京府	織物	足羽県
織物	茨城県	織物木綿	鹿児島県
木綿緞通	佐賀県	木綿其外	堺県
生糸	長野県	生糸	筑摩県
織物	筑摩県	織物	鳥取県
織物	和歌山県	織物	琉球藩
西京絹	羽二重社	織出絹	模様社

綾織絹	紗織社	紐笹縁	友染社
琥珀織	中村吉兵衛	金糸	菱屋伊兵衛
金糸	江原貞蔵	金糸	金糸屋平兵衛

［表状］

木綿（目倉縞）	埼玉県	絹	筑摩県
博多織	福岡県	生糸	福島県
生糸	岐阜県	絹麻布	犬山県
小紋型	三重県	木綿（新花織）	額田県
絹縮緬	豊岡県	木綿	度会県
木綿縞	山口県	天鵞絨	天鵞絨社
絹織物	鹿ノ子社	金銀交織ノ絹	錦襴社
絹ノ帯	古帯社	絹ノ夏物	夏衣社
生糸	掛田	生糸	金花山
鹿ノ子首巻	椎野庄兵衛		

■第六区　革　樹膠

［進歩賞牌］

紋革	小林総斎

［雅致賞牌］

姫路革	播磨県

［有功賞牌］

紋革	和歌山工人

■第七区　金銀銅鉄細工

［進歩賞牌］

銅器	東京府	鉄銅金銀細工	石川県
銅器	金屋五郎三郎	銅器	孝民
金物細工	横山弥左衛門		

［有功賞牌］

銅器	東京府	銅線	膝折
銅器	高岡鋳造社中	銅金銀細工	村上虎次郎

［表状］

武器	日本	銅金銀細工	筑摩県

銅金銀細工	黄銅製造社中	銅金銀細工	平田彦四郎
金物細工	吉井	金物細工	中川淨益
銅器	龍珉	銅器	鈴木善兵衛

■第八区　木具　竹細工

[進歩賞牌]

| 鯨籘細工 | 坂部熊次郎 | 寄木細工 | 山本安兵衛 |

[有功賞牌]

麦桿細工	大阪府	能代塗	秋田県
津軽塗	青森県	麦桿細工	豊岡県
欧風漆器家具	住吉屋九兵衛	竹網代細工	織田安蔵
有馬竹細工	閑居清右衛門	指物	福岡朴齋
麦桿細工見本	宮川忠七	麦桿細工見本	山名鋼四郎
竹ノ指物	村瀬喜三郎	家ノ雛形	武蔵屋鎌吉
有馬竹細工	中村長次郎	本象嵌	西村庄一郎
水口細工	西村藤七		

[表状]

欧風漆器	東京府	漆器	度会県
竹細工	山口県	透彫額	後藤仙之助
桶類	大島屋茂三郎		

■第九区　陶器　硝子器

[進歩賞牌]

| 陶器 | 愛知県 | 土器及陶ノ茶器類 | 鹿児島県 |

[有功賞牌]

| 花崗石大理石 | 日本 | | |

水晶色ヲ帯ビタル硝子及研キ出シタル硝子　　日本硝子

陶器画	勧業寮	建築諸材	横須賀造船所
土器及陶器	長崎県	土器及陶器	粟田五条坂陶工
玉石細工	朝倉松五郎	土器及茶碗	加集三平

[表状]

| 陶器麺入 | 三重県 | 陶器 | 石川県 |
| 陶器 | 工人萬助 | | |

■第十区　細小品

［進歩賞牌］

七宝	愛知県	青銅	石川県
銅器	工商会社	漆器	池田泰眞
青銅	桃瀬惣右衛門	漆器	柴田是眞
漆器	杉本長次郎	漆器	岩井兼三郎
青銅	横山弥左衛門		

［有功賞牌］

漆器	若松県	青銅	高岡青銅製造所
玩具	七澤屋仙助	細小品	宮川長次郎
漆器	新井平兵衛	漆器	橋本市蔵
青銅器	本間琢齋	青銅器	大竹清長

［表状］

漆器	新川県	青銅器	小畑道齋
青銅器	奥村房次郎		
小間物	龍文堂安之助、中川淨益		
小間物	龍珉		

■第十一区　紙

［進歩賞牌］

紙細工	東京府	楮紙	岐阜県
白紙	敦賀県		

［有功賞牌］

雁皮紙	滋賀県	書物紙	茨城県
賞書紙	神山県	紙及織物紙	宮城県
透明紙	奈良県	元結	筑摩県
亀甲紙	豊岡県	壺屋紙	度会県
筆、画筆	文魁堂弥兵衛、高木壽頴		
墨	古梅園		

［表状］

画紙	京都府	出版紙封紙	広島県
青黄傘紙	名東県	半紙	山口県
賞書用強紙	山梨県	藁紙	敦賀県

博覧会派遣員報告

　展示品を一覧すると、正に全国津々浦々から特産品を集めて博覧会に臨んだことが理解できる。生産品の中には、現在まで各地の特産として続くものもあれば、現在においてはすでに姿を消したものもあるが、明治初期のこの状況から言えることは、日本は長い鎖国の中で独自にその技法を洗練させてきた手工芸大国であったという事実である。

　また、このような全国から選集した展示品がどのような評価を得たのかを賞以外の面で見ていくと、『海外博覧会本邦参同史料』には、ウィーン万国博覧会での日本の評判について、現地の新聞報道を基にした次のような記述がある。

又日本の品々を評したる新聞には日本の人民は東洋の最も開花に進むものにして此度愛の博覧会に来り会いせり、其ありさま先年仏蘭西の会に出せし時とは大に異なれり、其頃は国中紛乱して多端なりしかば、時買上或は借り集めなどして唯目に新しき物を見せたるといふまでにて、たとえば劇場の飾付けの如く熟覧すれば実用になるものは無かりし、其国の内乱にて却而東方の文明国となり今は欧羅巴の各国と肩を並べんとする勢いあり、されば此度持ち来れるものは其国の農工の事を示して詳かに又欧羅巴の各国と交際をも厚くし其貿易をも盛んにせんとする望みと見えて五十人斗りの事務官を遣わしあまたの費をかけたりといひ、又ある時の新聞には各国の品の内見物人の最も多く集い来るは日本の品なり、陶器、漆器、寄せ木細工の如きは欧羅巴にては最も珍らしく美しとするものなればなり、支那の品にもよきものありと雖日本の右に出ることは能はざるべしと書き、又其後の新聞に日本の出品も諸国と共に陳列大にはかどり日に目を驚かせり、日本は陳列の仕方も支那よりは巧みにて其上漆器は当今に於ては最も美麗なるものなり、日本人は漆器製造に容易ならざる精神をこらし多分の費を厭はざる事は一目に瞭然たりなど書きたり。

　以上の記述は、万博派遣団員による報告を基にしているだけに我田引水とも受け止められる内容ではあるが、第一目的である国の栄誉を世界に示すとの意向は十分に達せられたと言えるだろう。ウィーン万国博覧会そのものは、株の暴落やコレラの流行などで1,000万人の目標入場者数を大きく下回る725万人に留まり、また建築費の高騰などで大きな赤字を出すことになったが、日本にとっては、展示品、販売品の人気から十分なる収入を得るとと

もに、東方の文明国、近代国家として国際社会に華々しくデビューすること
ができた。その先陣を、伝統工芸が務めたということになる。

　しかし、日本派遣団の主要なメンバーであった田中芳男と平山成信（官
僚・貴族院議員、1854-1929）が編集した『墺国博覧会参同記要』（1897）に
は、「彼西盛ンニ新規ヲ好ミ絶妙ノ機械ヲ発明シテ百物ヲ製スル」とあり、
その西欧における機械生産が「東洋日本支那ノ産品ハ一種特別ノ種質風致ア
ルヲ以テ争テ之ヲ賞玩模擬スルニ至ル而シテソノ精妙殆ド模範タルノ原品ヲ
凌駕セントスルノ勢アリ」との認識を示している。同書はさらにそのような
状況を踏まえて「我百工芸術ノ長短精粗ハ維府博覧会ノ挙ニヨリテ昭々明著
セリ宜クソノ長精ナル所ヲ勧奨シテ益進歩スルニ至ラシムベシ彼外国ノ長ヲ
採ルモ亦今日必要当務ノ事タリ」とし、ヨーロッパ各国の技術力を学ぶ必要
性を示している。

　また、岩倉具視（政治家、1825-1883）を団長とする欧米使節団がウィー
ン万国博覧会を訪れているが、随行員の1人であった久米邦武（歴史学者、
1839-1931）はその使節団の記録を『特命全権大使　米欧回覧実記』（博聞社、
1878）にまとめ、日本の出品について次のような評価を残している。

我日本国ノ出品ハ、此会ニテ殊ニ衆人ヨリ声誉ヲ得タリ、是其一ハ其欧洲ト趣向
ヲ異ニシテ、物品ミナ彼邦人ノ眼ニ珍異ナルニヨル、其二ハ近傍ノ諸国ニ、ミナ
出色ノ品少キニヨル、其三ハ近年日本ノ評判欧洲ニ高キニヨル、其内ニテ工産物
ハ、陶器ノ誉レ高シ、其質ノ堅牢ニシテ、製作ノ巨大ナルニヨルノミ、火度ノ吟味、
顔料ノ取合、画法ノ研究等、ミナ門戸ヲモ窺フニ足ラス、絹帛ノ類モ、其糸質ノ
美ナルノミ、織綜ノ法、多クハ不均ニシテ、染法ハ僅ニ植物ノ仮色ニテナルヲ以
テ、光沢ノ潤ヒナシ、漆器ハ、日本ノ特技ナレハ、評判高シ、銅器ノ工モ精美ヲ
欠ケトモ、七宝塗、鑲嵌細工ハ、大ニ賞美セラル、工技ナリ、画様ハ西洋ト別種
ニテ、花鳥ノ如キハ、風致多シトテ賛美スレトモ、人物ノ画ニ至リテハ、或ハ俳
優ノ粉飾ヲ模シ、陋醜ノ面目、人ヲシテ背ニ汗セシム、寄木細工モ評判ナレトモ、
接合ノ際ニ術ヲ尽サス、漆ノ功ヲ恃ムノミ、欧洲ニテ此技工ヲナセルヲ一見シテ、
更ニ発明スル所アラハ、一ノ国産トナルヘシ、麦藁細工モ、亦評判アレトモ、元
来価アルモノトハ看認スシテ雑作シタル物ユヘ、早ク損スルヲ如何セン、染革ノ
製作ハ、反テ劇賞ヲ受ケタリ、是或ハ欧人ノ未タ知ラサル秘蘊ヲ漏セルカ、紙ト
麻枲トハ看官ノ目ヲ驚カセリ、紙ハ材料、抄法、共ニ別法ナレハナリ、越後枲皮
ノ白質ニシテ光輝ナル、西洋人之ヲミテ賚絹ノ織物トナサンコトヲ思付タルモノ

アリト、楮皮モ亦大ニ貴重セラレタリ、油絵ノ如キハ會テ欧洲ノ児童ニモ及ハス、本色ノ画法、反テ価ヲ有セリ

（『特命全権大使 米欧回覧実記（五）』岩波文庫、1982、pp.43-44）

　久米は日本の工芸品を冷静に見つめ、陶磁器や漆芸など技術的に優れたものもあるが、ウィーン万国博覧会での評判を物珍しさと流行による一時的なものと判断している。岩倉使節団としても、この視察の結論として、工業技術の輸入育成の急務なることを帰国後提言しているが、それらはまず工芸品の輸出拡大を目指す動きとなり、技術革新による生産量の増加とともに、デザインにおいても、欧米向きのものを取り入れる動きが強まることになる。

　こうして、後に「欧米におもねるデザイン」と評されるものが、磁器や漆器を中心にして大量に生産され、欧米へと運ばれた。そして、工芸家養成のための本格的な教育が、全国的にはじまることになる。

註1　起立工商会社は、万国博覧会に出品されたものを現地で販売するために創設された国策会社である。1874年に蔵前に開業し、1891年まで続いた。ニューヨークやパリに販売拠点を置き、輸出用工芸品の制作から、輸出業全般を行った。

註2　国際美術教育学会（International Society for Education through Art：InSEA）は、1954年のユネスコ美術教育セミナーを受けて組織された。その名称は、ハーバート・リード（p.195参照）の著書『芸術による教育』に由来する。同年、パリにおいて、第1回世界会議を開催し、以後3年ごとに世界各地で世界大会を開催している。1963年には、国際美術教育会議（Federation of Education for Art：FEA）と吸収合併し、国際的な美術教育研究・実践の交流機会を提供している。日本では1965年に東京において「InSEA 国際美術教育会議」が開催され、1998年には「InSEA アジア地区会議東京大会」が、2008年には「InSEA 世界会議大阪大会」が開催されている。

第3節　徒弟制度の教育

職人尽絵

　明治初期の手工教育は、創作に関する知識や技能の伝達を主な内容とし、優れた後継者すなわち専門的職業人としての工芸職人の育成を目的とするものであったが、やがて近代的教育理論の洗礼を受け、それらは公教育の概念と共に人間性育成の教育へと変化することになる。しかしながら、近代以前の工芸職人育成教育の典型である日本の徒弟制度においても、人間性育成教育の要素を見ることができる。

　埼玉県川越市の喜多院（註1）には、狩野吉信（絵師、1552-1640）（註2）による《紙本着色 職人尽絵》（六曲一双の屏風の各曲に2図ずつ配された計24図、国指定重要文化財）が残されている。詳細な制作年は不明だが、京都市中と思われる市街地に25種の職人の工房が描かれており、近世における手工生産の状況を知る上で貴重な資料となっている。描かれている25職種は次のようなものである。

仏師・傘師・革師・鎧師・経師・糸師・形置師（かたおき）・筆師・扇師・檜門師（ひもん）・研師・弓師・数珠師・鍛冶師・機織師・刀師・矢細工師・蒔絵師・向膝師（むかばき）・番匠師（ばんじょう）・畳師・桶師・縫取師・纐纈師（こうけち）・藁細工師

《紙本着色職人尽絵（桶師・畳師）》（部分）　所蔵：喜多院
写真提供：川越市立博物館

現代においてはすでに見ることのできない職種もあるが、描写は生き生き
としており、職人のみならずその家族や道具などの描写も詳細である。そも
そも、職人の定義も時代によって変化しており、さらに古い記録には医師や
陰陽師なども職人の領域に加えられている。

　このような職人社会における教育システムが徒弟制度である。職種や時代、
地方によってその慣習はまちまちであるが、典型的な江戸時代の徒弟制度に
ついて、吉田光邦（科学技術史研究者、1921-1991）はその著書『日本の職
人』（角川書店、1976）で次のように説明している。

徒弟制度

　さて彼らの技術の習得は、いわゆる徒弟奉公、年季奉公によって行なわれていた。
年季奉公は江戸時代には確立したシステムとなっていた。年季奉公のほかに一年
または半年で代る出替り奉公があったが、技術を身につけねばならぬ職人の場合
には、こうした例はみられない。商家でも番頭、手代、丁稚、小僧はふつう十年
を奉公の期限としていたが、職人も同じように十年をふつうとしていた。また職
人では技術が教えられるので、時には給金も与えられないこともあった。

　奉公に入る前にはふつう目見得がある。奉公人が主人、師匠に会いにその家に
出かけることである。その場ですぐに定まることもあったが、時には数日間仕事
をさせてみて、その結果で採否をきめることもあった。奉公する側も、目見得を
したあとで気に入らなければ中止してもよかった。しかしひとたびその家で食事
をしたならば、もう断わることはできなかった。もし断わったとしてもそれから
あとはもう同種の職につくことは、ほとんどできない相談といってよかった。

　目見得がすむと主人からは給金の一部が内金として渡される。そして奉公人側
からは請状を差出した。それには親や請人という保証人の連判が必要だった。こ
うして徒弟奉公がはじまった。徒弟は衣食住一切を、主人から支給されて働くこ
ととなる。衣はつまり御仕着で夏冬二回がふつうだった。また正月、七月の二回
に三日ずつ薮入りといって実家に帰り休養することができた。この一年に六日が
奉公人の唯一の休日だったのである。約束の奉公がすんだのちは、一年、時には
数年の間無給で働き、これが御礼奉公、恩返し奉公といわれた。そしていよいよ
独立して自分で仕事をはじめる時は、主人から資本金を一部与えられたものである。

（『日本の職人』pp.270-271）

江戸時代の職人技もしくはその製作物のすべてを、現代における工芸及び工芸品として見ることについては検討の余地があるものの、このような徒弟制度による後継者育成を現代の教育システム的に言い換えるならば、全寮制個別指導による専門技能職エリート養成システムということになろうか。そこでは、10歳代の若者が親方と寝食をともにする中で、職人としての知識技能の習得以外に、箸の上げ下げにはじまる基本的生活習慣、必要な読み書き計算、同業者や関連業者とのつき合いなど、まさに職人として独り立ちすることを目的として全人教育がなされていたのである。

　この徒弟制度には、学校という概念がない時代の家内制手工業における、単なる後継者育成のための教育システムとして片づけてしまうわけにはいかない面がある。それは「職人技」の言葉で表される技能の質の問題に関わっている。職人としての高度な造形の技術を身につけるためには、素材や技術と正対する誠実さや勤勉さなど、造形への姿勢が重要なのである。ものづくりは、その人となりを反映するものであり、親方や先輩職人から技を学び取ると同時に、それらを支える豊かな人間性をも学ぶ必要があったのである。

木に学べ

　奈良、薬師寺の金堂再建（1976）、西塔の再建（1981）、中門の再建（1984）に棟梁として活躍した西岡常一（宮大工、1908-1995）は、宮大工としての豊富な経験と勘をもって、再建事業を取り仕切った人物として知られる。とくに、金堂再建では古代建築本来の木造を主張し、文化財保護の観点からも鉄筋コンクリート補強を主張する学識経験者らと激しく対立した。このことをきっかけにして、古代建築技法を伝える宮大工について、世の中の注目が集まるようになった。西岡はその著書『木に学べ──法隆寺・薬師寺の美』（小学館、1988）宮大工として育てられた自身の経歴とともに、職人のありようや育て方についても述べている。

　西岡が唯一の内弟子としたのは、薬師寺再建では副棟梁であった小川三夫（宮大工、1947-）であるが、小川は高校の修学旅行で訪れた法隆寺の建築と出会い感動したことをきっかけにして、西岡に弟子入りを申し出ている。その小川について西岡は、同書で次のように述べている。

今、宮大工としてわたしの後を継いでいる者に小川というのがおります。
　修学旅行で法隆寺に来て突然、「わたしもこうしたものが作りたい」といって弟

子入りしてきたんです。小川が来たときも、跡を継がせようとは思いませんでした。変わった考えを持っている奴だから思い切り仕込んであげましょうと。なるかならないかは本人の心掛け次第だと。思い切り、大事なことをみんな伝えておいてやろうという気持ちでやったんです。

（中略）

　小川が来たのは高校卒業してからです。昔でいえば、すでに一人前になっている齢です。いい職人になるには、やっぱり15か16ぐらいからです。高等学校出てからでは遅いんです。中学校は義務教育やからしようがないけど、本当は小学校から預かりたいですな。

　その人の技量にもよりますけど、高校出てからでは遅いですな。でも、小川は熱心も熱心、夜寝ずにやってました。普通の人と同じにやってたら追いつけんというわけです。ようやりました。そして、昭和48年、薬師寺の上棟式をして、同時に法輪寺に塔をつくることになった。

　その年、小川は23か24歳だったと思いますが、ここでひとつ小川を苦しめてやろうというので、おまえ一人でやってみよと言ったわけです。こいつならやれると思っていましたからな。そしたら案の定、うまい具合にやりました。

（『木に学べ──法隆寺・薬師寺の美』pp.160-162）

　さらに西岡は、棟梁としての立場から職人の育成を次のように述べている。

　こうやって、いろいろ文句を言ってますが、これも難儀なことでっせ。年が寄って、口だけが達者だけで、手が動かんというやつが一番大変です。

　作ってみせるということができないのですからな。

　そやから、現場全体の能率はどんどんさがってます。

　もし、金堂やってた時分やったら、大斗（註3、筆者）なら大斗を、こういうふうにみんなが見ているところで作ってみせて、「さあ、みなさんこうやりなさい」と言えるでしょ。

　棟梁が二時間でやりよったら、みんなが二時間でやらないかんということになって、目安があるわけや。

　今は、口先で、「もうちょうと、按配削っておけや」と言うような調子だから、なんぼでも時間がかかっとるわな。

　昔から「して見せて、手伝うて、させて誉めてやらんと人はせんぞや」と言うのやからな。自分で作って見せて、手伝うてやって「ここはこうした方がいい」

「ああした方がいい」と言って作らせてやらないと、人はせんというのやな。

（『木に学べ──法隆寺・薬師寺の美』p.204）

　ぶっきらぼうでありながら、どこか人間味にあふれた話し言葉で綴られた同書には、前述の江戸時代の徒弟制度とは違った昭和の棟梁と弟子との関係が具体的に述べられている。教えることと育てることの違い、そして指導者であり親代わりである棟梁の立場は、現在のすべての教育場面を見渡してもなかなか見つからない。また、同書において宮大工棟梁としての心構えや重要な知識を伝える家訓が口伝として伝わり、これは棟梁としての見込みのある者にしか伝えられないとしている。その中には、「木の癖組は人の心組」「工人の心組は工人への思いやり」「百工あれば百念あり。一つする器量のない者は、自分の不徳を知って、棟梁の座を去れ」など、人材の育成と登用に関するものも含まれている。

　なお、後に寺社建築専門の建設会社を創設した小川には、若い職人の育成や学ぶことの姿勢について記した、『不揃いの木を組む』（聞き書き・塩野米松、草思社、2001／文春文庫、2012）などの著作がある。

徒弟制度と教育制度

　徒弟制度については、近代以降の教育学では十分な評価がなされていない。むしろそれを教育システムとして認識していないと言ったほうが正しい。また、後に詳しく取り上げるが、明治初期における学校教育への手工教育導入の理由としては、殖産興業、富国強兵の言葉で要約される明治新政府の大方針が取り上げられることが多い。しかし、当時の手工教育導入を画策した指導者たちは、ものづくりを通しての教育が豊かな人間性の育成と繋がっていることを、徒弟制度における全人教育の意味を通して直観的に理解していたと言える。

　後にスウェーデン、ネースのスロイド教員養成所から「スロイドシステム」（p.104参照）の教育方法が日本にもたらされたとき、これを専門職業人育成のための教育とはせず公教育における普通科目に導入したことや、第1章でも取り上げたが、当時、手工教育の指導的立場にいた者の多くが合言葉のごとく使っていた「百聞ハ一見ニ如カズ、然レドモ、百見ハ一試ニ如カズ」の言葉からもその意図は汲み取れる。そして、この言葉は現代の失敗を許さず、試みる勇気を大切にしない教育にも大いなる示唆を与える重みを持って

いる。

　今、普通教育における美術教育の言葉を美術の専門家養成のための教育とは区別し、すべての人間にとって必要な創造性を育成し、そのことを通して豊かな人間性を育むことと定義するとき、工芸教育もまた、工芸家や職人などの専門家育成の教育ではなく、普通教育における重要な領域としての工芸であり、表現と鑑賞の学習を通した人間性育成の教育であると定義することができる。それは、美術の言葉が工芸を内包すると考えるならば至極当然のことでもある。

　しかし、工芸そのものには、芸術性や造形性と同時に、産業としての性格を持っていることも重要な要素として認識する必要がある。すなわち、ここでは徒弟制度が持つ全人教育の要素を取り上げたが、その本来的な目的は産業人としての職人を育成することにある。その二面性を現代の学校教育の中に求めるならば、工芸教育の言葉が意味するものは、普通教育における場合と、職業人教育における場合とに分類される。現在、前者は小学校図画工作や中学校美術、高等学校芸術教科の科目の中に、後者は工業高等学校や美術高等学校の科目に見出すことができる。

註1　喜多院は山号を星野山とする天台宗の寺院で、別名川越大師として知られる。1599（慶長4）年に徳川家の信任が厚かった天海僧正が住職となり、徳川幕府成立後も幕府の手厚い保護を受けた。数多くの文化財を所有し、だるま市や五百羅漢像などでも有名。

註2　狩野吉信は、桃山時代末期から江戸時代初期の狩野派の画家である。狩野派の直系ではなく、狩野安信の後見として京都に在住したが、その画業は不明な点が多い。京都在住であったことから《紙本着色職人尽絵》も京都市街を題材にしたものと推測される。

註3　大斗（だいと）は日本建築の組物の部品の1つで、柱の上に置いた大斗で肘木を受ける形式を大斗肘木（だいとひじき）という。

第3節　徒弟制度の教育　65

第4節　現代の工作・工芸教育

教科名

　ここまで、徒弟制度まで広げて工芸の教育の定義を試みたが、次に学校教育における教科名としての「工芸」について考えてみる。

　「工芸」の英語訳としては、「craft」が最も一般的である。これに hand をつけて「handicrafts（手工芸）」とすることに異論はないと思われる。一方で「industrial arts」や「arts and crafts」の訳語もあり、これらは工芸デザイン史などにおいて工芸の歴史的変遷や造形芸術における位置を考える場合に用いられることが多い。また、「手工」は、第二次世界大戦終戦まで用いられていた教科名であり、1890（明治23）年に設置された「帝室技芸員制度」の「技芸」という言葉にも、「美術工芸に関する技術」という意味がある。

　「手芸」という言葉は英語訳すると、手工芸と同じく「handicrafts」となるが、日本語として工芸もしくは手工芸と手芸を比較すると、微妙なニュアンスの違いが存在する。すなわち、工芸や手工芸が専門家の仕事を意味するのに対して、手芸は趣味的なものを指すことが多い。したがって、手芸の英語訳としては「fancywork」の方がふさわしいとも言える。ちなみに「fancy」には、「嗜好」や「愛好」などの意味がある。

　工芸と工業デザインの関係についても、考察を要する。歴史的に手工芸の段階から機械生産の時代へと変化したことを踏まえて、工芸の概念の中に工業デザインもしくはその訳語としての「industrial design」「product design」などが含まれるとする立場と、その社会性から勘案して、すでに2つは似て非なるもの、もしくは「industrial design」の中に「craft」が含まれるとする考え方もある。

　このように、工芸の言葉を中心としてそれに類する言葉を集めても数種類があり、その具体的な範囲を技法や作品によって示すことには、かなりの困難がある。それは時代によっても変化し、各時代の芸術観や造形性に対する評価によってもまちまちである。ここでは、「本章、第1節」でも示したように、「人間のさまざまな能力の内、手を通して発揮されるもの」程度の大らかな定義にしておいた方が、特に初等教育や中等教育段階での工芸教育にはふさわしいと考える。次に、本書がその初等中等教育における工芸教育の指導者育成を目的とする関係上、現在の学習指導要領もしくは学習指導要領

66　第2章　工芸の定義と工芸教育

解説においてどのような定義をしているか見ていくことにする。

小学校図画工作科

　「小学校図画工作科」においては、「工芸」は存在せず「工作」が学習内容の1つとして示されている。具体的には、「平成20年3月改訂告示 小学校学習指導要領」、「第2章各教科、第7節図画工作、第2各学年の目標及び内容、2内容、A表現、(2)」の第1学年及び第2学年においては、「感じたことや想像したことを絵や立体、工作に表す活動を通して、次の事項を指導する。」と示されており、2学年ごとに前半部分は変化するが、後半の「絵や立体、工作に表す活動を通して、次の事項を指導する。」は同じになっている。この工作について、2008（平成20）年8月に文部科学省より提示された『小学校学習指導要領解説 図画工作編』（文部科学省、日本文教出版、2008）では、次のように解説している。

「絵や立体」とは、絵の具などで平面に表したり、粘土などで立体に表したりすることであり、ともに自分の感じたことや思ったことなどを表すという点で共通している。一方、「工作」とは、意図や用途がある程度明確で、生活を楽しくしたり伝え合ったりするものなどを表すことである。ただ、絵に立体的なことを加えたり、工作で表面に絵をかいたりするなど、表す過程では関連し合うことが多い。そこで、表したいことから学習が広がることを重視し「絵や立体、工作に表す」とまとめて示している。なお、これまで低学年及び中学年で「つくりたいものをつくる」、高学年で「工作に表す」と示していたが、どちらも児童が自分の表したいことを表現するという意味であったため、今回「工作に表す」とまとめて示している。

（平成20年8月『小学校学習指導要領解説 図画工作編』p.16）

　以上の解説から、小学校段階の造形活動が、「自分の表したいことを表現する」という自己表出を保障しながら、その造形能力を育てることを目的としており、表現の方向性の1つとして工作があるとしていることが理解できる。また、ここに設定された工作は、中学校段階の美術科と技術・家庭科の学習へと繋がることが期待されている。さらに、工作が絵や立体と異なる点として、「意図や用途」を明確にし、「生活を楽しくしたり伝えあったりするもの」という点を取り上げている。このことは、次の中学校美術科の工芸領域、高等学校芸術科工芸へと発展していく。

第4節　現代の工作・工芸教育　67

また、小学校図画工作科の特色として、各学年で取扱うべき素材や道具を指定している。これは、中学校以上にはない要素である。ここからも、学習指導要領が工作をどのようなものとして捉えているかを理解することができる。以下に「平成20年3月改訂告示 小学校学習指導要領」、「第7節 図画工作、第3 指導計画の作成と内容の取扱い、2」を示す。

2　第2の内容の取扱いについては、次の事項に配慮するものとする。
　(1) 個々の児童が特性を生かした活動ができるようにするため、学習活動や表現方法などに幅をもたせるようにすること。
　(2) 各学年の「A表現」の(2)については、児童や学校の実態に応じて、児童が工夫して楽しめる程度の版に表す経験や焼成する経験ができるようにすること。
　(3) 材料や用具については、次のとおり取り扱うこととし、必要に応じて、当該学年より前の学年において初歩的な形で取り上げたり、その後の学年で繰り返し取り上げたりすること。
　　ア　第1学年及び第2学年においては、土、粘土、木、紙、クレヨン、パス、はさみ、のり、簡単な小刀類など身近で扱いやすいものを用いることとし、児童がこれらに十分に慣れることができるようにすること。
　　イ　第3学年及び第4学年においては、木切れ、板材、釘、水彩絵の具、小刀、使いやすいのこぎり、金づちなどを用いることとし、児童がこれらを適切に扱うことができるようにすること。
　　ウ　第5学年及び第6学年においては、針金、糸のこぎりなどを用いることとし、児童が表現方法に応じてこれらを活用できるようにすること。
　(4) 事故防止に留意すること。
　(5) 各学年の「B鑑賞」の指導に当たっては、児童や学校の実態に応じて、地域の美術館などを利用したり、連携を図ったりすること。

　ここには木工、金工、陶芸などのような素材と技法の指定や区別はなく、発達段階を踏まえ、表現活動の必要性に応じてそれぞれの素材や道具を扱うことができるように計画することが求められている。

中学校美術科

　次に、「中学校美術科」における工芸の定義を見ていくことにする。小学校と同じく「平成20年3月改訂告示 中学校学習指導要領」の「第2章各教科、第6節美術、第2各学年の目標及び内容、2内容、A表現、(2)」には、「伝える、使うなどの目的や機能を考え、デザインや工芸などに表現する活動を通して、発想や構想に関する次の事項を指導する。」としてあり、「デザインや工芸」の言葉が登場する。これについて2008年9月に文部科学省より提示された『中学校学習指導要領解説 美術編』（文部科学省、日本文教出版、2008）では、次のように解説している。

---

(2) 伝える、使うなどの目的や機能を考え、デザインや工芸などに表現する活動を通して、発想や構想に関する次の事項を指導する。

---

(2)は、目的や条件、機能などを基に、見る人や使う人の立場に立って、快い、美しい、楽しい、分かりやすい、使いやすいといった感性的な価値や美的感覚と知との調和を考えた発想や構想に関する内容である。

　日常生活を振り返ってみると、身の回りにある人工物のほとんどはデザインされたものであり、私たちはデザインされたものに囲まれて生活している。人は、それらのものから機能的な恩恵だけでなく、その形や色彩からも大きな影響を受けている。例えば、食器などを選ぶときには、使いやすさとともに形や色彩などが自分の好みに合うかどうかを基準にしている。また、部屋の内装や日用品についても、形や色彩、材料などによって雰囲気や印象が違って見えたり、心地よさや楽しさなどを感じさせたりしている。このように、人は日々、身の回りの形や色彩などから様々な影響を受けており、これらのものはつくった人が、見る人や使う人の立場に立って美しさ、楽しさ、使いやすさなどを考えてデザインしたものである。

　ここでは、身近な生活や社会をより美しく心豊かなものにしていくために、目的や機能と美しさを考え生活を彩るものを発想や構想する能力を身に付けることが重点となる。

　「伝える、使うなどの目的や機能」とは、生活を心豊かにするために飾る、気持ちや情報を美しく分かりやすく伝える、生活の中で楽しく使うなど、発想や構想をするときの基になる目的や機能のことである。

　「デザインや工芸などに表現する活動」は、飾る、伝える、使うなどの目的を実

第4節　現代の工作・工芸教育　69

現するため、デザインや工芸をはじめ多様な表現に柔軟に取り組むことができることを意図している。

「発想や構想に関する次の事項を指導する」は、ここで指導する事項が発想や構想に関する学習内容であることを示しており、この学習における「発想や構想」は、伝える、使うなどの目的や機能を基に、対象や材料からとらえたイメージ、自己の思いや経験、美的感覚などを関連させながら育成するものである。特にここでは、他者に対して、形や色彩、材料などを用いて自分の表現意図を分かりやすく美しく伝達することや、使いやすさなどの工夫が他者に受け止められるようにすることが重要である。したがって、形や色彩、材料などを、単に自己の感覚のままに用いるのではなく、他者に対しても共感が得られるように、造形やその効果に対する客観的な見方やとらえ方の指導が必要になる。

指導事項の概要は、第1学年、第2学年及び第3学年とも次のとおりである。

ア　構成や装飾を考えた発想や構想

イ　伝達を考えた発想や構想

ウ　用途や機能などを考えた発想や構想

アは、身近な環境を含め様々なものを対象とし、形や色彩の造形感覚とデザインの能力を養い、造形的に美しく構成したり装飾したりするための発想や構想に関する事項である。

イは、伝えたいことを形や色彩、材料などを生かし、美しく、分かりやすく効果的に表現するための発想や構想に関する事項である。

ウは、いわゆる「用と美の調和」を考えて、使うなどの機能と美しさを追求する発想や構想に関する事項である。

また、構想の場面では、どのような表現方法で表すのかも含めて検討することになる。そのため、材料や表現方法の選択など、創造的な技能における見通しを同時に考えて構想を組み立てていく必要がある。

（平成20年9月『中学校学習指導要領解説 美術編』pp.19-20）

以上から、中学校美術科の段階では、デザインと工芸の明確な区別は示さず、両者を身近な生活や社会をより美しく心豊かなものにするためにあるとしている。しかし、発想や構想段階の指導では、「用途や機能などを考えた発想や構想」が提示され、「用と美の調和」という言葉で説明しており、これが工芸の学習を端的に示しているものと理解することができる。また、小学校図画工作のような材料や用具に関する指定はなく、学習の必要性に応じ

70　第2章　工芸の定義と工芸教育

て、さまざまな素材や技法を教材化することが可能である。

高等学校芸術科工芸

　次に、「平成21年3月改訂告示 高等学校学習指導要領」の「第2章各学科に共通する各教科、第7節芸術、第2款各科目、第7工芸Ⅰ及び第8工芸Ⅱ、第9工芸Ⅲ」における工芸の解説を見ることにする。芸術科には、「音楽Ⅰ、音楽Ⅱ、音楽Ⅲ、美術Ⅰ、美術Ⅱ、美術Ⅲ、工芸Ⅰ、工芸Ⅱ、工芸Ⅲ、書道Ⅰ、書道Ⅱ、書道Ⅲ」の12科目が設定されているが、すべての科目は「1目標、2内容、3内容の取扱い」で構成されている。その内、工芸の3科目の「2内容」は「(1) 身近な生活と工芸」「(2) 社会と工芸」の2項目が設定されている。これは、同学習指導要領改訂前の「平成11年3月改訂告示 学習指導要領」では、「(1) 工芸制作」と「(2) プロダクト制作」となっていたものが、2009 (平成21) 年の改訂でこのように変化したものである。

　この「工芸制作」と「プロダクト制作」について、1999 (平成11) 年12月に当時の文部省より提示された『高等学校学習指導要領解説 芸術（音楽 美術 工芸 書道）編 音楽編 美術編』（文部省、教育芸術社、1999）では、次のように述べている。

「工芸制作」は、手づくりのよさや美しさと生活の中で使われるという機能性とが融合した、いわば生活美の創造とも言える特質を有している。その制作過程において、ものをつくり出す喜びや成就感を味わうという体験的な学習に重点を置いた自己実現を目指す学習である。

　また、その過程において、日本の伝統的な工芸のよさや創造への知恵などを学び取り、新たな価値や美の創造に向けて工夫していく活動でもある。

　「プロダクト制作」は、美と機能性の融合を図りながら、量産を目的とした生産のための工芸の制作を行うものとして設けられた分野である。

　その制作過程を通して、科学技術や工業生産との関連を図りつつ、社会や他者への心遣いをしながらアイデアを計画的に具体化することに重点を置いた創造活動を通して社会に貢献することを目指す学習である。

　　　　（平成11年12月『高等学校学習指導要領解説 芸術（音楽 美術 工芸 書道）編
　　　　　　　　　　　　　　　　　　　　　　　　音楽編 美術編』p.122）

以上の解説から読み取れるように、「工芸制作」と比較して、「プロダクト制作」はプロダクトデザインを意味していると理解した方が、工芸のみならず造形を学ぶ者にとってはわかりやすい。それが2009年の改訂ではどのように変化したのか、同年12月に文部科学省より提示された『高等学校学習指導要領解説 芸術（音楽 美術 工芸 書道）編 音楽編 美術編』（文部科学省、教育出版、2009）での解説と比較してみたい。

「(1) 身近な生活と工芸」は、自己の身近な生活に目を向け、自己の思いなどから発想し、制作する人の視点に立って創意工夫して表現する能力を育成することをねらいとしている。
「(2) 社会と工芸」は、使用する人や場などを考え発想し、社会的な視点に立って創意工夫して表現する能力を育成することをねらいとしている。

（平成21年12月『高等学校学習指導要領解説 芸術（音楽 美術 工芸 書道）編
音楽編 美術編』p.80）

　これらの文章から、2009年の改訂では「プロダクト」のような工芸デザインとしての専門性が薄まり、育成すべき能力の位置づけを一層明確にした学習領域として示されるようになったと理解することができる。
　ここまで普通教育の内容としての小学校図画工作科、中学校美術科、高等学校芸術科における工作・工芸の定義を見てくると、工芸そのものを学習し、工芸そのものの技法を理解するための学習ではなく、あくまでも工芸の学習を通した豊かな人間性を涵養する教育であることが明解である。それは、小学校図画工作科の目標、中学校美術科の目標、高等学校芸術科の目標がそれぞれに「豊かな情操を養う。」で締めくくられていることに端的に示されている。しかし、前半の「工芸教育の定義」でも示したように、工芸にはその芸術性や造形性以外に産業としての性格を持っている。それは、技術の修練による技の獲得、すなわち、職人として、工芸家として必要な熟練性が工芸の場合には大きな価値を有していることでもある。
　美術教育の視点から、大人の画家が描いた作品と子どもたちの作品を比較してみると、造形性やそこから生まれる生命観などは、子どもたちが描いたものの方が直接的に見る側に伝わってくることがある。ピカソは70歳を過ぎてから「やっと子どものように描けるようになった。」という言葉を残している。すなわち、絵画や彫刻などの領域では、専門家の表現と子どもの表

72　第2章　工芸の定義と工芸教育

現に、それぞれに成立する条件が違うとはいえ、共通した造形的価値観で評価できる要素が大きい。

　しかし、工芸の領域においては、職人や工芸家のような専門家の作品と、子どもたちが表現の学習によってつくり出した作品の間には、熟練された技術という圧倒的な違いが存在する。このことは子どもたちの工芸的表現における造形性や芸術性を否定するものではないが、普通学にある工芸教育の目的が、工芸そのものやその技術の習得にあるのではなく、人間性の育成にあることの意味を確認すると同時に、中学校、高等学校段階では「工芸のようなもの」に表現する学習で、本来的なものづくりが持つ誠実さや勤勉さを育てることができているのか、検証されるべきである。

第5節　工業科、美術科の工芸デザイン

専門学科

　現在の高等学校の教科の構成は、「各学科に共通する各教科」と「主として専門学科において開設される各教科」及び「総合的な学習の時間」「特別活動」となっている。近年、総合高等学校や中等教育学校など、中等教育における学校の組織編成は多彩になってきているが、一般的な高等学校普通科は上記の「各学科に共通する各教科」及び「総合的な学習の時間」「特別活動」によって、高等学校卒業必要単位74単位（1単位時間50分とし、35単位時間の授業を1単位とする：50分授業×35回＝1単位）が編成されており、工業高等学校や美術高等学校のような専門学科の高等学校は、74単位中25単位分を「各学科に共通する各教科」で編成し、残り単位分を該当する「主として専門学科において開設される各教科」及び「総合的な学習の時間」「特別活動」によって編成されている。

　芸術科は前述のように「各学科に共通する各教科」に属するものであるが、「主として専門学科において開設される各教科」について、「平成21年3月告示高等学校学習指導要領」では、「農業」「工業」「商業」「水産」「家庭」「看護」「情報」「福祉」「理数」「体育」「音楽」「美術」「英語」の13教科が示されている。

　この内、「工業」の中には「材料加工」「セラミック化学」「セラミック技術」「セラミック工業」「繊維製品」「繊維・染色技術」「染織デザイン」「インテリア計画」「インテリア装備」「インテリアエレメント生産」「デザイン技術」「デザイン材料」「デザイン史」といった工芸デザイン、プロダクトデザインに関する科目が含まれている。また、「美術」には、工芸デザインに関連する科目として、「美術概論」「美術史」「クラフトデザイン」「鑑賞研究」の科目が設定されている。そして、これらの教科は、工芸教育と同様の職業人育成の教育としての性格を持っている。

専門学科工業の科目

　「工業」の科目「デザイン技術」について、「平成21年3月改訂告示 高等学校学習指導要領」では、「デザイン技術に関する知識と技術を習得させ、実際に創造し応用する能力と態度を育てる。」ことを目標として、「(1) デザ

インの基礎」「(2) ビジュアルデザイン」「(3) プロダクトデザイン」「(4) 環境構成デザイン」「(5) デザイン企画」の領域が内容となっている。さらに、「(3) プロダクトデザイン」については、「ア プロダクトデザインの概要」「イ 生活器具のデザイン」「ウ 産業機器のデザイン」「エ 繊維・服飾デザイン」「オ 工芸品のデザイン」の項目から構成されている。

　文部科学省著作により 2013（平成 25）年 3 月に海文堂出版から刊行された教科書『デザイン技術』では、「プロダクトデザイン」の定義を次のように述べている。

第5章　プロダクトデザイン

　本書では、大量生産品だけではなく様々な製品をデザインするという意味でニュートラルな表現のプロダクトデザインというデザイン分類を用いる。プロダクトデザインの中に、インダストリアルデザイン（ID）①、クラフトデザイン、テキスタイルデザイン等が含まれる。また、理念としてサスティナブルデザイン②、ユニバーサルデザインの考え方も含む。

第1節　プロダクトデザインの概要

第1　生活とプロダクトデザイン

　人生は生まれた直後の、産湯のたらいにつかることから始まる。

　哺乳瓶、おむつ、ベビー服、揺りかごと、そのときから一生を様々な道具に支えられて生きていくことになる。今日、我々の生活を支えている数多くの道具や設備機器の大部分は、工業的大量生産による製品である。それらの製品は、より便利で、丈夫で、美しく、しかも買いやすいような価格となるように、多くの人々によって努力されてきた。

　便利で技術的に優れた工業製品は、生活の中の肉体的苦痛を追放してきた（洗濯機、掃除機などの機械的機能）。同時にそれらの機器は造形的な美的環境として、人間生活の中に潤いや豊かさをもたらしている（精神的機能）。また、現代ではさらに、消音設計が取り入れられ、洗濯が時を選ばず気兼ねなく自由にできるようになったり、ジャー炊飯器で何種類ものご飯のメニューが用意されるなど、我々の生活様式（ライフスタイル）に合わせて活用される生活機能の充実が図られてきている。

　このように、肉体的にも精神的にも快適な生活ができるように工業製品を通じて我々の生活に賢明な秩序を創り出し、調和のとれた造形的環境を創造すること

が、プロダクトデザインの目的となっている。

　工業製品のデザインという場合、従来、英語の Industrial Design を片仮名でそのまま表したインダストリアルデザインやその邦訳の工業デザイン、また専門家の間では ID（アイディー）という呼称を用いてきた。今日では、使う側の消費者は、何事につけ地球環境に配慮した商品を意識するようになってきた。消費する者から生活する者へと意識の変化が見られる。従来の作る側を中心に考えたインダストリアルデザインよりも、生活者の視点からのユニバーサルデザインあるいはサスティナブルデザインという言い方のほうが問題の所在を明確にできる。こういった時代精神を反映して、生産効率の追求による大量生産を中心に考えられてきた枠組みを、もっと生活者の求める商品にフレキシブルに対応していく枠組みに変えていく必要がある。例えば、手作り照明などの場合には、生産個数は数十個ぐらいになるかもしれない。

①インダストリアルデザイン（ID）の定義：1957年に発足した「国際工業デザイン団体協議会」（ICSID）は、1964年にトーマス・マルドナード（1967～69年ICSID会長）が起草した次のような定義を採択した。
「ID は、工業によって生産されるものの形態的諸特性を決定することを目的とする創造的活動である。これらの形態的諸特性とは、単に外形的特質ばかりではなく、本質的には一つのシステムを作る側と使う側のどちらの観点から見ても不即不離の関係にある統一体に変えるような構造的、機能的関係付けのことである。ID は、工業生産によって条件付けられる人間関係のあらゆる部門を包括する」

②サスティナブルデザイン（sustainable design）：環境への負荷を減らして、人類が地球上で生き延びて繁栄を持続することができるように経済発展と環境保護を調和させてすすめるデザインのこと。

（『デザイン技術』pp.181-182）

　また「平成21年3月改訂告示 高等学校学習指導要領」は、前述の通り「（3）プロダクトデザイン」の項目の1つに「オ 工芸品のデザイン」を示しており、これに関して『デザイン技術』は「第5章 プロダクトデザイン」の中に「第6節 クラフトデザイン」を設けている。ここでの「クラフトデザイン」の定義は、次のようになっている。

第6節　クラフトデザイン

第1　伝続工芸と現代

クラフトデザインという領域は、いま私たちの暮らしの中に広く根づいているが、その概念は場合によっては、しばしば異なった受け止め方がなされている。クラフトデザインあるいは工芸の定義、概念はさまざまであるが、その範囲と分類もいろいろな角度から考えられる。

　もともと工芸は、人間の行動を補助する機能を持った生活の道具であって、その概念を主軸に置きながら美的要素を含んでいる。その一方、工芸を生産技術の面から見ると、手仕事、すなわち作る人の息づかいと目配りが感じられる造形表現が表れているものといえる。オートメーションで大量に生産される工業製品とは一部重なる部分があるにしても、その意味合いはかなり異なっており、一般的にはクラフトデザインは、機械による量産品のデザインとは違い、手作りの要素が多い（工程の一部に簡単な補助的機械を使用する場合がある）製品のデザインのことであるという見方がなされているようだ。

　古来、人間は暮らしに必要な道具を、原材料に手を加えて作ってきた。そして、集団による分業で効率をより高め、社会性を帯びることとなった。機械の出現で技術の効率が高まると、それまで技術と同居していた美的要素は、新しく領域を主張して別居独立し、近代の西欧芸術概念が誕生する。それ以来、技術と美術は、各々の領域を異にしたまま今日に続くことになる。それ以前の生活用具（工芸品）においては、「用と美」言い換えれば「美と機能」は互いに共存している場合が多かった。例えば日本でも、絵画や彫刻は室内の襖絵や道具の装飾に用いられ、独立して鑑賞する飾り物ではなかった。

　もちろん優れた作家による一品制作の芸術品は少なからず存在するが、それは全体のごく一部に過ぎず、大多数の道具類は無名の職人や一般庶民の手により代々受け継がれてきたものがほとんどである。日本でも鑑賞主体の工芸品が珍重されはじめたのは近代以降と言われており、工芸の重要な領域である。しかし、それは一部であって決して全体ではなく、優れた手作りの一方では無数の粗悪な手作り製品が氾濫していること、また同時に大量生産品の優れた特長も考えてみる、バランスのとれた思考が必要であろう。

（『デザイン技術』pp.246-247）

　さらに、「第6節 クラフトデザイン」の中では、上記「第1 伝統工芸と現代」の項目以外に「第2 木」「第3 竹」「第4 漆」「第5 陶磁器」「第6 ガラス」

第5節　工業科、美術科の工芸デザイン　77

「第7 七宝、ほうろう」「第8 紙」「第9 金属」を取り上げている。

専門学科美術の科目

「美術」に設定されている科目「クラフトデザイン」については、2016（平成28）年現在、この科目に対応した教科書は出版されておらず、学習指導要領と同解説を基にして、専門学科工業の関連教科書や独自教材を用いて実施されている。ここでは前節と同じく、2009（平成21）年12月に文部科学省より提示された『高等学校学習指導要領解説 芸術（音楽 美術 工芸 書道）編 音楽編 美術編』から、「クラフトデザイン」における工芸の定義を取り上げることにする。

「クラフトデザイン」の目標は、「美的造形性や機能性を主とする造形のデザインについての理解を深め、表現と鑑賞の能力を高める。」となっており、内容としては「(1) デザインの基礎」「(2) 図法、製図」「(3) 工芸」「(4) プロダクトデザイン」「(5) 伝統工芸」「(6) 鑑賞」の項目があげられている。その内、本解説「第3部美術編、第2章各科目、第9節クラフトデザイン」における「(3) 工芸」「(4) プロダクトデザイン」「(5) 伝統工芸」についての記述は次の通りである。

「工芸」では、材料を基に発想し、目的や条件、美しさを追求して作品を計画的に制作する能力を高めるようにすることが必要である。

手づくりのよさや材料の特性、生活と工芸とのかかわりについて理解し、美的で機能的な作品を制作する技能や表現力を身に付け、目的や条件、表現意図などを吟味し、計画から制作まで創意工夫して表現できるような指導が求められる。

「プロダクトデザイン」では、材料の特性、機械による生産の技術や製造工程を理解し、生産性や量産を考慮した機能的なデザインができるように指導することが大切である。

生活と技術的生産工芸とのかかわりや手づくりと機械生産の差異について理解したり、計画から制作への過程で目的や機能、生産性や表現意図などが満たされているかどうかを吟味したりして的確に表現できるように指導することが大切である。

「伝統工芸」では、伝統工芸の美意識や特質について理解し、それらを制作に活用する能力を高めるようにすることが必要である。
伝統工芸品の意匠、材料の生かし方、磨き抜かれた表現技法などを学び取り、制

作に生かすことで、伝統工芸を愛好する心情を養い、それを現代の生活の中に生かすことができるような指導が求められる。

また、日本や諸外国の伝統工芸の特質、地域の地場産業として発達してきた伝統工芸、節句や地域の祭などの伝統行事における調度品などについても理解を深めることが大切である。

（平成21年12月『高等学校学習指導要領解説 芸術（音楽 美術 工芸 書道）編
音楽編 美術編』pp.184-185）

第3章　手工教育の変遷

第1節　手工・工作・工芸・技術・芸術

美術と技術

　小学校「図画工作科」における「工作」、中学校「美術科」における「工芸」、高等学校「芸術科」における「工芸Ⅰ」「工芸Ⅱ」「工芸Ⅲ」など、現在の普通教育において実施されている「工作」「工芸」の学習がどのように成立してきたかを考えるのが本章及び次章の目的である。

　まず、そのルーツとして、1886（明治19）年の「高等小学校」に加設科目として「英語」「農業」「商業」とともに設置された「手工科」、その後1890年の「尋常小学校」にやはり加設科目として設置された「手工科」をあげるとき、そこには「図工」「美術」「工芸」の学習とは違った要素が含まれている。むしろ現在の「図工」「美術」「工芸」とは、かなり違っていることを認識する必要がある。そして、この草創期にあたる明治の「手工科」は、現在の中学校「技術・家庭科」に代表される技術・職業教育のルーツでもあり、工作・工芸教育史の研究者と技術・職業教育史の研究者は、同じ資料をそれぞれの立場で分析して各々の論を展開しているという実情がある（註1）。

　現在の中学校「美術科」と中学校「技術・家庭科」の2つの教科の違いは、「中学校学習指導要領」に示された各目標を見ても明らかである。2008（平

現在の中学校美術科教科書（開隆堂出版、2016）
左：『美術1』　右：『美術2・3』

82　第3章　手工教育の変遷

成20) 年3月改訂告示の「中学校学習指導要領」から、2つの教科の「目標」を取り出してみると次のようになる。

第2章 第6節 美術
第1 目標
　表現及び鑑賞の幅広い活動を通して、美術の創造活動の喜びを味わい美術を愛好する心情を育てるとともに、感性を豊かにし、美術の基礎的な能力を伸ばし、美術文化についての理解を深め、豊かな情操を養う。

第2章 第8節 技術・家庭
第1 目標
　生活に必要な基礎的・基本的な知識及び技術の習得を通して、生活と技術とのかかわりについて理解を深め、進んで生活を工夫し創造する能力と実践的な態度を育てる。

　「美術科」が活動を通しての学習と定義づけられているのに対して、「技術・家庭科」は知識及び技術の習得を通しての学習となっており、単なる学習内容の違いだけでなく、2つの教科性には大きな隔たりがあることは明白である。しかし、同じく「平成20年3月改訂告示 中学校学習指導要領」の

現在の中学校技術・家庭科教科書（開隆堂出版、2016）
　　左：『技術分野』　右：『家庭分野』

第1節　手工・工作・工芸・技術・芸術　83

「技術・家庭」「第3 指導計画の作成と内容の取扱い」の「1指導計画作成に当たっては、次の事項に配慮するものとする。」の内、（2）には次のような記述がある。

第2章 第8節 技術・家庭
第3 指導計画の作成と内容の取扱い
1. 指導計画作成に当たっては、次の事項に配慮するものとする。
（2）技術分野の内容の「A 材料と加工に関する技術」から「D 情報に関する技術」並びに家庭分野の内容の「A 家族・家庭と子どもの成長」から「D 身近な消費生活と環境」の各項目に配当する授業時数及び履修学年については、地域、学校及び生徒の実態等に応じて、各学校において適切に定めること。その際、技術分野の内容の「A 材料と加工に関する技術」の（1）及び家庭分野の内容の「A 家族・家庭と子どもの成長」の（1）については、それぞれ小学校図画工作科、家庭科などの学習を踏まえ、中学校における学習の見通しを立てさせるために、第1学年の最初に履修させること。(註2)

　一方、中学校美術の学習指導要領本文には小学校との関わりについての直接的な記述はないが、その解説書として2008（平成20）年9月に文部科学省より提示された『中学校学習指導要領解説 美術編』（文部科学省、日本文教出版、2008）には次のような記述がある。

第3章 各学年の目標及び内容
第1節 第1学年の目標と内容
1 目標
「形や色彩などによる表現の技能を身に付け」とは、第1学年では小学校図画工作科において身に付けた諸能力、水彩絵の具をはじめとする様々な材料や用具などの特質についての理解やそれを生かす技能などを基盤として、中学校段階として形を描いたり色をつくったり、立体に表したりする技能を身に付けることである。すなわち、形、色彩、材料などで自らの思いや意図を表現するのに必要な技能、色彩に関する基礎的な知識や混色、材料の性質や用具の使い方など、表現の基礎となる知識や技能を身に付けることを目指している。

（平成20年9月『中学校学習指導要領解説 美術編』p.32）

84　第3章　手工教育の変遷

すなわち、「小学校図画工作科、家庭などの学習を踏まえ」や「小学校図画工作科において身に付けた諸能力、水彩絵の具をはじめとする様々な材料や用具などの特質についての理解やそれを生かす技能などを基盤として」などの文言が意味するところは、中学校「美術科」の学習と中学校「技術・家庭科」における技術分野の学習は、ともに小学校「図画工作科」の学習と関連性を持つものとして定義されているのである。

さらに、小学校「図画工作科」の学習内容を見る限りにおいて、どの内容が「技術・家庭科」もしくは「美術科」の学習内容と関連するというような色分けはされていない。小学校「図画工作科」の学習全体が、中学校「美術科」と「技術・家庭科」という、現代の教科観では大きな隔たりを有する2つの教科へ関連するものとされているのである。

このことは、工芸教育で学ぶべき内容が多様であると同時に、社会の産業や経済、文化とも結びつく広い領域を有していることを示している。明治の草創期以来、「手工」という教科名にはじまり「工作」「工芸」、さらには「技術」そして「芸能」や「芸術」など、多彩な名称を付せられたことがそれを物語っている。故に、多様性と専門性、芸術性と実業性などを併せ持つ教育として、それぞれの時代においてどのような工芸教育が構想され実践されたのかを知る必要がある。

工芸と工業

そもそも「工芸」という言葉が、手工科成立の草創期には「工業」とほぼ同義語であったことは、本書「第2章、第1節」で示したが、「手工」の教科名については、その構想段階より用いられていたと思われる。手工科構想に影響を与えたものとして、次の2つの資料をここでは取り上げる。

まず、文部省は1885（明治18）年から1889年にかけて、『技芸教育ニ係ル英国調査委員報告』を分割刊行している。これは、1881年に設置されたイギリスの「王立技術教育委員会」（Royal Commission on Technical Education）による、欧米及び自国の技術教育の視察調査をまとめたレポートである原書『Report of the Royal Commissioners on Technical Education』を翻訳し、「第一報告」「第二報告」の編成で刊行したものである（註3）。この翻訳にあたり、「on Technical Education」は「技芸教育」となっているが、フランスの初等教育についての調査をまとめた「第一報告」については次のような翻訳をしている。

巴里府内ノ小学校ハ近来手工教育ヲ施スモノ多シ其方或ハトールテホル街ノ学校ノ如ク小学科ト同時ニ一職業又ハ一技術ノ初歩ヲ授ケ或ハ校内ニ於テ適任ノ教師ニ就キ修学時間外ニ於テ木工及ヒ鉄工ニ用フル器具ノ用法ヲ学ハシムルニアリ

　トールテホル街ノ町立小学校ハ尋常小学課程ト職業ノ初歩トヲ兼テ教フルモノニシテ全国無比ノ一校ナリ此学校ハ今日ノ体裁ヲ以テ千八百七十三年ニ設立セルモノニシテ昨年ノ始迄ハ児童年齢十歳ニ至リテ初メテ職業ノ教授ヲ施シ其修業期限ハ三年ニシテ始メ二年間ハ児童ニ図画、模型及ヒ刻物等ヲ加フルニ指物、鍛工及ヒ据付ノ事ヲ教ヘ第三年ニハ以上ノ一二科ヲ専修セシメシカ昨年ノ始ヨリ尚ホ六歳以上ノ下級生ニモ授クルニ手工ヲ以テス即チ一週三科毎課一時間トス

　原文との比較では、「manual work」もしくは「manual instruction」「handcraft」の訳語として「手工」の言葉があてられ、引用部分の文章からは、明らかに教科名としての「手工」が意識されている。そして、その内容も技術職業教育としての性格が強いと理解できる。この報告書の影響についての議論はさまざまであるが、日本語としては古くからある「手工」が教科名として文部省関係者の考えにあったことは想像に難くない。

　また、この報告書の翻訳を待つまでもなく、1870年代からいち早く手工教育に取り組み、その分野でも先進国の1つであったフランス（註4）からは、直接的にさまざまに情報がもたらされ、「Travail manuel」等の訳語として「手工」が用いられていた。第3節で取り上げる上原六四郎（手工教育者・音楽教育者、1848-1913、p.99参照）は、1887（明治20）年から3年間にわたり「文部省手工講習会」の講師を務めているが、フランス語に堪能であり「手工」の定義については確信を持って語っている。しかし、本書「第2章、第1節」で示したように（p.40参照）、「工業」と「工芸」の言葉は上原の中でまだ混在していたのである。

工作と工芸へ

　その後1941（昭和16）年になると「国民学校令」が公布され、「手工」は「工作」となる。そして、その「工作」出現の背景には1931（昭和6）年の「中学校令施行規則」改正による、中学校「作業科」設置が大きく影響している。「作業科」設置について、当時、東京女子高等師範学校の教員であり、後に文部省図書監修官となる山形寛（図画教育者、1888-1972）は、その著書『日本美術教育史』（黎明書房、1967／復刊1988）において、第一次世界

大戦後のドイツ再興に「公民科」と「作業科」の設置が大きく寄与したこと、そして「青少年に質実な気風を植えつけ、勤勉・勤労の習慣を与えなければならない」、さらに「実際に手足を動かしてする仕事をさせ、単なる知的活動だけの学習から抜け出す必要がある」などの政府見解からこの「作業科」の設置が進められたことを述べている（復刊 p.633）。また、図工や手工教育者からは「作業科」設置は評判が悪く、山形自身も同書において「作業科」を「創設の当初から実に奇妙な教科であった。」（復刊 p.634）としている。

　「工作」の出現と内容については「本章、第7節」で詳しく述べるが、「国民学校令」及び「国民学校令施行規則」の制定に向けて、この「作業科」に対抗するものとして、「工作科」を図画、手工教育関係者が強く働きかけたとされる。しかし、「作業科」には「園芸」と「工作」の2領域があり、「工作」領域の内容は、当時の尋常小学校及び高等小学校の「手工科」の延長線上にあることは明らかであり、「国民学校令」制定に向かう議論においても、当初は「工作科」よりも「作業科」とする意見が文部省内でも有力であった。そして、「工芸」が教科名として登場するのは、第二次大戦後の教育改革においてであるが、詳細は「第4章 工芸教育の変遷、第1節 戦後教育改革期の工作・工芸教育」において述べることとする。そこでは、「芸術」としての要素が加わることになる。

　ここまで、教科名としての「手工」や「工作」「工芸」などの移り変わりを見てきた。この先、各時代における工芸教育の在り様をさらに詳細に解説することになるが、全体を通して、本書における工芸教育史は、工芸教育を普通教育とすべき先人の努力に敬意を払いつつも、その趣旨や学びの重要性があまり理解されないでいる現状を考える上での指針を探すことを目的としている。すなわち、教科性の確立過程において、自らの存在理由に拘泥することなく、社会の状況や学校教育への要請、そして何より、美術文化や工芸文化との関わりの中からその変遷が考察されることを期待する。

註1　国立教育政策研究所は、2001（平成13）年3月に発表した「技術科教育のカリキュラムの改善に関する研究——歴史的変遷と国際比較」において「日本の技術教育の系譜」を年表の形式で提示している。その「(1) 第二次大戦前編」は、1880（明治13）年の「改正教育令」にはじまり、1941（昭和16）年の「国民学校令」及び1943年の「中学校令・中学校高等女学校教科教授及修練指導要目」に終わっているが、その内容は工芸教育史とほぼ重なるものである。

註2　文中の「A 材料と加工に関する技術」の (1) は、次のようなものである。

　　(1) 生活や産業の中で利用されている技術について、次の事項を指導する。
　　　　ア　技術が生活の向上や産業の継承と発展に果たしている役割について考えること。
　　　　イ　技術の進展と環境との関係について考えること。

註3　『技芸教育ニ係ル英国調査委員報告』の内容は、「第一報告」において130ページすべてを「フランスの初等教育概況」にあて、「第二報告」では主なものとして「外国技芸教育」「欧州大陸の工場巡視並に備主管理者及び職工との談話」「アメリカ合衆国諸学校の巡回」「ロシア技術教育視察」「イギリス絹工業」「アイルランド技芸教育論」などとなっている。

註4　フランスでは1882（明治15）年に、「手工科」が必修科目として初等教育に導入されている。

第 2 節　手工教育のはじまりとしての「恩物」

フリードリヒ・フレーベル

　日本の近代学校教育は1872（明治5）年の「学制」公布にはじまるが、その時点で明治政府には学校を建設し、教員を養成配置する資金は乏しく、学校教育制度の実質的な展開は困難を極めた。しかし、学校教育を成立させる上で最も重要な教員養成については、「学制」公布に先立ち、同年7月には師範学校の設置が決定され、同時に生徒募集が行われている。そこでは現在の各教育大学の附属小学校にあたる練習小学校を付設し、実践的な教員養成を目指していた。

　また、明治政府が諸外国より招聘した専門家、いわゆる雇い外国人の1人で、文部省顧問を務め教育制度の整備に尽力したダビッド・モルレー（米、教育者・教育行政官、1830-1905）の進言によって、1874年には、東京女子師範学校が設置され、1876年には、附属幼稚園が開園している。これをもってわが国の幼稚園教育元年とされているが、同時にここではフレーベル式幼児教育が実践され、フリードリヒ・フレーベル（独、幼児教育者、1782-1852）が提唱した教育的遊具である「恩物」が用いられたことから、合わせて日本における手工教育元年と言うことができる (註1)。

　幼児教育の父とも称されるフレーベルは、ヨハン・ハインリッヒ・ペスタロッチ（スイス、教育実践家・思想家、1746-1827）の「直観教授」「実物教授」に学び、幼年期の遊びを通して人間の本質を育て、事物の本質を体得する教育の重要性を主張した。「恩物」は神からの子どもへの贈り物という意味で、ドイツ語の「gabe」、英語の「gifts」を日本語にしたものであるが、この遊具について、もしくは幼児の遊びについてフレーベルは「就学年齢前の子どもたちの陶冶および上述の年齢における教育者ならびに保育者の養成施設の実

フリードリヒ・フレーベル

施、とくに幼児学校教員の養成について」（1839）と題する小論文の中で次のように述べている。

　われわれが教授の実践および教育の応用に探究しつつかつ検討しつつ専念することが長ければ長いほど、われわれはますます明瞭に、子どもの本性ならびに学校と生活に対するかれの現在および将来の関係にふさわしい保育と配慮、すなわちかれの心身の素質ならびに両者の調和的形成を変わることなくじっとみつめる保育が、まだ就学年齢前の子どもたちの大部分にかけているということを認識する。われわれは、人類の現在の発展段階をみたす子どもの取り扱いが就学年齢前に先行しなかったならば、教育および教授の面でことごとくの其の土台が子どもにかけるとともに、一般に人間の生活にとってことごとくの其の土台がかけるということに気がつく。

　たとえはじめは予感および漠然たる感情としてにすぎないとしても、成人して以来私にまとわりついてきたこの知覚、私が三〇年以上にわたる教育活動以来かえりみてきたこの知覚、私がとくに最近の数年間の教育活動において教師たち、教育者たちおよびあらゆる身分の親たちに検討をもとめて提示してきたこの知覚、またかれらからかれらの経験の同じ結果をともなって私にかえされたこの知覚——それは、あらゆる身分における人間の現在および将来の境遇にとって、かれの幸福をもたらす活動はとりわけ児童前期の注意深い配慮と全面的な心身の保育とにあるが、学校および生活はこの真のかつ最初の土台を今日まで大部分かいているという知覚である——、このだんだん一般化されつつある経験、ならびにそこで語られている要求は、とくに最近の数年間、私の教育努力を、まずまた主として、最初の年齢から就学年齢までの子どもたちをとくにかれらの活動衝動の配慮と営みをつうじて適切に保育することにむけさせた。

　すなわち、私は欠陥のある児童指導のもっとも深いかつもっとも有力な原因は子どもたちの創造・活動衝動が注意深く適切にみたされないことにあるとみているので、私の努力は最近とくにつぎのことにむけられた。それは、この特別の目的のための施設を実施することである。この施設は、「いざ、われわれの子どもたちに生きよう」という、人々の心を統一させかつこの施設の精神をあきらかにする合言葉のもとに、親たちおよび家族たち、教育者たちおよび幼児指導者たちにまずそれ自体まとまっている一連の遊びを提供する任務を有する。それは、活動衝動の内奥をそだてるばかりではなくて、同時に子どもをとりまくすべてのものを適切な遊具および作業具に、かくて適切な教具に利用することをも教えるこ

とき遊びであり、しかも生命と自然との関連を予感させかつ生命の法則を感じさせ、その結果そこに——たとえ子どものまなざしをもってであれ——すくなくとも象徴において生活のための模範をみる遊具および作業具、手段および方法であり、最後にそれをつうじて子どもと遊んでいる、かれの保育に献身しているおとなたちのために教育的なかつ継続的発達をうながす影響をおよぼし、かくて両者のあいだの相互の教育と向上の真の絆となる遊びである。

（フレーベル著、岩崎次男訳『世界教育学選集68　幼児教育論』
明治図書出版、1972、pp.178-179）

東京女子師範学校附属幼稚園

　フレーベルは、神の本性が万物の本質であるとし、幼児教育の目的は創造的行為によって神の本質を認識することであり、人間の創造的行為によって創造されたものが文化であると説いている。そして、先の引用中にあるように「心身の素質ならびに両者の調和的形成を変わることなくじっとみつめる保育」「子どもたちの創造・活動衝動が注意深く適切にみたされる保育」の必要性を示し、その延長線上に「恩物」があることになる。

　開園当初の東京女子師範学校附属幼稚園で実際に保育を担当し研究を進めたのは、主席保母の松野クララ（独、クララ・チーテルマン、1853-1931）と保母の豊田芙雄（1845-1941）、近藤濱（1835-1912）であった。松野クララはフレーベル流の保母養成学校で学び、ドイツで知り合った松野 礀（林学者・林学教育者、1847-1908）と結婚のために1876（明治9）年に来日し、同園主席保母として採用されている。松野クララは豊田や近藤らに対して保育法の「傳習」を行っているが、その内容については、豊田が松野の「傳習」の内容を記録した手記『恩物大意』（お茶の水女子大学附属図書館蔵）などから知ることができる。

　やがて、全国に幼稚園が設置され、東京女子師範学校の卒業生が附属幼稚園を手本とする幼児教育を実践する中で、「恩物」も普及していくことになるが、その実践については、松野クララが論じたものからさまざまに展開され、今日に至っている。ここでは、「恩物」そのものとその使用方法について、玉成高等保育学校（現アルウィン学園玉成保育専門学校）幼児保育研究会が編集を行い1955（昭和30）年に刊行された『フレーベルの恩物の理論とその実際』に多くの図とともに詳しく紹介されているので参考にすることとする。

同書は、武政太郎（教育心理学者、1887-1965）監修、有院遍良（ベラ・アルウィン、幼児教育者、1883-1957）校閲のもと、フレーベル館より刊行されている。有院遍良ことベラ・アルウィンは、駐日ハワイ王国代理公使ロバート・W・アルウィンと武智イキの長女として日本に生まれ育ち、アメリカ留学で幼児教育を学んだ後、1916（大正5）年、東京麹町に玉成保姆養成所と幼稚園を設立している。また、フレーベルの幼児教育に心酔し、アメリカ留学時代のヨーロッパ遊学では、フランクフルトの「ペスタロッチ・フレーベル学園」の教師たちや、マリア・モンテッソーリ（伊、幼児教育者、1870-1952）とも親交を結んでいる。

　『フレーベルの恩物の理論とその実際』は、「恩物」を中心とするフレーベル主義者ベラ・アルウィンの実践的研究の集大成とも言うべきものだが、冒頭の「恩物について」の章において、その教育的意義を次のように解説している。

　フレーベルは教育理想の根源として、生命統一ということをとなえている。彼がすべての人間の中に存在すると確信した神性を尊重し、その自発活動を助成することこそ、教育の重大目的であるとして、この自発活動を完全ならしむるために、すでにペスタロッチに学んで、深く傾倒していた直観教育を、さらに掘りさげてそれを活動教育に進め、なおその上創造活動にまで発展させたのである。すなわちフレーベルの考えでは、宇宙万物は神の理性により、合理的に基本的な形に作られ分類されているのである。その中に生活する人間は、一切の対象の影響を受けつつ生きている。それゆえ、幼児が教育せられる場合は、人間の本質ばかりでなく、事物の本質をも、体験し、把握し、きわめねばならない。物の本質をきわめるためには、神の作り給うた基本的な形を知らなければならない。その基本的な形を玩具として幼児に与え、その物の外的、内的な種々の力を、身をもって体験し、その物に内在せる能力を、幼児自身の能力とともに活動させ、発展させ、その物の示唆する力を源泉として創造力をよびさまし、外界の自然および人生に対して開眼し、自己と外界との関係、全体に対する部分の価値、分解と総合、均整と安定、反復と律、美的観念の高揚というごとき、真理に即したる教育をおこなおうとしたのである。

（『フレーベルの恩物の理論とその実際』pp.9-10）

《幼稚鳩巣戯劇之図（複製）》（お茶の水女子大学所蔵）東京女子師範学校附属幼稚園の開園当時の保育の様子を描いている。中央上が松野クララ、下が豊田芙雄、右が近藤濱と伝えられる。原画は大阪市立愛珠幼稚園が所蔵している

《二十遊嬉之図（複製）》（お茶の水女子大学所蔵）20種の恩物で遊ぶ20人の子供を描いた図。原画は現存していない

第2節　手工教育のはじまりとしての「恩物」　93

「恩物」の構成

　「恩物」は20種の玩具から構成されているが、フレーベルが考案したものから時代の変遷とともに改良がされ、現在は「第1恩物」から「第10恩物」までを「恩物」とし、「第11恩物」から「第20恩物」までを「手技」もしくは「手技工作」として区別している。

　「第1恩物」から「第10恩物」は一貫した基本形態の経験を目的としており、「第1恩物」「第2恩物」は球体からはじめ、円柱、立方体という立体の原型を提示する。さらに、「第3恩物」から「第6恩物」は立方体の分解と構成となり、次に立体から面と線を取り出し、平面形の「第7恩物」、直線の「第8恩物」、曲線の「第9恩物」へと進むことになる。最後に「第10恩物」では、線を分解した点へと導くことになる。また、その大きさや長さは3cmを基本としている。

　このような「第1恩物」から「第10恩物」までの一連の形態体験を目的とする内容物及び「手技用材料用具」について、同書では次のように紹介している。

実に「恩物」とは、フレーベルが以上のごとき意図と理想のもとに考案した玩具の総称であって、最初それは二十種類にわけられていた。すなわち、基本的なる形態の具体化とみるべき最初の十種類は、
○第一恩物　幼児の手に把握できる大きさの（直径約六糎）やわらかき六色のまり（現在は毛糸にて包む）三原色の赤、青、黄と三補色の橙、緑、紫……これには、ひも付きと、ひもなしとある。
○第二恩物　直径六糎の木製の球、底面の直径六糎、高さ六糎の円筒、一稜六糎

「第1恩物」（1960年代）木製の球体を毛糸で包んでいる

「第2恩物」（1960年代）箱を使って回転遊びをする

の立方体がそれぞれ一個ずつはいっている箱入三体……糸を各体につけ箱を利用して回転遊びもできる。

○第三恩物　一稜3糎の木製小立方体八個が集合せる六糎立方体入り一箱。
○第四恩物　一稜が三糎、一・五糎、六糎の直方体八個が集合せる六糎立方体入り一箱。
○第五恩物　一稜三糎の小立方体二十一個、この小立方体を対角に二等分せる六個の三角柱、およびさらにこの三角柱を底面に鹿角に二等分せる十二個の小三角柱、合計三十九の小立体からなる九糎の立方体一箱。
○第六恩物　第四恩物の直方体と同形の直方体十八個と、その直方体を縦および横に二等分して得た一辺一・五糎の正方形を底面とし、高さ六糎の直方体六個、および一辺三糎の正方形を底面とし、高さ一・五糎の直方体十二個、合計三十六個の小立体からなる九糎の立方体一箱。
○第七恩物　一辺三糎の正方形および各種の三角形……正三角形、直角二等辺三角形、直角不等辺三角形、鈍角三角形、鋭角三角形……を含む色板。
○第八恩物　三糎、六糎、九糎、十二糎、十五糎の五種類の長さを示す直線の細い木棒（またははし）。
○第九恩物　金属製の全環および半環、四分の一環……（第二恩物木製の球と同じ直径のもの）。
○第十恩物　豆または小石による粒体。

以上の個々の形態を与えられ製作されたものである。

以下十一より二十までは諸種の手技用材料用具。

一、穴あけ　二、仕事　三、絵　四、織り紙　五、折り紙　六、切り紙　七、豆細工　八、厚紙細工　九、砂　十、粘土　などである。

（『フレーベルの恩物の理論とその実際』pp.10-11）

「第5恩物」（1960年代）積み木

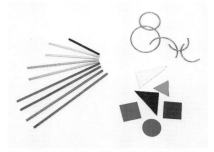

「第7恩物」（右下）、「第8恩物」（左）、「第11恩物」（右上）

第2節　手工教育のはじまりとしての「恩物」　95

さらに同書では「第1恩物」から「第10恩物」までの意義や目的から、実際の活動、注意点などが詳細に述べられている。その項目は、「a 意義」「b 目的」「c 遊び方順序」となり、「渡し方、しまい方」と続く。また、「c 遊び方順序」には、恩物ごとにさまざまな遊びが設定されている。たとえば「第1恩物」と「第5恩物」の遊びは、次のようなものである。

第一恩物

一、活動遊び　　イ、ひもあり　ロ、ひもなし

二、模倣遊び　　イ、ひもあり　（一）生物　（二）無生物

　　　　　　　　ロ、ひもなし　（一）生物　（二）無生物

三、数遊び　　　（一）一つ　（二）二つ　（三）三つ　（四）四つ

　　　　　　　　（五）五つ　（六）六つ　（七）数の復習

四、方向遊び　　（一）上下　（二）前後　（三）左右　（四）向う手前

五、色遊び　　　（一）赤　（二）黄　（三）青　（四）橙　（五）緑

　　　　　　　　（六）紫　（七）色の復習

（『フレーベルの恩物の理論とその実際』pp.16-17）

第五恩物

一、紹介　　　　イ、全体の紹介

　　　　　　　　（一）比較　（a）第三との比較　（b）第四との比較

　　　　　　　　（二）切り方

　　　　　　　　ロ、部分の紹介

　　　　　　　　（一）小立方体と大三角柱との比較

　　　　　　　　（二）小立方体と小三角柱との比較

　　　　　　　　（三）大三角柱と小三角柱との比較

二、建築遊び　　イ、上部の建築

　　　　　　　　（一）大三角柱のみを用いて

　　　　　　　　（二）小三角柱のみを用いて

　　　　　　　　（三）大三角柱と小三角柱のみを用いて

　　　　　　　　ロ、三分の一の建築

　　　　　　　　ハ、個々の建築

三、模様遊び　　イ、中心模様

四、知恵遊び　　イ、正方形

96　第3章　手工教育の変遷

ロ、長方形

ハ、三角形

ニ、その他

（『フレーベルの恩物の理論とその実際』pp.159-160）

「第5恩物」の「4 知恵遊び」は、「小立方体」「大三角柱」「小三角柱」を用いて「正方形」や「三角形」「長方形」「平行四辺形」などの幾何形体をつくって遊ぶものである。

また、「第1恩物」には「渡し方、しまい方」、「第2恩物」には、「だし方、しまい方」があり、「恩物」を用いて指導する側に対して、幼児の興味を増すような「恩物」との出会いと整頓の姿勢を身につけることができるように工夫することを求めており、「マーチに合わせて、かごの中から先生が先に示した数だけ取らせる。」や「へやの中にかくしておいて、みつけさせる。」などの例をあげている。しまい方では「手から手へつぎつぎに渡して、先生のところへあつめる。」「色のきまった箱に、同じ色のまりをしまわせる。」などを示している。

このような意欲的な姿勢や勤勉さの育成は、後の小学校などでの「手工科」（p.100参照）の教育目的とも関連するところであり、「スロイドシステム」（p.104参照）においても重視された項目でもある。

一方、アメリカにおけるジョン・デューイ（米、哲学者・教育思想家、1859-1952、p.129参照）らの経験主義、児童中心主義教育が広がるにつれて、形式化しつつあったフレーベル主義幼児教育は、子ども不在の非創造的教育として批判されていくことになる。それは、子どもは単に「恩物」を機械的に操作しているだけであって、そこには遊びの自己決定がないとの指摘である。フレーベル自身も、教育や教授は命令的、規定的であってはいけないとし、子どもの自己活動、自己教育を教育の核とすべきことを述べていたが、教材としての「恩物」の存在が大きくなり、その配列こそが幼児教育の本質と誤解される状況が生まれてきたのである。

しかし、工芸教育の視点から見るならば、わが国の近代教育黎明期において、人間の創造的行為の中に教育的価値を見出すフレーベル教育、「恩物」による教育と出会ったこと、それが全国の幼児教育の手本となるべき幼稚園で用いられたことは、幸運であったと言えるだろう。手技に優れると言われる日本の国民性からも、当時の変動期の社会状況からも教育の中における手

第2節　手工教育のはじまりとしての「恩物」　97

工や工芸の必要性を具体化し、それらの科目は少なくとも幼児教育の段階において、基礎的教育の1つとして理解されることとなったのである。

註1　1888（明治21）年の上原六四郎（次頁参照）による東京府手工科講習会修了生らによって組織された「日本手工研究会」（発足から休会する1897年までは手工研究会）（p.112, 118参照）は、1935（昭和10）年に「手工教育五十周年記念大会」を開催している。これは、1886（明治19）年の「小学校令」によって、高等小学校の加設科目として「手工科」が設置（p.100参照）されたことを起源としている。「日本手工研究会」の会員の中心が小学校の教師たちであったことや、あくまでも教科としての「手工」研究を目的としていたことなどから、「恩物」については触れていない。
　　さらに、1986（昭和61）年には、長谷喜久一（美術教育者、1917-2014）、宮脇理（美術教育研究家、1929-）ら有志によって、「工作・工芸教育百周年記念の会」が開催され、『手工教育五十周年記念大会誌』の復刻を掲載した『工作・工芸教育百周年記念誌』を刊行しているが、やはり「恩物」には触れていない。宮脇は同誌の中で、『手工教育五十周年記念大会誌』の復刻にあたり次のように締めくくっている。

手工教育の始祖上原六四郎、後藤牧太を始めとする多くの人々は狭義の技術からの脱出を芸術への指標の中に求めていたのである。

（『工作・工芸教育百周年記念誌』p.2）

　　しかし、芸術としての工芸の価値観が不明確であった明治の手工教育草創期において、先人たちの意識の中に宮脇が指摘するような志向があったとは言い難い。また、「恩物」がもたらした人間の創造的行為に教育的価値を見出す視点を、宮脇のように「芸術的」と論評することによって、現代の学校教育における造形美術教育の位置づけに不明確さを生じさせる結果を招いたと言うこともできる。

第3節　手工科の設置とスロイド

工業と工芸、手工

　学校教育における教科もしくは科目として現在の工芸教育に通じるもの、すなわち工芸教育の原初的な形を明治期の学校教育制度創設期に探すと、まず、「工業」の学科名を1881（明治14）年に通達制定された「中学校教則大綱」、同年の「師範学校教則大綱」に見出すことができる。「中学校教則大綱」には、「第五条　中学校ニ於テハ土地ノ情況ニ因リ高等中学科ノ外若クハ高等中学科ヲ置カス普通文科、普通理科ヲ置キ又農業、工業、商業等ノ専修科ヲ置クコトヲ得」としているが、その内容などについての記載はない。

　また、「師範学校教則大綱」には、「第六条　師範学校ニ於テハ土地ノ情況ニ因リ某学科ノ程度ヲ斟酌シ農業、工業、商業等ヲ加フルヲ得殊ニ女子ノ為ニハ本邦法令、経済等ヲ除キ若クハ某学科ノ程度ヲ斟酌シテ裁縫、家事経済等ヲ加フヘシ」となっているが、実際には「工業」に関する実施の記録はほとんどない。しかし、「土地ノ情況ニ因リ」の条件から「農業」「商業」「裁縫」「家事経済」と並び実業教育としての「工業」の位置づけをここから読み取ることができる。

　この当時の「工業」の言葉の意味については、本書「第2章 工芸の定義と工芸教育」でも触れているが、北澤憲昭（p.40参照）は、1873年のウィーン万国博覧会前後の時期において、「工芸」は「工業」の意味で使われており、「工業」の言葉には江戸時代までの手工業の意味が強く、いわゆる「industry」の訳語としては不向きであったため、その訳語には「工芸」があてられたとしている。この「工業」と「工芸」、さらに「手工」の言葉も加わった今日的工芸領域を意味する言葉とその概念の混同状態は、後に示す上原六四郎（手工教育者・音楽教育者、1848-1913、註1）の講義録の中にも見ることができる。

上原六四郎

手工科創設

「手工科」の創設は1886（明治19）年の「小学校令」が最初である。ここでは、小学校を「尋常小学校」（修業年限4ヵ年）と「高等小学校」（修業年限4ヵ年）に分け、尋常小学校4年間を義務教育期間としているが、これを基にして「小学校ノ学科及其程度」が定められ、その中に「第三条　高等小学校ノ学科ハ修身読書作文習字算術地理歴史理科図画唱歌体操裁縫女児トス土地ノ情況ニ因テハ英語農業手工商業ノ一科若クハ二科ヲ加フルコトヲ得唱歌ハ之ヲ欠クモ妨ケナシ」として、高等小学校加設科目（註2）「英語」「農業」「商業」と並び「手工」が設置されている。

一方、同年に制定された「中学校令」では、「尋常中学校」（修業年限5ヵ年）と「高等中学校」（修業年限2ヵ年）に分けている。これは帝国大学1校、高等中学校5校、尋常中学校50校の開設という方針の中で、尋常中学校卒業生から選別された者が高等中学校に入学するという接続を想定したものであるが、同年に公布された「尋常中学校ノ学科及其程度」及び「高等中学校ノ学科及其程度」には「手工」に類する学科の記載はない。しかし、「尋常中学校ノ学科及其程度」では、「第七条　尋常中学校ニ於テハ土地ノ情況ニ因リ文部大臣ノ認可ヲ経テ商業工業ノ科ヲ置クコトヲ得」とし、「高等中学校ノ学科及其程度」には「第八条　法科医科工科文科理科農業商業等ノ分科ニ関スル学科及其程度ハ別ニ之ヲ定ム」とともに、各学科の時数を示した一覧表には「工学志望学生」の名称が記載されている。これらの「工業」「工科」「工学」と「小学校ノ学科及其程度」における「手工」を同列に扱うことはできないにしても、「工業」「工科」「工学」を同義語として理解することはできる。

また、同年制定の「師範学校令」では、高等師範学校1校、尋常師範学校（修業年限4ヵ年）を各府県に設置するとし、「尋常師範学校ノ学科及其程度」には、「第一条　尋常師範学校ノ学科ハ倫理、教育、国語、漢文、英語、数学、簿記、地理歴史、博物、物理北学、農業手工、家事、習字、図画、音楽、体操トス　農業、手工及兵式体操ハ男生徒ニ課シ家事ハ女生徒ニ課ス」と示されている。さらに「高等師範学校ノ学科及其程度」では、「男子師範学科の理化学科」について「第三条　理化学科ハ教育学倫理学英語数学物理化学手工図画及音楽体操トス」として、「手工」を課している。

このような「手工」創設の状況から、高等小学校の加設科目にのみ創設されたとはいえ、1886年の段階で「手工」が登場した背景を考えるなら

ば、当時の西洋の教育思想としてペスタロッチの「直観教授」、フレーベルの「幼児教育論」、ハーバート・スペンサー（英、哲学者・社会学者、1820-1903）の「実利教育」などが導入されたことがあげられる。また、明治新政府の殖産興業の政策の影響も見ることができる。すなわち、図画教育が形体や図面の理解という画学の内容からはじまったように、「手工」も近代的産業を支えることのできる人材の育成という学校教育の大きな課題に照らして、その内容は極めて技術主義的なところから出発している。そこに、美や美的感性についての教育が加わるのは後のことである。

文部省手工講習会

　当時、東京商業学校教諭であった上原六四郎を講師として、1887（明治20）年から3年間にわたり東京工業学校で実施された「文部省手工講習会」の内容からも技術主義的な教育であったことが推察される。そもそもこの当時、手工科を担当できる教員は皆無に等しく、文部省は各府県の尋常師範学校の教員育成を急いでいた。その講義内容は『東京府学術講義 手工科講義録』（註3）に収録されている。その講義項目を要約すると、次のようになる。

第一　　総論／手工科を小学校に設置する原因と沿革
第二　　手工科の目的
第三　　児童に授けるべき手工業の種類
第四　　児童の年齢と手工業との関係
第五　　標本の選び方と授業の順序
第六　　授業上の注意
第七　　課業時間
第八　　工具及び教材
第九　　教員の資格
第十　　教員数と生徒数
第十一　工場の装置
第十二　結論

　また、上原はフランス語に堪能で、フランスの手工に関する文献を紹介しながら講義を行っているが、その中で手工科を実施するにあたり、手工の種類を選択することの重要性を説いている。そして、その選択において注意す

べき15項目をあげている。

第一　居職即ち手指のみを運動するの業を避くる事
第二　健康を害すべき職業を避くる事
第三　不潔なる業を避くる事
第四　始終同一なる業を執るは可成之れを避け注意を要すべき業を択むべき事
第五　分業法に属する業を避くる事
第六　諸種の工芸に移転し易き業を撰むべき事
第七　児童の体力に適応する手工を採るべき事
第八　贅沢品及び玩弄物を製作することを避け勉めて日常必須の品物を撰んで
　　　製作する事
第九　美術の思想を養生すべき業を撰む事
第十　簡より繁に入り易より難に進むことを得べき業を撰む事
第十一　学理を指示し之れを応用することを得べき業を撰む事
第十二　手指の用ひ方に変化多き業を撰む事
第十三　工具の種類の多き業を撰む事
第十四　世間に普通なる業殊に諸般の細目に区分し得らるべき業を取る事
第十五　材料の廉価なる工業を撰む事

　さらに上原は、手工科で取り上げるべき加工法や題材が、これらの15項目にどのように対応するか評価した次ページのような表を提示している。
　この表からは「木工」第一主義であることがわかるが、「木工」については応用が広く製作物も多く、教育上にも、工芸上にも最適であるとしている。また、各手工の区別については、「鍛工」（表では「鍛冶」）は「火づくり職」と呼び鍛造することを、「仕上」は「鍛工」でできたものを仕上げる「飾職」のようなものとしている。
　さらに、「鋳工」は金物を鋳り、「木工」は木細工をするものとして「大工」などを指している。「轆轤」は木を削るものと金属を削るものがあり、「彫刻」は金属や牙、角、木、竹を彫り刻むものと解説している。「籃細工」は籃状のものをつくる総体を意味し、柳行李や竹行李、藤行李などの他に針線で籃をつくるものも含めている。「練細工」は蝋や粘土など粘性のあるもので形をつくる職としているが、これについては適当な訳語がなく、整形を意味する英語の「モデリング」、仏語の「モドラージュ」を紹介し、手本

を置いてその形をつくることを含めるとしている。

　また、「鋳型細工」は、前出の「鋳工」とは違い仏語の「ムーラージュ」を取り上げ、石膏による型取りを意味しており、膠を溶かしてつくるものや日本の寒天によるものも含めている。最後に、「厚紙細工」はブリキ細工の下地をつくるものとしている。

　これらのことから、小学校の手工科での指導を念頭に置きながらも、その内容としては、手工の各項目を「職」と呼ぶなど職人の技術との区別は明確ではない。すなわち、技術教育としての「手工」がそこにある。

　しかし、1890（明治23）年に第二次の「小学校令」が出され、「手工科」は尋常小学校の加設科目となり、それに合わせて1891年に示された「小学校教則大綱」では、第十三条に「手工ハ眼及手ヲ練習シテ簡易ナル物品ヲ製作スルノ能ヲ養ヒ勤労ヲ好ムノ習慣ヲ長スルヲ以テ要旨トス」との目的が示された。具体的に尋常小学校では「尋常小学校ノ教科ニ手工ヲ加フルトキハ紙、糸、粘土、麦藁等ヲ用ヒテ簡易ナル細工ヲ授クヘシ」また、高等小学校

＋適合、−不適　±どちらでもない

−ノ類	±ノ類	＋ノ類	一	二	三	四	五	六	七	八	九	十	十一	十二	十三	十四	十五	要項 手工の種類
四	三	八	+	±	±	+	+	+	−	+	−	+	+	−	−	+	±	鍛冶
○	三	十二	+	+	±	+	+	+	+	+	+	+	+	±	+	+	+	仕上
四	四	七	+	±	±	+	+	+	+	±	+	±	+	−	−	+	−	鋳工
○	○	十五	+	+	+	+	+	+	+	+	+	+	+	+	+	+	+	木工
四	二	九	+	+	+	+	±	+	+	+	+	−	−	−	+	±	+	轆轤
一	三	十一	−	+	+	+	±	+	+	±	+	+	+	+	±	+	+	彫刻
五	三	七	−	+	+	±	+	+	±	+	+	±	+	−	−	+	±	籃細工
二	三	十	±	+	+	±	+	+	+	+	+	+	+	±	+	−	+	練物細工
九	二	四	+	±	+	+	−	−	−	±	−	−	−	−	−	+	−	鋳型細工
七	二	六	−	+	+	+	−	±	+	±	+	+	−	−	−	−	+	厚紙細工

手工種類の15項目評価表（『東京府学術講義 手工科講義録』）

では「高等小学校ノ教科ニ手工ヲ加フルトキハ紙、粘土、木、竹、銅線、鉄葉、鉛等ヲ用ヒテ簡易ナル細工ヲ授クヘシ」とされている。また、その制作については有用なものを選び、材料や用具について指導し、節約利用の習慣を養うことを求めている。ここに至って、「手工科」の普通教育としての意義が明らかになり、次第に全国の小学校で取り入れられるようになっていく。

スロイドシステム

この間、普通教育としての「手工科」の理念と指導方法について大きな働きをしたのが、手島精一（工業教育者、1850-1918、註4）による後藤牧太（物理学者、1853-1930、註5）と野尻精一（教育学者、1860-1932、註6）のスウェーデン派遣である。2人は、スウェーデンの「スロイドシステム」による教育を実地に学ぶために、1888（明治21）年、ネースのスロイド教員養成所の講習会に参加している。ここでの見聞は、そののち「手工科」の普通教育としての教科性を強化していくことになる。

スロイドシステムとは、北欧全体に伝わる手工芸の伝統を基にした教育のことを意味する。中でもスウェーデンはスロイドを教育システム化し、普通教育に浸透させ成果を上げた。このことは各国から注目を集め、多くの教育関係者がスウェーデンを訪れている。スロイドの言葉はスウェーデン語で「slöjd」と表記し、発音は「スレェユド」となるが、日本では一般的に英語表記の「sloyd ／スロイド」を用いている。スロイドの意味は、ものをつくることの総体を指し、「巧みさ」や「器用さ」などの意味も含んでいる。

「slöjd」の言葉の背景には、スカンジナビア半島の長い冬の環境がある。すなわち、農業と酪農の国であるスカンジナビア半島の農民たちは農作業のできない長い冬の期間、生活に必要なさまざまな手工芸品や家財道具類をつくって過ごすことになる。冬の夜、火の周りに家族が集まり、男たちは家具や農作業で使う道具をつくったり修理したりする。また女たちは糸を紡ぎ、機を織る。そしてその巧みな技術は、父母から子へと伝えられていく。

このような生活の様子は産業革命以前の多くの国で見られたであろうが、特にスカンジナビア半島の長い冬は室内での生活の充実をもたらし、それらを支える手工芸の伝統を一層発展させることになった。そのような手工芸はスウェーデン流に「ヘムスロイド（家内手工）」と呼ばれ、現代の北欧デザインの源流の1つとなっている。実際に、スウェーデンをはじめとして半島の各国では、それぞれの地域に特産品が生まれ、それらは家内制手工業と

して経済的効果をもたらす段階にまで発展している。これらをして、日本の「民藝」（p.304参照）との類似を見ることもできるが、「民藝」の場合は農民の副業としての手工芸品の生産ではなく、次の段階である専門の職人による生産物を意味している。

　いずれにしても、生活することや生きていくことと、ものをつくることが一体であり、その技術や知識を身につけ、経験を積むことが成長することであり、人間性もその中で培われていた時代があったことは確かである。しかし、産業革命の機械による大量生産時代の到来は、このような生活に大きな変化をもたらすことになる。多くの若者にとって、厄介な道具の使い方を身につけ、難しい材料の見分け方を学ぶ必要はなくなったのである。一定時間を工場労働者として働き、賃金を得て、安価な大量生産品を購入する生活は、ものをつくることと一体化した生活よりもはるかに気楽であった。まさしく「ヘムスロイド」は衰退の状況にあり、スウェーデン国内では、人々の気持ちのすさみや道徳性の欠如などが社会問題化していった。そして、かつての誠実な創造的生活の中で行われていた人格の形成を、学校教育の中で復活させるべく導入されたのがスロイドシステムである。

　初期のスロイド学校は「ヘムスロイド」を教えるものとして職業教育的性格を強く持つものであったが、スウェーデンにおける普通教育としてのスロイドの教育、すなわち「教育的スロイド」を主張したのはオットー・サロモン（教育学者、1849-1907）であった。サロモンは、多くの小作人たちの子どもの教育に取り組んでいた叔父のアロン・アブラハムソンの要請を受け、1872（明治5）年に私立の「ネース・少年スロイド学校」を設立している。これは、国民学校を修了した男子生徒を対象としており、初期の段階は、農民の生活に役立つ「ヘムスロイド」を教えるものであった。しかし、2年後の組織改革によって、私立の国民学校高等部となり、多くの語学や数学、理科など普通教育に関する教科を取り入れることにより、スロイドによる教育は、「ヘムスロイド」の教育から一般的な技能の獲得を目的とする「教育的スロイド」に変化する試みがなされた。

　1877年にサロモンは、フィンランドにウノ・シグネウス（教育学者、1810-1888）を訪ね、多くの示唆を得ている。普通教育としての手工教育の必要性を主張していたシグネウスは、サロモンに対してペスタロッチやフレーベルなどの教育学を学ぶことの必要性を説き、1886（明治19）年には、実際にフィンランドの学校教育制度の整備において、手工を必修科目として

導入している。

　また、サロモンはスロイドの教員養成の必要性を感じ、すでに1874（明治7）年にはスウェーデンのネースに1年制のスロイド教員養成所を発足させている。教員養成の在り方についてサロモンは、1870年代に各地につくられたスロイド学校と従来の国民学校との統合の動きの中で、普通教育としての「教育的スロイド」を担当するのは「職人」ではなく、教育学的知見を有する国民学校教師であると考えていた。そして、1878年には、第1回目の国民学校教師を対象としたスロイド講習会を開催している。当時のヨーロッパは近代学校教育の模索期であり、やがてこの講習会にヨーロッパ各国からの受講生が参加することになり、1888年には後藤と野尻も受講生として名を連ねることになる。

　後藤と野尻が講習会に参加することになる経緯については、万国博覧会が大きく関わっている。2人をこの講習会に派遣することを決めた手島精一は、1876（明治9）年に開催されたフィラデルフィア万国博覧会に参加し、ボストンの「技芸師範学校」を見学し、工業を支える人材の育成の必要性を、その報告書である『米国百年期博覧会教育報告』（全四巻、文部省、1887）に記している。また、1878年のパリ万国博覧会では、サロモンの叔父アブラハムソンが参加し、スロイド教育についての展示会場に各国の関係者を招待しているが、その中には手島も含まれていた。さらに、1884年のロンドン衛生万国博覧会では、手島が日本の教育に関する展示のまとめ役として参加し、アブラハムソンを介してサロモンの知遇を得、以後書簡のやり取りを重ねる中で、2人の受講の許可を得ている。

後藤牧太の手工教育説

　帰国の後、後藤はさまざまな手工教育説を展開しているが、本来の専門領域は物理学であったためか、後藤の手工教育についての本格的な著作は残っていない。1894（明治27）年に後藤と上原六四郎が校閲、神作濱吉（工業教育者、1866-1938）が著述、編集した『内外技芸教育新書』（上・下巻、大日本図書）の中に、当時の手工教育論が整理されているので参考にしたい。後藤の「手工を小学校に課す目的」と「手工教材選択の標準」は、サロモンの「教育的スロイド」の考え方をほぼそのまま踏襲していると思われる。

106　第3章　手工教育の変遷

後藤牧太氏ノ手工教育ニ於ケル意見ノ要領ハ左（下）ノ如シ

手工ヲ小学校ニ課スル目的ノ要旨ハ

第一　手ヲ普通一般ニ器用ナラシムルコト

第二　労働ヲ愛スルノ気風ヲ養成スルコト

第三　自恃心即チ自ラ頼ム心ヲ養成スルコト

第四　秩序精密及ビ清潔ノ習慣ヲ養成スルコト

第五　注意ト勉強ノ習慣ヲ養成スルコト

第六　眼ノ練習ト審美心ヲ養成スルコト

第七　実物ニ接スルノ利益アルコト

第八　手工ハ他ノ学科ノ助ケトナタコト

（中略）

手工ノ選択ニ付標準トナルベキ箇條ノ主要ナルモノハ左（下）ノ如シ

一　手工ハ生徒ノ力ニ適スベキモノタルコト

一　生徒ノ好ム仕事ヲ撰ブコト

一　有用品ヲ製シ得ベキ仕事ヲ要スルコト

一　教科ノ順序ヲ立得ベキ仕事ヲ要スルコト

一　手ノ普通ノ練習ヲ与フベキ仕事ヲ要スルコト

一　精密ノ習慣ヲ養ヒ得ベキ仕事タルコト

一　清潔ノ仕事タルコト

一　眼ノ練習トナリ審美心ヲ養ヒ得ベキ仕事タルコト

一　健康ニ効カアルベキ仕事ヲ要スルコト

一　有用ノ知識ヲ与ヘ且学校ノ経済ニ相応スルノ仕事ヲ要スルコト

（『内外技芸教育新書』上巻、pp.111-114）

　　上記の選択の標準に照らして、後藤は木工が最も教材として適切であると
している。また前述のように、1887（明治20）年から3年間にわたり東京工
業学校で実施された「文部省手工講習会」の中で、上原六四郎も木工第一主
義を提唱しているが、一般的には、両者の木工第一主義の考え方はサロモン
の主張を基にしたものと理解されている。実際に「ネース・少年スロイド学
校」での試みを通じて「教育的スロイド」の考え方が成立するにしたがって、
サロモンは、木工が日常生活で頻繁に使用する道具が多いこと、体力の増進
を促すこと、日常生活に役立つものをつくるなどの理由から、普通教育とし
ての教習にふさわしいと考えていた。

しかし、日本が多彩な森林体系を持つ森の島国であるという風土からして、サロモンの提唱を待つまでもなく、小学校段階での手工にふさわしい教材として木工が第一に取り上げられることは、必然であると考えられる。それは、明治初期における日本人の平均的な生活の様子から、木工製品が多用されていたことだけでなく、材料がたやすく安価に手に入ることもあったと思われる。後藤はさらに木工とともに竹工も薦めており、『内外技芸教育新書』によると、次のような木竹工の教材を示している。

木及ビ竹ヲ以テ製作スベキ品物ヲ撰定スルニ心得ベキ標準アリ左（下）ノ如シ
第一　　奢侈虚飾ニ渉ル物品及ビ玩弄物ヲ避クルコト
第二　　有用ノ物品タルヲ要シ且普通ノ製作品ヨリハ丁寧ニシテ堅固ナルヲ要スルコト
第三　　生徒自身ニ於テ物品ノ全部ヲ製作シ得ベキモノヲ要スルコト
第四　　製作品ハ直チニ使用ニ供シ得ル物タルヲ要スルコト例ヘバ漆ヲ塗リ琢キヲ要スル等ノ物品ヲ避クルガ如シ
第五　　製作ニ長キ時間ヲ要スベキ物品ヲ避クルコト
第六　　同一ノ品物ニシテ同一ノ仕事ヲ幾回モ繰返スヲ要スルモノヲ避クルコト
第七　　木竹ノ外更ニ金属等ヲ加ヘテ完全セシムベキ物品ヲ避ケシムルコト
第八　　多量ノ材料ヲ要スベキ麁大ノ物品ヲ避クルコト
第九　　形状正シク眼ノ練習ヲ助ケ心ノ審美ヲ養フニ益アル物品ヲ撰ブベキコト
第十　　硬キ材料ヲ用フベキモノト軟カナル材料ヲ用フベキモノト相雑ヘテ製作スベキ物品ヲ撰ブコト
第十一　用材ノ堅硬ナルモノヲ先キニ課シ軟質ナルモノヲ後ニ課スルコト
第十二　普通工具ノ使用ニ慣レ且実用ノ知識ヲ与フルモノヲ撰ブコト
第十三　製作品ノ順序ハ易ヨリ難ニ入リ簡単ヨリ複雑ニ進ムコト
第十四　小ナル物品ノ製作ヨリ大ナル物品ノ製作ニ進ムコト
第十五　最初ハ小部ノミヲ使用セシメ次第二他ノ工具ヲ要スルモノニ進ムルコト
第十六　製作品ノ順序ヲ立ツルニ前ニ練習シタルモノヲシテ後ニ用ヲナサシムルヲ要セシムルコト
第十七　仕事ニ変化アル物品ヲ撰ブコト
第十八　手ノ練習ニ効能ヲ有スル物ヲ撰ブコト
以上ノ標準ニヨリ製作セシムベキ物品四十種ヲ撰定セリ左（下）ノ如シ
第一　竹串二種　　第二　竹箸二種　　第三　ソクイ箆（竹）　第四　千枚通シノ柄　　第五

吹竹　第六　木札　第七　鉛筆ノ軸　第八　掛花生ケ（竹）　第九　糸巻キ　第十　紙切箆（竹）　第十一　土瓶敷　第十二　鉄鎚ノ柄　第十三　墨挟ミ　第十四　杓子　第十五　衣紋掛　第十六　ソクイ板　第十七　小楊子皿　第十八　靴脱ギ　第十九　帽子掛　第二十　書状挟ミ（竹）　第二十一　木槌　第二十二　茶台（竹）　第二十三　厨刀掛　第二十四　花瓶台　第二十五　状差シ　第二十六　茶托　第二十七　硯箱　第二十八　写真掛ケ　第二十九　緒手巻キ　第三十　郵便受取箱　第三十一　杓子（広島杓子）　第三十二　塵取リ　第三十三　刳り盆　第三十四　煙草盆（四角形）　第三十五　茶柄杓（竹）　第三十六　腰掛　第三十七　額縁　第三十八　炭取リ　第三十九　本箱　第四十　煙草盆（長方形）　以上

（『内外技芸教育新書』上巻、pp.114-119）

　「手工科」は実利主義の教育方針によって設置され、その理論や方法論の普及の動きも活発であったが、明治20年代においては、多くの小学校で実施されなかった。その理由としては、第一に「手工科」を担当する優れた教員の不足がある。最初は、前述の上原らによる講習会に参加した師範学校教員が、さらに地元の師範学校で指導を行うという形で手工科教員養成は進むが、全国の小学校に配置するには時間が必要であった。また、手工が実利的なもの、職業教育として理解されていたという社会的状況がある。江戸期の身分制度の影響が強く残る明治初期において、士族の親からは職人を育てるような教育は我が子に必要ないとの非難が多くあった。

　実学的な教育論の輸入からはじまった日本の近代学校教育であったが、明治10年代後半からは、人文学的教育論が主流となる。すなわち、手工教育はその基盤となる教育思想を失うことになったのである。そして、最も重要な課題は資金の不足であった。明治政府自体の慢性的な資金不足の中で、文部行政の主力は就学率の向上に注がれ、多様な道具や設備を必要とする「手工科」の環境整備は一向に進まなかった。文部省は子どもたちが手工でつくった作品の販売を認め、売上金を教材等の購入にあてることを認め奨励したが、子どもの製作品は実際の商品としての価値は低く、売れることは少なかった。

　このような状況から次第に「手工科」の授業に対する熱意は低下し、有名無実と評価されるような実態となったのである。

註1　上原六四郎は多芸の人で、手工のみならず物理学、音楽を能くし、陸軍士官学校、東京高等師範学校、東京音楽学校、東京美術学校など多くの学校で教鞭をとった。

註2　加設科目は学校の状況によって設置してもよい科目の意味であり、現在は同様の名称や位置づけの教科及び科目はない。ただし、現在の学習指導要領では、中学校の教育課程に「その他特に必要な教科」、高等学校では「学校設定科目」及び「学校設定教科」の設置が可能となっている。

註3　上原六四郎＋市東謙吉『東京府学術講義 手工科講義録』（上・下巻、栄泉社、1888-89）同書は市東謙吉が上原の講義を筆記し、上原が校正したものとされる。その上巻、第1回講義は挨拶にはじまり、講義計画そして、手工教育の必要性を海外の状況から説明している。下に引用した文章などからも、「工芸」及び「工業」の意味や領域の混同状況が読み取れる。

　　　右にて手工教育の沿革はお分かりになりましたらふから是よりは手工教育はどうして教育の一部中に加へばならぬか、又どういふ事から起りて来たかを調ぶるのが大切でございます、即ち其の起りて来た原因には大畧二つあることと思います、一つは普通教育の一点より考を起こしたのでその他の一つは工藝上、国の経済に関して、是非国を富まさねばならぬと云う考から原因して参つたのであります、殊に方今の如く西洋人が気違の如くに此の事を主張するのは第二の原因即ち殖産興業の競争が大に興りて力あるをは勿論であります、就てはここに工藝競争の沿革を述べませう、

　　　　　　　　　　　　　　　　　　　　（『東京府学術講義 手工科講義録』上巻、p.10）

註4　手島精一は、東京教育博物館長、東京工業学校校長を務めている。東京工業学校の後身である東京工業大学には、現在、「手島精一記念研究賞」が設立されている。

註5　後藤牧太は、東京師範学校教師から東京高等師範学校教授となり、小学校理科の国定教科書の編纂も行っている。

註6　野尻精一は、母校である東京師範学校の校長、文部省視学官、奈良女子高等師範学校初代校長を務めている。

第4節　小学校手工科の普及と確立

加設科目手工

　1886（明治19）年の「小学校令」（p.100参照）において、「高等小学校」の加設科目として設置された「手工科」は、1890年の「小学校令改正」によって、「尋常小学校」においても加設科目となった。さらに、前節でも取り上げた通り、1891年の「小学校教則大綱」（p.103参照）では、「手工科」の目的と教授内容が次のように規定されている。

第十三条　手工ハ眼及手ヲ練習シテ簡易ナル物品ヲ製作スルノ能ヲ養ヒ勤労ヲ好ムノ習慣ヲ長スルヲ以テ要旨トス

尋常小学校ノ教科ニ手工ヲ加フルトキハ紙、糸、粘土、麦藁等ヲ用ヒテ簡易ナル細工ヲ授クヘシ

高等小学校ノ教科ニ手工ヲ加フルトキハ紙、粘土、木、竹、銅線、鉄葉、鉛等ヲ用ヒテ簡易ナル細工ヲ授クヘシ

手工ノ品類ハ成ルヘク有用ナルモノヲ撰ヒ之ヲ授クル際其材料及用具ノ種類等ヲ教示シ常ニ節約利用ノ習慣ヲ養ハンコトヲ要ス

　しかし、技術教育の性格が強い目的と内容を以て成立した手工科は、明治期の尋常小学校においても高等小学校においてもなかなか定着をせず、明治30年前後には、教科としての廃止論さえ聞こえるような状況にあった。その理由としては、前節にも示したが、普通教育の科目として理解されたり、農業や商業と同列の実業教科、もしくは職業教育の1つとして扱われたりするなど、その位置づけの曖昧さとともに、学校運営上の経済的負担に起因するところが大きい。また、手工教育の指導者不足もあった。このような状況を、阿部七五三吉（図画手工教育者、1874-1941）はその著書『手工教育原論』（培風社、1936）に次のように書き記している。

第四篇　日本手工教育史
第二章　普通教育の教科としての手工教育創業時代
第一節　高等小学校に手工科を加ふ
（中略）この手工教育も種々な事情や誤解などが因となつて、漸次創始者たる森

文部大臣の意図（註1、筆者）に遠ざかり、何時しか職業的器械的教授の色彩を帯びるに到つた。そして地方によつては、手工の成績品を売却することを目的とする学校をも生じるに到り、遂に手工科を職業教育の如く収益を目的として加設する傾向も現はれるに到つた。その結果、製作の過程に於ける教育的価値等を考へる者は少なく、収益を目的とした教案が尊重せられるやうになつた。こうして教材は遂に分業化し、職工の仕事と何等異ることなく次第に教育的立場より遠ざかるやうになつたところも出来た。某地方に於ては、素焼きの上に絵附を課して工賃に替へたり、状袋貼をさせて工賃を得ることを目的とするようになつた。明治二十五・六年頃の小学校の手工教育は多くこの弊に陥つてゐた。併し児童の製作した成績品を積極的に売却しようとしても買人がなかつたり、或は買人はあつても値が廉くて収支償はず、随つて収益を目的として加設した手工に於ては、常に欠損の報告をしなければならない状態に立ち到つた。ここに於て手工科は教育に理解のない当時の町村長に著しく無用の教科たる感を与え、手工教育に対する非難の声は何時となく各地方に擡頭した。そして明治二十年後四・五年間は頗る盛であつた手工教育も、全く一時の夢となつた。

（『手工教育原論』pp.373-374）

　また、1897（明治30）年には、手工を担当する教師にとって情報提供機関であり研修の場でもあった「手工研究会」（註2）が休会している。教員養成では、1899年に設置された「東京高等師範学校手工専修科」は上原六四郎（p.99参照）と岡山秀吉（ひできち）（手工教育実践研究者、1865-1933）がその指導を担当したが、あまり学生は集まらず、1901（明治34）年に第1回卒業生を出した後は中断している。

　さらに、1900年の「小学校令改正」をうけた「師範教育令」改正の議論の中で、各地の師範学校校長を中心として「手工科」不要論が噴出し、一時「手工科廃止」を議決している。しかし、これについては、前述の手工専修科学生をはじめとして、現場教員からの猛烈な反対があり、廃止とはならなかった。

手工教科書

　このような中、文部省は1901年、『手工教科書』の発行を計画し、それを上原と岡山に委嘱している。これまで図画教書は数多く出版されているが、『手工教科書』は教師用が8種ほどしかない。このときも教師用ではあるが

準備を3年ほどかけ、1904年に『小学校教師用手工教科書・甲』『同・乙』『同・丙』『同・丁』（文部省、大日本図書）が刊行されている。同書はこれ以後の手工科授業の基準的な存在となり、その実利的技術教育と手と眼の練磨を中心とする理論とともに、簡単なものから複雑なものへ、平易なものから高度なものへと整理された教材の配列や各種用具の取り扱いに至るまでが網羅されている。そして、1903（明治36）年から4年間にわたって開催された「文部省主催中等教員手工科夏季講習会」では、上原や岡山が講師を務めるとともに、講義や実習では同書の草案並び同書を用いている。

　また、4編の構成は『甲』において「緒言」「凡例」にはじまり、「尋常小学校第1学年」「同第2学年」の内容を示し、『乙』では「同第3学年」「同第4学年」と、付録として「課題配当表」を付している。次の『丙』からは高等小学校に入り、『丙』には「高等小学校第1学年」「同第2学年」の内容を、『丁』には「同第3学年」「同第4学年」の内容と『乙』と同じ「課題配当表」を掲載している。さらに、『甲』の凡例には「手工教授の目的」「手工教材の選択」「手工教授の方法」が次のように示されている（pp.1-5）。

手工教授の目的
手工教授は眼及び手指を練磨し簡易なる物品を正確に製作するの技能を得しめ、工具の構造及び使用、材料の品類及び性質に関して日用普通の知識を授け、更に図画、理科、数学等に関する事項を実地製作の上に応用して工夫創造等の能力を増進し、且審美の情及び実業愛好の念を涵養し兼ねて綿密、注意、秩序、整頓、節約、利用、忍耐、自治等の習慣を得しむるを以て目的とす。

手工教材の選択
手工教授の目的とする所前述の如くなるが故に、その教材は狭き範囲内に於てよりは寧ろ広き範囲内に於て選択して、成るべく種々の材料及び工作法に接せしめて技能の一般的基礎を養成せんことを期したり。而して幼稚園の手技に於けるが如き最も簡易なるものより漸次実用的の複雑なるものに及ぶの趣旨により色板排、豆細工、粘土細工、折紙、切貫、紙撚、結紐、厚紙細工、製本、縫取、竹細工、木工、金工及び鋳型細工を選択せり。これ（,）これ等の諸細工には各特色ありて而も互に相連絡し依て以て手工教授の目的を達するに甚だ便利多きを認むればなり。これ等諸細工より教授題目を選定するにつきては、児童の経験界に鑑みて、彼等が日常接触してその観念の明瞭にして且興味に富めるものに求めたり、而して尋

第4節　小学校手工科の普及と確立　113

常小学校に於ては図画、算術及び国語中の形体に関する事項に連絡し、高等小学校に於ては尚更に用器画、理科、地理等に連絡して、或はこれ等の教科に於て与へたる知識を実地の製作に応用せしめ、或は工具の構造（、）使用、材料の品類（、）性質及び実地製作につきてこれ等の教科に関する知識を授け、兼ねて小学教育上必要にして而も現時の実況に於ては欠如する所の幾何学の観念を供給し、同時にその応用を知得せしめんことに注意せり。

手工教授の方法
既述の如く手工教授の目的は単に物品製作の技能を得しむるに止まらず、或は工具の構造使用に関し、或は材料の品類性質につき、或は理科、算術等につきて新なる知識を授け、又は既得の知識を鍛錬し、或は単に技術の練習のみを行ふ等種々の場合あるが故にその教授の方法も場合によりて異なるを要す。随て本書に於ても種々の方法に依りたるものありと雖も、もと本科は技能科に属し既得の観念を製作上に発表せしむるを以て旨となすが故に概ね左（下）に準拠して三段に行ふを可とす。
一　準備　目的の指示に次ぎて実物模型図画等を提出し、談話或は問答に依りて製作物の形状、構造、用法等に関する観念を明確にし、次に教師自ら工作を実地に行ひ示して工具の使用法及び製作の順序方法を明ならしめ且工具を整へしむ。
二　実習　児童をして前段に於て授けたる順序に依りて実習せしむ。教師はこの間絶へず机間を巡りて各児を指導し、特に工作を誤るもの或は姿勢の正しからざるものに注意を与へ、全体に渉れる事項あるときは、教壇に登りて一般に指導す。
三　成績の処理　児童の製作したる物品はこれを批評し訂正し、或はその一部を修正せしめ、或は全体を改作せしめて、完全に製作し得るに至らしむ。蓋し手工教授は単に製作の順序方法を了解せしむるを以て足れりとせず、成るべ（く）技術に熟せしめて美的に製作し得るの域に達せしめんことに務むるを必要とす。

　これらの目的や方法などから読み取れるのは、技能習得を中心としながらも、普通教育たる「手工科」として、実地製作を通して、「工夫創造等の能力」や「審美の情」「実業愛好の念」などの育成を期待していることである。また、他科目との関連も重視しており、さまざまな知識の総合的な活用と確認なども「手工科」の重要な要素として位置づけていることは、普通教育としての位置づけの理由として注目する必要がある。しかし、その内容を見ていくと、現在の「小学校図画工作科」における「工作」、中学校美術科にお

ける工芸（註3）とはかなり違ったものとなっており、高等小学校高学年の内容は現在の「中学校技術・家庭科」における技術分野と連動するものである。

『丁』の巻末には、下のような各教材の配当表（註4）が添付されている。

計	鋳型細工	金工	木工	竹細工	縫取	製本	厚紙細工	紐結	紙撚	切貫	折紙	粘土細工	豆工	色板排	細工別	学年及学期
三二												一〇	一二	一〇	一	尋常小学校 第一学年
三〇											一〇	一〇		一〇	二	第一学年
一八												一〇		八	三	第一学年
三二										一六	一〇	六			一	第二学年
三〇							一〇		八			一二			二	第二学年
一八						八							一〇		三	第二学年
三二								一二	五			一五			一	第三学年
三〇								一五	五		一〇				二	第三学年
一八					一〇						八				三	第三学年
三二										一八		一四			一	第四学年
三〇					二〇（女）		二〇（男）			一〇					二	第四学年
一八					一八（女）		一〇（男）			八（男）					三	第四学年
三二							二二			一〇					一	高等小学校 第一学年
三〇				一八			一二								二	第一学年
一八							一八								三	第一学年
三二			一〇				一二					一〇			一	第二学年
三〇			一〇				一一		九			一〇			二	第二学年
一八			八	一八											三	第二学年
三二			三二												一	第三学年
三〇			三〇												二	第三学年
一八			一八												三	第三学年
三二		一六	一六												一	第四学年
三〇		三〇													二	第四学年
一八	一八														三	第四学年
	一八	四六	九六	三九	三八	二八	九三	四五	一八	四六	三八	九七	四八	二八		計

（第一号）　多級制尋常小学校第一学年乃至高等小学校第四学年　課業配当表

この表を見ると、時間数を比較的多く配置しているのは「粘土細工」「厚紙細工」「木工」であり、「木工」を手工教育の中心的な素材とすることについては、前節で示した通りである。尋常小学校段階では図形などの認識を高めるような内容が多く、それらを系統的に学習することで、高等小学校の「竹細工」「木工」「金工」へと繋げる配置が取られている。

　一方、高等小学校第3学年及び第4学年の内容を提示している『丁』の内容を見るならば、現在の「中学校技術・家庭科、技術領域」における「材料と加工に関する技術」と重なっており、課題によってはかなり高度な技術を要するものもある。

　たとえば、『丁』の「巻八」は「高等小学校第4学年」を対象としたものであるが、その「第一編、第一学期、第二章、金工」の「第二百四十九課」は「漏斗」となっており下に示すような解説図を掲載している。この「漏斗」製作では、板金を切断、加工し2種類の円錐状の筒をつくることもかなり高度な技能を要するが、さらに、蠟づけや研ぎなども課している。

　尋常小学校第1学年の「色板排」による形や色の理解にはじまり、高等小学校第4学年の「鋳型細工」まで、全体として技術、技能教授の性格の強い「手工科」であるが、普通教育としての理念とともに、この教科書の刊行に

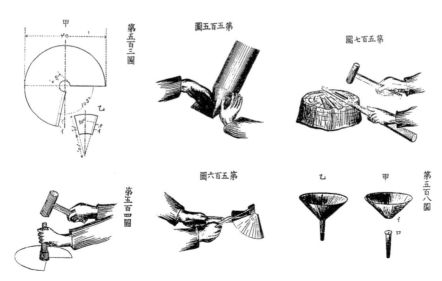

『小学校教師用手工教科書・丁』第二百四十九課「漏斗」製作解説図

116　第3章　手工教育の変遷

よって、その構造は完成したと言える。しかし、手工が国民的理解を得て普及していくには、まだ困難な状況にあった。

註1　1887（明治20）年の上原六四郎らが講師を務めた「夏季文部省開催手工講習会」において、当時の文部大臣森有礼（もり・ありのり）（外交官・政治家、1847-1889）が次のような訓示を行っている。

手工農業ノ学科ハ（中略）之全ク児童ヲ勤労ノ習慣ニ養成シ、其長スルニ及テハ以テ独リ其一己人ノ自保自治ヲ得ル為ノミナラス其家族親戚朋友同郷及国民ノ為其仁情義気ヲ尽スニ足ルヘキ実力ノ基本ヲ得セシムルニアリテ即能ク国民教育ノ趣旨ヲ達センカ為ナリ（中略）此ノ農商工ノ三科ハ皆大ニ人生ヲ利スル処ノモノナルガ故ニ各小学児童ヲシテ各其歩ヲ得シムルハ甚希ハシキコトナリ殊ニ農業手工ノ両科ニ属スル実地訓練ハ別段頭脳ヲ苦シムルモノニアラズシテ反テ其筋骨ヲ強クシ其感官ヲ快クスルヲ得ルモノナレハ一日五時間ノ科業ノ外ニ於テ此ノ訓練ヲ課スルコト更ニ妨ケナカルヘシ

（『工作・工芸教育百周年記念誌』工作・工芸教育百周年の会、1986、p.7）

註2　手工研究会は上原六四郎が講師を務めた1888（明治21）年、翌1889年に開催された東京府手工科講習会の受講生有志を発起人として組織され、上原を会長として毎月1回の例会を開催し、研修研究に取り組んでいた。しかし、「手工科」の普及が思うに任せず、1897（明治30）年からは参加者も少なく休眠状態となったが、1906（明治39）年より再び上原を会長に「日本手工研究会」として再開され、翌1907年からは、機関誌『手工研究』を発刊するに至った。

註3　同書が刊行された1904（明治37）年当時は、1900年改正の「小学校令」下にあり、その第十八条には、「尋常小学校ノ修業年限ハ四箇年トシ高等小学校ノ修業年限ハ二箇年、三箇年又ハ四箇年トス」となっている。すなわち、当時の高等小学校第4学年は、現在の中学校第2学年に相当する。

註4　同表では、各学年とも第1学期を16週、第2学期を15週、第3学期を9週と想定し、毎週2時間の授業設定となっている。
　　尋常小学校第4学年第1学期までは、男女とも共通の課題とされているが、第2学期には、男子に「厚紙細工」を、女子には「縫取」を課し、第3学期には男子「切貫」と「厚紙細工」に対して、女子「縫取」のみとし、高等小学校での男子「手工科」、女子「裁縫科」へと続くことになる。
　　なお、原本の表には各課題の教授順も示されているが、ここでは省略している。

第5節　岡山秀吉と阿部七五三吉の手工教育

手工教育の状況

　前節の『小学校教師用手工教科書』（文部省、大日本図書、1904）の編集は、上原六四郎とその教え子である岡山秀吉によってなされたが、岡山は次の時代の手工教育のリーダーとなっていく。本節では、明治末期から昭和初期までの手工教育における思潮を岡山と、さらにその後を受け継ぐ阿部七五三吉（p.111参照）の教育論の変化を中心にして見ていくことにする。

　「手工科」の状況は、『小学校教師用手工教科書』によって、教科としての方向性が明らかになったこともあり、手工科を加設する学校数は増加していく（註1）。1906（明治39）年には東京高等師範学校に図画手工専修科が設置され、一時中断していた「手工研究会」が「日本手工研究会」（p.98参照）として再開され、1907年からは機関誌『手工研究』を刊行した。

計	手工	裁縫	体操 唱歌	図画	理科	地理 日本歴史	算術	国語	修身	教科目／学年
二一	—	—	四	—	—	—	五	一〇	二	第一学年
二四	—	—	四	—	—	—	六	一二	二	第二学年
男二七 女二八	—	女一	三一	一	—	—	六	一四	二	第三学年
男二七 女二九	—	女二	三一	一	—	—	六	一四	二	第四学年
男二八 女三〇	—	女三	三二	男一 女二	二	三	四	一〇	二	第五学年
男二八 女三〇	—	女三	三二	男二 女一	二	三	四	一〇	二	第六学年

義務教育6年制定時の尋常小学校各科目授業時数

また、同年の「小学校令改正」によって、義務教育が6年に延長され、それに伴い手工科を加設する学校も増加の傾向が生じた。この義務教育6年制の背景には、1900（明治33）年からの就学義務規則の厳密化や授業料の原則廃止などによって就学率が急激に上昇し96％になっていたことや、1904年、1905年の日露戦争後の国民教育整備、拡充政策との関連などがある。このことについて阿部七五三吉は著書『手工教育原論』に、「日露戦争後の教育は、義務教育年限の延長といひ、設備に費用を要する手工教育の奨励といひ、実に英断的な改革と云ふべきで、これによって手工科は画期的の発展を遂げたものであった。」（p.393）と書き残している。また、1907年には、女子師範学校でも必修として「手工」が加えられるとともに、全国で教員を対象とする手工講習会が数多く開催されている。

　しかし、膨大な戦費によって圧迫された国家財政の立て直しや新たな社会風潮などを背景として当時の政権は安定せず（註2）、文部大臣の交代も相次ぐ中、1911（明治44）年の「小学校令改正」では、高等小学校の「手工、農業、商業の1科目選択制」が採用され、「手工科」も実業教育、職業教育としての位置づけが強化された。そのとき、商業には英語が組み込まれたため、英語の習得を目的とした商業選択者が増加し、再び手工加設校は減少している。また、1914年からは、財政難の煽（あお）りを受けて東京高等師範学校図画手工専修科は学生募集を停止した。そのような中、1913年に岡山は欧米留学より帰国し、児童中心主義教育論による新しい手工教育論を展開することになる。

計	英語	商業	農業	手工	裁縫	体操	唱歌	図画	理科	日本歴史（地理）	算術	国語	修身	教科目／学年
女三〇／男二八	—	二	二	二	女四	三	三	男二／女一	二	三	四	八	二	第一学年
女三〇／男二八	—	二	二	二	女四	三	三	男二／女一	二	三	四	八	二	第二学年

1907（明治40）年の高等小学校各目授業時数（『学制百年史』より）

岡山秀吉の手工教育

　岡山は上原六四郎の高等商業学校附属商工徒弟講習所及び東京高等工業学校職工徒弟講習所（註3）時代の教え子であり、1899（明治32）年に東京高等師範学校の前身である高等師範学校手工専修科の主任教授として上原が着任したときには、同助教授として岡山を呼び寄せている。未だ「手工科」の位置づけが不透明で、まさしくその草創期にある時代に、岡山は上原を支えつつ、次代の手工教育の指導者として活躍していくことになる。

岡山秀吉

　岡山の手工教育論は、上原の下で手工教科書などを編纂している時代と、1911（明治44）年から1913年にかけての欧米留学後とでは、大きく変化をしている。まず、1908年に岡山が刊行した『小学校に於ける手工教授の理論及実際』（宝文館）は、文部省より委嘱され上原とともに執筆しているが、これは1904年に刊行された『小学校教師用手工教科書』（p.113参照）の解説書とも言うべきものである。内容は、「手工教授の歴史」でコメニウス（モラヴィア、教育学者、1592-1670）を紹介するところからはじまり、「手工教授の教育的価値」「手工教授の目的」「手工教材の選択」「手工教材の排列」「手工科と他教科との関係」「手工教授の方法」「手工教授の設備」「手工科実施方法及経費」「手工教授上の注意」の章だてによって、当時の手工教育の全体像を理解できるようになっている。ここでの岡山の手工教育論を端的に示すものとして、「第三章 手工教授の目的」と「第四章 手工教材の選択」から一部を取り上げてみる。

第三章　手工教授の目的
（中略）手工教授の目的を簡単に言ひ表はせば、左（下）の如くである。
手工教授は、物品を製作するの技能を得しめ、同時に手と眼とを練習し、兼ねて各種工業に関する初歩の知識を授け、社会的、審美的感情と、実業に対する趣味とを涵養し、且勤勉・労働・自治等の習慣を得しむるを以て目的とす。

第四章　手工教材の選択

第一　教材選択に対する著者の意見

（中略）

1. 細工の種類は、成るべく多様なること（解説略）

2. 児童の心理的要求に合すべきこと（解説略）

3. 児童の身体発達（力量 熟練）の程度に合すべきこと（解説略）

4. 美術的要素に富めるものたるべきこと（解説略）

5. 郷土の職業に関係あるものに重きを置くべきこと（解説略）

6. 製作品（細工の種類及教授題目）は成るべく少数模式的のものたるべきこと（解説略）

（『小学校に於ける手工教授の理論及実際』pp.37-43）

　これらを総覧するならば、上原らがフランスの手工教育やスロイド（p.104参照）などから学んだことを基に総説した手工教育を継承し、当時の教育論を総括しているように読み取れる。しかし、児童の要求や発達の状況を見定めることを教材選択の上位項目としている点や、「4.美術的要素に富めるものたること」の解説では、「製作上に想像・意匠を用ひ、図画科と相俟つて美術工芸に対する素地を与ふることに勉むべきである。」としているところは上原の技術教育の性格が強い手工教育論からさらに、現代の主体的造形活動としての工作・工芸教育に近づいている感がある。

　しかし、岡山が欧米留学中、特にアメリカで出会ったアメリカ式スロイドとも言うべき教育は、工業国を支える人材育成としての教育であった。アメリカはスロイドを熱心に学んだ国の1つである。アメリカの教育はプロテスタントの教会が支えてきた歴史があり、アメリカの教育関係者と教育的スロイドの提唱者であり、ルター派の牧師でもあったオットー・サロモン（p.105参照）との関係も良好であった（註4）。さらに、1990年前後のアメリカは、機械化による産業の拡大によって、まさに欧米を凌ぐ程の工業国としてその国力を増大させていた。特に第一次世界大戦後は、ヨーロッパが疲弊したのとは反対に、世界第一位の工業大国となっていくのである。そして、その工業大国として成長拡大するアメリカを支えたのは、世界中からの多数の移民たちであった。彼らがアメリカ市民として生きるための職業教育や技術教育は重要な課題であり、そこではスロイドとともにロシア法（デラ・ボス法）（註5）も導入され、当時の機械式工業生産技術と連動した教育が必要だったの

である。すなわち、「手工科」（Manual training）として導入されたスロイドが、多様な動力機械を導入した「産業科教育」（Industrial arts education）として再編され展開されていたのである。

　岡山が実際にアメリカで視察をした場所や学校については、『手工研究』等の教育関係雑誌への寄稿文や帰国後の著書『欧米諸国手工教授の実況』（教育新潮研究会、1915）、『新手工科教授』（東京宝文館、1916）などから確認できる。主なものとしては、サンフランシスコを皮切りに、「カリフォルニア州立大学スタンフォード大学」「カリフォルニア州立師範学校」「カリフォルニア州立手工中学校」「ユタ州立大学、同附属小学校、同附属中学校」「シカゴ大学、同附属小学校、同附属中学校、同附属手工学校」（註6）などがある。

　一方、岡山の留学期間は、欧米の教育界が伝統的教育を批判し、児童中心、経験重視を主張した「新教育運動」「新教育主義運動」と評される時代にあった。前述の岡山の著書『欧米諸国手工教授の実況』や『新手工科教授』の中には、「労作教育」のゲオルグ・ケルシェンシュタイナー（独、教育学者・教育実践家・教育行政家、1854-1932）（註7）、「プラグマティズム」のジョン・デューイ（註8）らの名前も登場し、岡山はアメリカ式スロイドを学びながら、同時に新しい教育思想も手にしていることがわかる。

　このような留学の成果を具体的に反映させたものとして『新手工教科書』（上・下巻、培風館、1927）がある。同書は、1926（大正15）年の「小学校令改正」によって手工科が高等小学校の必修科目となったことを受けて、師範学校本課第一部の教科用教科書として編集されたものである。著者は、岡山秀吉、阿部七五三吉、伊藤信一郎の東京高等師範学校教授陣3名となっている。その下巻「第二篇 手工科教授法、第五章 総論」中に、「教育の新思潮と手工科」「手工科の表現」「手工科表現の自由」の項目がある。ここにおいて、技術教育一辺倒ではない、現代の小学校図画工作科や中学校美術科、高等学校芸術科美術、工芸に通じる教科観の芽生えを読み取ることができる。以下にその一部を提示する。

教育の新思潮と手工科

　近年叫ばれた動的教育、自由教育、創造教育、勤労教育、芸術教育、体験教育、乃至実用主義、職業的陶冶主義等は、何れも皆従来の講演的教師中心の教育主義に反抗し、被教育者を中心とし、働かせることによつて学ばしむべきを主張して

居る。随つて各教科の学習をして、成るべく作業化しようと努めて居る。即ち現下の教育思潮は、製作することによつて、人間の諸能力を啓培せんとする、手工教育の教育的価値を証明したものと云つてよい。

手工科の表現

　手工科の表現は、その材料、その方法等、甚だ多種多様である。これを教育的立場から見れば、遊戯的表現もあり、学術的表現もあり、日常生活上の実用的表現もある。又これを産業的立場から見れば、地方産業と連関せる表現あり、副業と達関せる表現あり、家庭小工業的表現あり、大工場的表現もある。但しこれを手工科表現の本質より見れば、芸術的表現と科学的表現と科学的芸術的表現との三種となる。而して手工科の表現に於て、其の主とする所は、科学的表現と科学的芸術的表現との二つである。芸術的の表現も手工科の教育に於て、或る度まで努むべきは勿論であるけれども、これは寧ろ図画科に於て、より多く努力すべきものである。

手工科表現の自由

　手工科表現上の意匠は、高尚に陶冶せられたる情操と、用途についての明瞭なる知識に待つ所が多い。堅牢なる物品の製作は、一に物品構成上の科学的知識の応用に頼らなければ、これを適当に為すことは不可能である。故に手工科表現の自由を得るには、手工科表現上必要なる情操と、科学的知識との修養に努力しなければならぬ。

　尚又如何に高尚に情操は陶冶せられ、如何に物品構成上の科学的知識は豊富であつても、それを表現する技術が、それに伴はなければ、理想を実現することは不可能である。恐らくそれは適当に実現されることなく、空想として了るであらう。故に手工科の表現にあつては、思想感情の啓培をなすと同時に、必ず理想を実現し得べき技術の練習を怠つてはならぬ。而してこの技術修練の要件は、第一工具の構造・使用法・手入法上科学的知識に基ける取扱に熟練すること。第二材料の科学的性質を知得すると同時に、その性質に応じたる取扱の実技に熟練すること。第三科学的知識を応用して、物品を構成する実技に熟練することこれである。この三種の実技に熟達すれば、手工科の表現は自由にして、しかも甚だ容易である。

（『新手工教科書』下巻、pp.103-105）

　上記に示されている「表現」や「自由」の言葉は現代の造形美術関連教科で用いられているものとは意味が異なるところもあるが、留学前の『小学校に於ける手工教授の理論及実際』で示された教科観と比較するならば、第二

次大戦後の教育へと繋がる要素が提示されていると言えるだろう。一方、動力機械を積極的に導入するアメリカ式スロイドからの影響としては、同書下巻「第四篇 機械の使用法」において、動力機械としてのモーターまでを含めると14種の工作機械を図入りで示している。その項目は、次のようなものである。

第十七章　鋸機類
丸鋸機（サーキュラーソー）　帯鋸機（バンドソー・マシーン）　糸鋸機（ジッグソー）　金工枠鋸機（ハックソー）

第十八章　旋盤類
木工旋盤（ウッドレース）　旋盤附属品　木工旋盤細工法　金工旋盤（メタルレース）

第十九章　鉋削機
手押鉋機（ハンド・プレイナー）　成形機（シェイパー）

第二十章　穿孔機・板金工機械・刃物研磨機
揉錐機（ドリリング・マシーン）　板金工機械　刃物研磨機

第二十一章　動力機械装置

（節番号及び解説省略、『新手工教科書』下巻、pp.286-355）

揉錐機兼用足踏式糸鋸機

　これらの内容を踏まえた上で、同書では手工科の目的を「一 物品製作の能を養ふこと」「二 工業の趣味を養ふこと」「三 勤労を好む習慣を養ふこと」の3点に集約することのできる「小学校令教則大綱」を尊重しつつも、それぞれの解説においては、岡山独自の論を展開している（下巻、pp.105-110）。

　「一 物品製作の能を養ふこと」については、第一に「創作力の養成」を示し、第二には「手と眼の練習」、第三には「材料、工具についての知識」をあげ、これらを実習によって学ばせることとしている。「二 工業の趣味を

124　第3章 手工教育の変遷

養ふこと」については、「国民一般の工業に関する知識技能を普及することは、近代教育思潮の一つである」と述べている。

また、「三 勤労を好む習慣を養ふこと」については、「児童の好むところを重視する」「体の運動と心的作用を一致させる」「自由を与え、自ら進んで反復実行させる」が示されている。これは技術教育者からすれば、社会の工業科に対応しわが国の工業国への進歩を想定した技術教育としての手工教育であるし、美術造形教育を論じる者からすれば、個人の創作能力や個性が教科目的の対象として明確化されたものと読むこともできる。

阿部七五三吉の手工教育

ここでは、この岡山の手工教育論と『新手工教科書』の共著者である阿部七五三吉の手工科教育論について比較しながら見ていくことにする。岡山と阿部は近い関係にありながら、阿部の手工教育論は岡山のそれとは一線を画すものとなっている。特に、「新教育運動」に対する姿勢には大きな違いがある。

阿部は、東京高等師範学校での岡山の後輩にあたる。ともに同校の教授として机を並べていた期間も長い。何より『新手工教科書』の共著者であるが、阿部が自身の手工教育論をまとめた『手工教育原論』（培風館、1936）には、岡山の「教育の新思潮と手工科」「手工科の表現」「手工科表現の自由」など「新教育運動」にあたる部分は見当たらない。正確には経験主義的な要素は手工科という教科性から本来的に示されているが、児童中心主義的思潮については、むしろ否定をしている。阿部は、山本鼎（かなえ）（洋画家・版画家・教育者、1882-1946）が提唱した「自由画教育論」（註9）についてもこれを激しく非難しており、阿部と山本の対立はつとに有名である。

大正期から昭和初期にかけては、「大正デモクラシー」と評される社会風潮の中で、「新教育運動」が日本国内でも広がりを見せさまざまな教育論が展開された。特に図画教育や手工教育は新しい芸術活動と相まって、子どもたちの創作を重視する教育運動

阿部七五三吉

が広がった。

　手工教育については石野　隆（手工教育家、1897-1967）の「創作手工協会」（p.131参照）や山本鼎の「工芸手工」論（p.134参照）などが知られる。これらに対する岡山の姿勢は、前記の「教育の新思潮と手工科」で示したように、寛容というよりもむしろ自らの教育観との関連を示唆している。これに対して、阿部の場合は、かなり痛烈な批判的態度を示している。東京高等師範学校での阿部自身の講義にも用いていたとされる『手工教育原論』から、該当の部分を取り上げてみる。

第二節　誤つた手工教育

　明治初年に於ける我が国の教育が、欧米教育模倣の教育、欧米教育追随の教育であつたことは、止むを得ないことで寧ろ賢明な教育方法であつた。けれどもこの欧米教育追随の教育は、日露戦役に依つて我が国が世界の一等国に躍進するに到つては、これを返上すると同時に、我が国家社会の実情に即した新教育を建設すべきであつた。然るにも拘はらず欧洲大戦による好景気に浮かされ、日本教育の建設はさて置き、過去の教育さへも打ち壊すに到つた。そしてその最も甚しきものは、自由教育運動であつた。この運動に依つて先づ動いたのが自由画教育運動で、この自由画教育運動の余波は手工教育界にも波及せんとした。併し手工教育はこれによつて甚だしい動揺を受けることはなかつた。図画教育界に於ては、過去の図画教育に模倣の図画教授方法が広く行はれたために、その反動によつて放任の自由画教育が流行し、この教授の形式は一部手工教育社会にも侵入したものであつた。

　次に起つた教育思潮は芸術教育運動であつた。この運動に依つて一時は教育即芸術などと称して、児童劇とか或は学校劇などと云ふものが盛に流行し、遂に文部大臣から注意を発せねばならぬ迄に進展した。手工教育に於ても、これによつて芸術手工などと称して、在来の手工教育を旧式だと称し、先から先へと目新しいことのみを教授する手工教育を唱導して騒いだ者もあつた。そしてその道動の結果は、途に人間を養成することを忘れ、何時しか、作品そのものに教授力を傾注するの弊に陥つた。加ふるに頻繁に開催せられる手工品展覧会は、益々作品中心の手工教育思想を増進し、手工教育によつて人間を養成することは全く忘れられた。

（『手工教育原論』pp.55-56）

当時、教育の最高学府として存在した東京高等師範学校の教授として、大正期から昭和初期の「新教育運動」の展開は、阿部にとって国家秩序を乱す混乱の火種と見えていた様子が伺える。阿部の『手工教育原論』そのものが、そのような混乱に対抗し、手工教育の秩序を示すことを目的として著わされていると言える。

　このような阿部の考えをさらに明確にしているのは、「第一篇　総論」に、「第一章　生物観」「第二章　人間観」「第三章　国家社会観」「第四章　教育観」を設定し、当時の国策追行のための国民育成論を展開していることである。また、手工教育の必要性を「心理的根拠」として、「注意集中の意力陶冶」「表現作業の意力陶冶」「勤務作業の意力陶冶」の精神論的根拠を掲げている。この論理の中に「児童中心主義教育」が入る余地はない。

　しかし、実際の指導方法や教材観については、オットー・サロモン（p.105参照）の手工教育説を基礎としており、これまでの内容と比べて大きな変化はない。ただし「手工教材取扱の原理は模倣と創作とにある」「模倣本能の発展を根拠とする」（『手工教育原論』p.275）として、模倣を排した安易な創作教育思潮に釘を刺している。

　岡山と阿部の手工教育論は実際の指導方法や教材などに大きな差は見られないが、その理念においては時代の風の変化を感じさせる。現代の教育観からすれば、硬直化したとも言える阿部の手工教育論は、大正から昭和初期の自由主義的な社会風潮に対する反動でもあり、やがて来るさらに硬直した国家体制下の教育を暗示するものであり、時代が阿部をして言わしめたものとも読むことができる。

　阿部は『手工教育原論』の付録に、「手工教育功労者」として上原六四郎、後藤牧太、岡山秀吉、手島精一、一戸清方（手工教育者、1856-1912、註10）、オットー・サロモンを取り上げ、それぞれの略歴や手工教育論、為人などを示している。その中で、岡山については約16ページにわたり、かなり詳細な官歴、著書年譜、文部省や東京高等師範学校を中心とする業績を掲載しているが、岡山の留学についてはその事実のみであり、岡山が持ち帰った新教育論などについては何も記されていない。

　時代は、1926（大正15／昭和元）年の「小学校令改正」によって、高等小学校における手工科必修へと移っていく。

註1　産業教育を専門的に研究した細谷俊夫（教育学者、1909-2005）による『技術教育概論』（東京大学出版会、1978、p.104）には、文部省年報を基にした「手工科加設小学校数一覧表」が示されている。

　　　また、山形寛の『日本美術教育史』（p.86参照）には、1902（明治35）年から1926年までの「手工科加設校増減表」が掲載されている。それによると1902（明治35）年には、尋常小学校及び高等小学校ともに、「手工科加設校」は100校に届くか否かの状態であったものが、1911年には、尋常小学校で9,000校、高等小学校で4,000校ほどになっている。しかし、文部科学省刊『学制百年史』によれば、1908年における全国の小学校は尋常、高等を合わせて22,000校あまりであり、「手工科」は急速に普及したが全体の半数程度ということになる。

　　　なお、山形の資料の数字的根拠は明示されていない。『学制百年史』は文部省学制百年史編集委員会が作成し、文部省編として1972（昭和47）年に刊行したもので、1992（平成4）年にはその続編にあたる『学制百二十年史』が刊行されている。また、ともに現在の文部科学省ウェブサイトで公開されている。

年次	尋常小学校	高等小学校	合計
明治28	64	17	81
29	48	42	90
30	87	19	106
31	15	23	38
32	15	39	54
33	24	9	33
34	18	23	41
35	65	30	95
36	68	103	171
37	374	531	905
38	1,431	1,006	2,437
39	1,964	1,258	3,222
40	2,827	1,550	4,377
41	5,359	2,222	7,581
42	7,242	2,110	9,352
43	8,497	3,974	12,471
44	8,961	4,046	13,007
45	9,302	2,348	11,650
大正2	9,220	2,139	11,359
3	9,003	1,823	10,826
4	8,869	1,686	10,555
5	8,850	1,619	10,469
6	8,660	1,559	10,219
7	8,659	1,459	10,118
8	8,015	1,468	9,483
10	7,605	1,399	9,004
11	7,596	1,392	8,988
12	7,651	1,514	9,165
13	7,660	1,541	9,201
14	7,932	1,752	9,684
15	7,641	(13,637)	(21,278)
昭和2	8,949	(18,102)	(27,051)
3	9,056	(18,300)	(27,356)
4	9,311	(18,388)	(27,699)
5	9,708	(18,443)	(28,151)
6	10,042	(18,461)	(28,503)
7	10,440	(14,064)	(24,504)
8	10,890	(14,096)	(24,986)
9	11,304	(14,158)	(25,462)

手工科加設小学校数一覧表

註2　当時の内閣の交代は次のようなものであった。

　　　第1次桂太郎内閣　　　　1901（明治34）年－1906（明治39）年
　　　　　　　　　　　　　　　日露戦争 ポーツマス条約
　　　第1次西園寺公望内閣　　1906（明治39）年－1908（明治41）年
　　　第2次桂太郎内閣　　　　1908（明治41）年－1911（明治44）年
　　　　　　　　　　　　　　　大逆事件 日韓併合条約
　　　第2次西園寺公望内閣　　1911（明治44）年－1912（明治45／大正元）年
　　　　　　　　　　　　　　　明治天皇没
　　　第3次桂太郎内閣　　　　1912（明治45／大正元）年－1913（大正2）年
　　　　　　　　　　　　　　　護憲運動

註3　1875（明治8）年に森有礼（p.117参照）が私設した「商法講習所」が、後に農商務省の直轄の「東京商業学校」（後の「東京商科大学」、現在の「一橋大学」の前身）となり、1886年には「商工徒弟講習所職工科」を附設としている。それが「高等商業

学校附属商工徒弟講習所」と改称し、そこで岡山は上原から手工の理論・工作法・工具を学んでいる。また、「同講習所」は1890年に「附属職工徒弟講習所」として「東京職工学校」（後の「東京工業学校」「東京高等工業学校」、現在の東京工業大学の前身）に移されており、その教師となった上原は、岡山を移籍させている。

註4　オットー・サロモンは、1888年に弟子のグスタフ・ラーソン（スイス、スロイド教育者、1861-1919）をボストンに派遣している。ラーソンは「スロイドのアメリカ大使」と呼ばれた。

註5　ロシア法（デラ・ボス法）は生産工程の作業要素ごとに教育訓練する方法であり、お手本としての完成品に向けて作業全体を学習するスロイドの教育方法とは対照的である。1868年にモスクワ帝国技術学校長であったヴィクター・デラ・ボスによって考案され、大量生産のための専門家教育方法として広くヨーロッパやアメリカに普及した。

註6　アメリカの手工学校については、「註1」に示した細谷俊夫が同じく『技術教育概論』において次のように解説している。

アメリカの技術教育運動は、職業教育を直接の目的とせずに、一般教育を目的とする手工教育の形態で、中学校を中心として開始された。その端緒をなすものは、一八八〇年にセントルイスにウッドワード C.M. Woodward（1837-1914）によって創設された「手工学校」manual training school であるが、この手工学校はアメリカの教育制度の間隙を充すものとして最初から歓迎を受け、その後、続々と「手工中学校」manual training high school が各地に設けられるようになった。それとともに教育課程も次第に豊富となってきたが、一般の中学校が手工実習とくに木工実習を採用するようになるとともに、手工中学校は漸次、職業教育的色彩を濃厚にするようになった。

(『技術教育概論』 p.69)

註7　ゲオルグ・ケルシェンシュタイナーは「労作教育」を提唱したことで知られる。主な著書として『Begriff der Arbeitsschule』（1912、日本語版：東岸克好訳『労作学校の概念』玉川大学出版部、1965）がある。

註8　ジョン・デューイは「プラグマティズム」の大成者とされる。主な著書として『The school and Society（学校と社会）』（1899）、『The child and the Curriculum（子どもとカリキュラム）』（1902）、『Democracy and Education（民主主義と教育）』（1916）がある。

註9　山本鼎と美術教育
　　1978（昭和53）年11月11日、長野県上田市の神川小学校で創立80周年記念式典が行われた。そこでは山本鼎顕彰碑の除幕も行われた。その碑には山本鼎の「自分が直接感じたものが尊い　そこから種々の仕事が生まれてくるものでなければならない」のことばが刻まれている。
　　山本鼎（1882-1946）は、洋画家、版画家として知られている。特に木版画においては、浮世絵版画のようなこれまでの分業制とは違って、作家自らが描き、彫り、摺る創作版画を石井柏亭らとともに提唱した。また山本は、ヨーロッパ留学とロシア滞在中の知見から、図画教育や手工教育について1917（大正6）年以来、教育界に対して貴重な提言をし、その影響は瞬く間に全国に波及している。この山本が提唱した美術教育が「自由画教育運動」である。模写による図画教育を否定し、子どもが自ら観察したものを描くことを保障する「自由画教育運動」は、大正期の自由な社会的気運とも重なり、

第5節　岡山秀吉と阿部七五三吉の手工教育　　129

全国に多くの美術教師の支持を得て広がっている。その内容は山本の著書『自由画教育』
（p.311参照）に詳しい。

（大坪圭輔『美術教育資料研究』武蔵野美術大学出版局、2014、p.301）

註10　一戸清方は、1890（明治23）年に手島精一が学校長を務める東京職工学校附属職工
　　　徒弟講習所（註3参照）に入り、その後東京工業学校助教授などを務めた。その手工
　　　教育論は、国民教育としての手工教育であり、その内容は技術教育に力点を置いた
　　　ものとなっている。その論説の集大成である『日本手工原論』（成美堂、1907）の冒
　　　頭には、次のような記述がある。

　　　手工ハ手芸ナリ、教育ノ原理ニ拠レル手芸ノ訓練ナリ。手工教育ハ、工場教授ノ方法ヲ
　　　カリテ、身心ヲ活動セシムルモノナリ。児童ハ是レニ由リテ精神ヲ融和シ、自ラ能ク労
　　　シ、脳ト眼ト手トノ自然的膨張発展ヲ為シ、注意、勤勉、秩序、自重、自治、忍耐ノ力
　　　ヲ養ヒ、且ツ審美ノ情ヲ陶冶シ得ル。

（『日本手工原論』p.17）

第6節　自由主義教育における手工

石野隆「創作手工」

　ここまで第3節から第5節にかけては、上原六四郎、岡山秀吉、阿部七五三吉の3代にわたる東京高等師範学校における手工教育の動向を示した。その中で特に第5節では、阿部が大正から昭和初期にかけて広まった新教育思潮を背景とする自由主義手工教育を鋭く非難したことをその著作から見てきた。ここでは、東京高等師範学校という文部省直属の公的機関による手工教育ではない、そして阿部が非難した、まさしく新教育思潮を受けた自由主義手工教育の主張を見ていくことにする。具体的には、石野隆（p.126参照）の「創作手工協会」と山本鼎（p.125参照）の「工芸手工」論を取り上げる。また、創作手工や芸術手工による子どもたちの実際の作品がどのようなものであったのかも比較検討する。

　まず、「創作手工協会」は石野隆ら東京美術学校師範科出身者を中心として1923（大正12）年に結成されている。彼らは、当時の東京美術学校校長正木直彦（p.50参照）や民衆娯楽研究など社会教育で知られる権田保之助（社会学者、1887-1951）、自由画教育運動及び「工芸手工」論の山本鼎らの賛同を得るとともに、染織工芸家である広川松五郎（1889-1952）、服飾研究の今和次郎（民俗学者、1888-1973）、彫金家の高村豊周（1890-1972）らの支援を受け、子どもたちの自由意思による創作を旨とする手工教育を提唱した。その中心的存在であった石野隆は、神奈川師範学校を卒業して横浜本町小学校訓導となったが、再び東京美術学校で学び、浅草区専属小学校訓導、池袋児童の村小学校専科教員などを歴任した。その創作手工論について、当時の教育誌上での阿部七五三吉との論戦は有名である。ここでは、石野の主張をその著書『児童美術創作手工の実際』（集成社、1923）から見てみる。

　石野の創作手工を一言で説明するならば、「自由製作による手工」（註1）ということになる。そして、図画と手工は一体であり、材料の違いだけがあるとした。その姿勢が明解に示されている巻頭文を取り上げてみる。

刊行に当りて

　教育と云うものをしみじみと考へた上で、手工と云ふ教科目は、被教育者に可成り重要な効果を齎せる、大切なものであると思はれる。処が現在の日本の普通

教育では、女学校に手芸科として、極く一小部面の仕事を課して居る外、小学校では選択学科である。しかもその現状を看ると、遺憾ながら余りに忘れられて居ると、慨嘆し度い程振つて居ない、多くの教育者達から顧みられて居ない。

その理由は何処にあるのか？………それは色々の理由があらう。然し手工科そのものに罪があるのだとも考へられる。

自分は、教育と云うものを真剣に考へた上で、この働の多い有効な教科目をもつと立派な熱のある、多くの教育者達からも顧みられるものにし度い。

（中略）

その為めに「創作」と云ふ二字が附け加へられた。その理由は、手工科は単に巧みに物品を製作させるだけで、あり度くないと思ふ。教育的にあらゆる物質、物象を知覚し味はせるに、これ位都合のよい教科はない、その点に力を注ぐことと、もう一つは感情の表現、詰り趣味教育の方面からも、大に忘れられないものであると云ふ点に立脚する。児童の創作活動が教育に取入れられねばならぬ理由は、此処に改めて云ふまでもあるまい。

その経過は、図画科で自由画が称導されたのにも似て居る。従つて第一に肝要な点はその精神で、それを了解して貰へれば、他の部分は附けたしで、必要がないと云つてもよい位である。

（中略）

敢て云ふ、手工科は或種の技術の方法を、児童に伝授するのみのものであつてはならないと。

（『児童美術創作手工の実際』pp.1-3）

これらを読むと自由画教育運動の手工版とも理解できるが、山本鼎の自由画教育論との違いは、石野ら創作手工の主張者が、学校現場における手工教育実践者、手工科教師たちであることである。次に取り上げる同書「二　手工科の真使命」中の「4　特別な教科ではない」からは、児童の創作活動に対する実感がうかがえる。

もう一つは手工をお嬢さん芸か何かのやうに考へて、寄ると触ると「アブナイ」「キタナイ」「ヤカマシイ」の三語の中のどれかを持出して来る、そして厄介視したり白眼視したりする、これはする方の誤りで、斯うした教育者が過去にあつたのかと思へば腹も立たなくなる。由来教育と云ふものの上に、絶対的な根強さを持たない時代にあつては、詰まらない様なことにも教育者はビクビクした。

斯う云ふ滑稽な話がある。或学校で以前は粘土細工をやつて居たのだが、或る時学校の学務委員だか有力者だかの子供が、衣物をよごして帰つたら、その学務委員だか、有力者だかが学校へ苦情を持ち込んで来たので、それ以来粘土細工は止めたと云ふのだ。斯うなつては教育の効果も疑わない訳には行かない。又校長なら「アブナイ」平訓導なら「ヤカマシイ」を必ず云ふものに決まつて居る。それならいつそ何もさせずに置いた方がよい。

　然しその「アブナイ」ことが、「キタナイ」ことが、「ヤカマシイ」ことが、愛する子供達の為めにどれ程結構な血となり肉となることかと思つたら、それ等の忌はしい言葉は、跡方もなく消えて行くだらう。

　子供だとて故意に手を切ることは好まない。又「キタナイ」ならばそれをよく処理させること、「ヤカマシイ」ならば「ヤカマシイ」だけの効果、それ等を今少し親切に考へたなら苦情はなくなる、いや事実そんなに色々の問題が起るほど、それ程手工は、教科として子供達に有益なものであることを、逆に考へられもする。教育と云ふものを講義式注入式なものとのみ考へて居た人の眼には、如何にも特別なものと見えたらうが、今日ではさうした頭の持主には、時代は幾らか進み過ぎた。

（『児童美術創作手工の実際』pp.34-35）

　「七　教材例」では、「砂場遊び」にはじまり、「粘土に関するもの」「混合材料に依るもの」「染色に関するもの」「金工に関するもの」など、具体的な教材をスケッチ風の解説図とともに示している。それぞれは、一般的な小学校における指導者ならではの工夫や留意点が示され、まさしく明日すぐに役立つ教材集となっている。また、同書の口絵には創作手工の指導による小学生の作品の写真が掲載されている（p.138参照）。

　また、「九　手工科の鑑賞教育」では、これまでのお手本としての作品鑑賞ではなく、子ども自身の眼で鑑賞させることの大切さを説いている。鑑賞の対象としては、子どもの作品ばかりでなく、大人の作品でもよいとし、「二、三学年位までは、さう大して所謂美的約束などの含まれて居ない日常そこらに散在して居る普通の器物でも、それががさつでない器物なら、何を観せてもよい。」としている。そして、実物による鑑賞が掛図を用いるよりも有益であり、学校には手工の作業室と参考室があって、子どもたちの作品とともに鑑賞される器物も並べられるような環境を推奨している。

　創作手工協会は機関誌『創作手工と図案』を発行し、当初は200名ほど

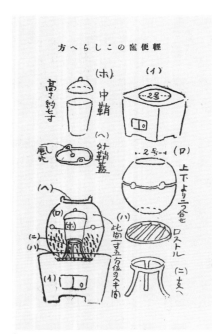

『児童美術創作手工の実際』に掲載された「軽便な楽焼窯のつくり方」

の会員がいたとされるが、結成後3、4年あたりからその活動ははっきりしない。1926（大正15／昭和元）年の「小学校令改正」によって、高等小学校においては手工科必修となったが、尋常小学校では時間数さえ明確でない加設科目の位置づけで、手工科を加設した学校数も約半数ほどであり（p.128参照）、全国的な規模での広がりという点では、自由画教育運動と比較してはるかに少なかった。しかし、その子ども自身による創作を主とする教育論は、戦後の民主主義教育を受け入れる土台の1つとして、教育現場に記憶されたと言えるだろう。

　さらに、特筆すべきこととして、関東大震災における石野らの活動がある。創作手工協会設立の年であり、『児童美術創作手工の実際』が刊行された1923年は、関東大震災が発生した年でもある。同書の付録として巻末に「大正の震災と創作手工教育」が記されており、そこでは震災で憔悴しきった子どもたちを、災害現場や焼け跡にある材料を使って、創作活動に向かわせている。創作活動が被災した子どもたちに生きる力を与えたであろうことは、2011（平成23）年の東日本大震災を経験した我々にとって、実感として理解できるものである。

山本鼎「工芸手工」

　山本鼎は創作手工のよき理解者であり、創作手工協会の顧問として名前を連ねている。山本は前述のように自由画教育運動（p.129参照）においてよく知られるが、その発祥の地である長野県の上田では同時に「農民美術運動」（註2）も提唱している。それらの論理から発展的に生まれたのが「芸術手工」論である。ここでは、『アルス大美術講座（第2巻）』（註3）に掲載された山本の「自由画・手工教育・農民美術」の文章から見ていく。

134　第3章　手工教育の変遷

山本は自説の「工芸手工」の解説の前に、当時の小学校で行われている手工には次の3種があるとしている。

A　教育的立場を理科的智能の啓発向上に置く手工
B　教育的立場を装飾的智能の啓発向上に置く手工
C　教育的立場を工作的娯楽に置く手工

（『アルス大美術講座（第2巻）』p.42）

　Aは、飛行機や水車、蒸留器、帆船等の製作を指し、物理等の知識をもって為すもので、物理の教師が担当するものとし、Bは形態美、模様美、色彩美、物質美、技巧美といった美術的価値を目指す手工とした。そして、粘土細工や木彫人形、蝋纈染、家屋模型などの具体的教材を上げ、工芸的知識をもって為す芸術教科とした。Cは玩具の手工であり、物理芸術の両方の知恵があるが、主として幼い児童を対象としており、まず楽しむことが大切であるとしている。また、当時の手工教育会の大家の「形態を工夫したり、模様を案じたり、色彩で飾ったりする事は手工の附属的学習であって、手工科の本義は鋸や鉋や膠づけ等、手技の熟練にあらねばならぬ」とする考えに対して、小学校の手工教育は手の教育ではなく、頭の教育であり、趣味の修養であると反論している。

　これらの「工芸手工」論の前に本論文では「農民美術」論を展開しており、その中で山本は工芸そのものを、芸術性を中心とする「純粋工芸」と経済的諸条件を考慮に入れた「産業工芸」、自家用の工芸とする「自用工芸」の三種に分類している。そして、学校の手工教育は「自用工芸」を目指すべきであると説いている。「自用工芸」は美術的価値と経済的価値から成立する「産業工芸」とは違い、いかに不細工であろうが、いかに独りよがりであろうが構わず、その面白味は、無邪気な独創にあるとしている。

　「工芸」の言葉の意味や指し示す概念が変化してきたことや、「工芸」という造形美術そのものの位置づけの変遷については、これまでも示してきたところであるが、この大正期から昭和初期の段階における山本の「工芸」についての理解は、山本独自の「工芸」の定義とはいえ、今日のクラフトやプロダクトデザインなどの領域とほぼ重なると考えられる。そして、このような「工芸」についての認識が当時の一般市民の中にどの程度浸透していたかは不明ではあるが、岡山秀吉や阿部七五三吉らの東京高等師範学校教授陣の思

考の中に、手工と「工芸」を結びつける発想はなかった。ましてや美術教育としての手工は、その教育論には存在しない。

　山本は農民美術に対する直接的な指導はしたが、子どもたちに対する手工教育を実践したわけではない。しかし、手工を工芸の教育、美術教育として考えるという視点を提示したことは、自由画教育運動とともに、戦後の民主主義教育における工芸教育、美術教育の母体となる重要な理念となった。

手工教育の改革

　ここで取り上げた「創作手工」や「工芸手工」と前後してこの時期には、手工教育の改革を提唱した人物として、横井曹一（手工教育者、1886-1965）（註4）や霜田静志（図画手工教育者、1890-1973）（註5）などがいる。横井は『手工学習原論と新設備』（東洋図書、1927）などの著書で、「自律的作業」による製作を主張し、「自らの考案着想によって自発的に創作する」ことの重要性を説いた。

　また、霜田は「図画手工統合論」を展開している。著書『新教育に立脚せる図画手工指導の実際』（聚芳閣、1926）では、その冒頭にアーサー・ダウ（米、美術史・美術教育研究者、1875-1922）の総合授業案を示し、「美術教育の真の目的は、総ての人々に対する鑑賞力の養成である。」（p.26）との主張を紹介している（註6）。さらには、図画と手工を統合した「美術教育」を提唱しているが、その構成は「絵画、図案、工芸、彫塑、美術鑑賞」となっている。これは、やがて戦時体制の中で構成される「芸能科」そして戦後の「図画工作科」「美術科」を予見させるものと言えるだろう。

　さらにこの時期には、「図案」すなわち「デザイン」の学習についての主張が広がっている。その代表的なものとして、「バウハウス」（註7）の教育を参考にした川喜田煉七郎（建築家・インテリアデザイナー、1902-1975）、武井勝雄（小学校教員、1898-1979）の「構成教育」（註8）がある。「手工」が「工芸デザイン」による学習へと変質することにおいて、注目すべき内容である。なお、山本鼎は「自由画・手工教育・農民美術」の中で、すでに「デザイン」の用語（註9）を用いている。

手工科の子どもの作品

　本節で基本資料とした石野隆の『児童美術創作手工の実際』、山本鼎の「自由画・手工教育・農民美術」には、口絵としてまた本文中の図として、当時の子どもたちの作品写真が掲載されている。大正期や昭和初期の図画の作品は、実物や写真なども比較的多く残されているが、手工作品については数が少なく貴重である。

　さらにここでは、比較する対象として、後藤福次郎（美術教育活動家、1901-1975）が、1927（昭和2）年に設立した「学校美術協会」が1932年に開催した「全日本学校美術展」（註10）の『図画手工傑作集』（後藤福次郎編、学校美術協会、1932）に掲載されている手工作品の写真もあわせて掲載する。

　これらの作品を比較するならば、石野らの「創作手工」から、「全日本学校美術展」の傑作集掲載作品まで、約10年の開きがある。また、「全日本学校美術展」への応募が図画手工作品合わせて、39万点近くになることから、作品の洗練度においては明らかな違いがある。しかし、『児童美術創作手工の実際』の口絵作品には、まさしく子どもが発想し、自らの技能を生かしてつくり上げたという素朴さ故の力強さが感じられる。

　それに対して、「全日本学校美術展」の作品は、美しく整った形や色で表され、技術的にも優れている。その違いは、直接指導をしている子どもの作品群の範囲から選択されたものと全国規模の展覧会で選抜されたものの違いだけでなく、「全日本学校美術展」の場合、多数の審査員の眼を通す中で、ぎこちなさや粗さなど、本来的な子どもの造形が自然に持つところの要素が淘汰された結果であるとも言えるだろう。

　絵画においては、荒々しい筆使いや大人とは全く違った発想などによって表現される子どもの造形美、生命感、力強さなどは比較的たやすく大人たちに理解されてきた。そして、その子どもの美術や造形の価値を最初に世に問うたのが自由画教育運動であり、戦後間もなく紹介されたフランツ・チゼック（オーストリア、美術教育者、1865-1946）の実践（註11）であった。しかし、審査員として山本鼎や横井曹一、霜田静志らの名前がありながら、「全日本学校美術展」の作品には、子どもの美術が持つ荒々しいまでの生命感は感じられないのである。自由教育による手工を提唱する山本らが実際にどの程度審査に関わったかは不明であるが、主催者である後藤福次郎が、熱心な自由画教育運動の推進者であったことからすれば、これらの作品との落差は大きいものがある。

第6節　自由主義教育における手工　137

■ 『児童美術創作手工の実際』口絵

茶托・浮彫（尋常小五年、男子）

右：押絵の小箱（尋常小六年、女子）、中：木片人形（尋常小六年、男子）、左：毛糸針金人形（尋常小五年、女子）

チギリ貼紙（尋常小一年、女子）

■「自由画・手工教育・農民美術」図版

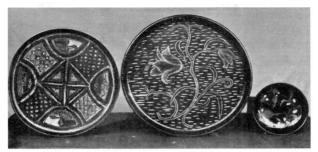

「木材本位手工」　左：尋常小四年、中：尋常小六年、右：尋常小五年

「木材本位手工」　左：轆轤細工（尋常小六年）、右：木片人形（尋常小六年）

「土材本位手工」　左：粘土細工三個（尋常小五年）、中：壺二個（尋常小五年）、右：人物（尋常小六年）

第6節　自由主義教育における手工　139

「紙材本位手工」左：厚紙細工・丸箱（尋常小五年）、右：厚紙細工・角箱（尋常小五年）

「紙材本位手工」縮緬紙人形（尋常小五年）

「布材本位手工」染織（蝋染）テーブル掛（尋常小六年）

■ 『図画手工傑作集』掲載作品

草花模様の盆
大阪市櫻宮小學校
高二　松浦千代子

出征軍人
東京市立早稲田小學校
尋五　小貫廣光

第6節　自由主義教育における手工　141

ツクエンド
岐阜縣駄知小學校高一 加藤富士雄

灰皿
栃木縣女子師範學校 一年 若林トヨ

海底
鹿兒島縣萬世小學校 尋五 田原博司

僕の家 廣島縣五番町小學校 尋五 渡邊守文

142　第3章　手工教育の変遷

丸木雛
岐阜県古川小學校 高二 横ノ江正雄

風俗人形角巻姿
樺太旭ヶ岡小學校 尋六 伊藤弘

卷煙草盆
新潟県枇杷島小學校 尋六 中村春治

壺
岐阜県駄知小學校 高二 酒井きよ子

草履
朝鮮三島高等實業女學校 尋四 小川副光子

第6節　自由主義教育における手工　143

それはまた、木材や粘土、繊維という物理的存在の上に成立する手工（工芸）の1つの本質でもある。物理的存在として自身と同じ空間に存在する物に対する場合と、絵画のように想像力によって共存するものに対する場合の人の感性の違いである。その物が機能という性格を持つ場合には、さらに現実的発想に人は左右されることになる。しかし、ここに、現代における工芸教育の可能性もあると言えないだろうか。今後の大きな課題である。

　山本の「工芸手工」論による子どもたちの作品には、明らかに農民美術作品との関連を見ることができる。農民美術そのものが、山本が見聞してきた北欧の工芸作品にその端を発しており、その強い美意識の下に指導、研究がされたという経緯からして、子どもの手工作品を見る山本の眼にフォークロア的な美意識が先行していたことは想像に難くない。しかし、ここに示した作品すべてに共通して言えることがある。それは、このどれをとっても技術教育研究者はその研究対象とはしないことである。すなわち、工作技術の問題より以前に、制作する子どもの感性こそが重要な教育課題となっているのである。期間は短くその影響も自由画と比べれば小さかったとはいえ、自由主義教育による手工改革によって、手工は現代の工作・工芸教育の祖となり得たのである。

註1　「制作」と「製作」の使い分けは諸説あるが、2008（平成20）年改訂の「小学校学習指導要領」における図画工作では、第3学年及び第4学年の鑑賞に「自分たちの作品や身近な美術作品や製作の過程などを鑑賞して」となっている。また、同年改訂の「中学校学習指導要領」の美術では、「制作の順序」の語句を示している。さらに、2009年改訂の「高等学校学習指導要領」における工芸Ⅰ、同Ⅱ、同Ⅲでは、すべて「制作」を用いている。一方、戦前の手工教育関係の書籍はほとんどが「製作」となっている。なお、広辞苑（第五版）では「制作」を「美術作品や映画・放送番組・レコードなどをつくること。また、その作品。」と解説し、「製作」は「ものをつくること。また、つくったもの。」としている。

註2　また、山本は同時に「農民美術運動」を提唱し実践している。この運動の契機についても、ロシア滞在中に興味をもったロシアの人形や什器等の木製品の収集に端を発したことが、彼の著書『美術家の欠伸（あくび）』（アルス、1921）に記されている。モスクワからの帰途、車中でたまたま出会った日本の林業に詳しい人から、それらの製品はドロの木（ヤナギ科の一種で現在も長野県上田の国分寺で正月に売り出されている"蘇民将来（そみんしょうらい）"は、この木でつくられている。）でできていると聞き、制作にあたっては高度な技術を要しないことなどを考え、帰国後、山本は神川村大屋で医院を開く父にその制作を勧めたり、以前より交流があった上田市の青年会の人たちに紹介したりした。農閑期を利用して収入を得、かつ美のある生活を提唱した彼の考えはやがて

実行に移され、1919（大正8）年に第1回の農民美術講習会が上田の神川小学校で行われた。それらは現在も当地を中心に手仕事の土産品、または木彫美術工芸作品として売られている。

（大坪圭輔『美術教育資料研究』武蔵野美術大学出版局、2014、p.301）

註3　1925（大正14）年から翌26年にかけて出版社アルスは、同名の『アルス大美術講座全10巻』を刊行しているが、同書はこれらを合本し、第1巻から第5巻を合本第1巻として、第6巻から第10巻を合本第2巻として1926年に刊行されたものである。この合本は、非売品であった。

　　　合本第2巻の内容は、山本の「自由画・手工教育・農民美術」にはじまり、美術史では「西洋美術史―古代」一氏義良（いちうじ よしなが）、「西洋美術史―近代」木村荘八、「東洋美術史―支那」金原省吾（きんばら せいご）などが掲載され、技法沿革史では、「壁画及フレスコ」「油絵」寺崎武男、「水彩」萬（よろず）鉄五郎、「東洋画」津田青楓（せいふう）、「西洋彫塑」保田龍門などが収録されている。

　　　なお、山本はアルスより『自由画教育』を1921年に刊行している。

註4　横井曹一は、静岡県師範学校を経て1914（大正3）年に東京高等師範学校を卒業し、名古屋市内の小学校で図画手工指導員となり、1919年からは奈良女子高等師範学校附属小学校に勤務した。

註5　霜田静志は、1912（明治45／大正元）年に東京美術学校師範科を卒業後、小・中学校教師を経て、1920（大正9）年には東京帝国大学で美学・心理学の研究を行っている。また、1921年からは大正期の自由主義教育運動の中心的存在であった澤柳政太郎（教育者、貴族院議員、1865-1927）によって創立された成城中学校に勤務し、美術教育の先進的実践を展開した。1928（昭和3）年には英国へ留学し、アレキサンダー・ニイル（英、教育家、1883-1973）に師事し、戦後はニイル研究で知られる。児童心理学の研究所を設立し、多摩美術大学教授等も務めている。

註6　アーサー・ダウは、アーネスト・フェノロサ（米、美術史家・哲学者、1853-1908）と師弟関係にあり、ジャポニスムの中にあってアメリカにおける日本美術の普及に大きな功績を残している。「フェノロサ・ダウ方式」と呼ばれる、日本美術研究から生まれた「線と濃淡の構図」による美術教育論を提案した。

　　　また、コロンビア大学教授となってから出版した『Theory And Practice of Teaching Art（美術教育の理論及び実際）』（1912）に、「Academic method」と「Synthetic method」を示し、これを霜田は「官学風教授」と「総合授業案」と訳し、普通教育においては「総合授業案」が相応しいとしている。

註7　バウハウスは、アンリ・ヴァン・デ・ヴェルデ（ベルギー、建築家、1863-1957）が1902年ワイマールに開設した工芸ゼミナールが、1906年には工芸学校となり、第一次世界大戦のためドイツを離れることになったヴァン・デ・ヴェルデが、その後をヴァルター・グロピウス（独、建築家、1883-1969）に託したことからはじまる。

　　　グロピウスはワイマールの工芸学校と美術学校を合併し、これまでにない造形学校として、1919年にバウハウスを設立する。バウハウスは最初国立であったが、次の移転先であるデッサウでは市立となり、最後のベルリンでは私立として運営されている。グロピウスが起草した「ワイマール国立バウハウスの宣言と綱領」では、芸術と生活の融合を掲げ、建築を諸芸術の中心とする理念と共に、造形活動における手工作を強調した。そして、その特徴的な教育課程は最初の半年が予備教育、次の3年が工房教育、最後が総合芸術としての建築を学ぶように構成されていた。

註8 「デザイン」の言葉が日本社会において一般的に認知され市民権を得るのは戦後のこと
である。しかしながら、そのデザインの活動が大きく展開するのは、関東大震災以降、
昭和初期における新しい建築デザインの動きであり、バウハウスなどでデザインを学ん
だ人々の活躍であった。一方、普通学における図画教育や工作教育におけるいわゆる
「図案」には、デザイン的な発想はなく、この構成教育の提案はその先鞭をつけるもの
として、大きな反響を呼んだ。なお本書は、学校美術協会出版部より刊行された。
　川喜田煉七郎（1902-1975）は、建築家、インテリアデザイナーであり、独自にバウ
ハウスを研究したデザイン教育者でもあった。また、作曲も行うなど多芸の人である。
東京高等工業学校（現東京工業大学）附設工業教員養成所建築科を卒業している。また、
武井勝雄（1898-1979）は東京美術学校を卒業後、熊本及東京で教員を務め小学校校
長、文部省教科研究委員などを歴任している。
　二人が構成教育で育むべきものとして示した「シュパンヌンク」（独 Spannung、
シュパンヌグ）とは、川喜田のバウハウス研究から生まれたものであり、一般的には
「緊張」や「注意」などと訳されるが、ここでは主として造形的な関係によって生じる
感覚的で内的な緊張感や力関係を意味している。
（大坪圭輔『美術教育資料研究』武蔵野美術大学出版局、2014、pp.171-172）

註9 「畳に眼をとめると、紺の縁を取ってある。これは日本古有の簡潔なデザインです。」

註10 後藤福次郎は、山本鼎の熱心な支持者であり、支援者でもあった。その活動は多岐
にわたり、小学校教員、研究機関主宰、教科書刊行、工作用品販売会社経営など、
大正期から戦後までの美術教育の発展期に寄与した。1932（昭和7）年の「全日本学
校美術展」は「学校美術協会」の機関誌『学校美術』を通して作品を募集したもの
で、その規模として、次のような数字を作品集冒頭に掲載している。

総出品　　　　7,876校　　387,639点
入選　　　　　1,665校　　20,626点
展覧会期日　　1932（昭和7）年7月28日-8月3日
会場　　　　　上野公園東京府美術館

　同展覧会の組織をみると、役員の名には、帝国美術院会員・平福百穂（ひらふく
ひゃくすい）、東京美術学校教授・川合玉堂、東京美術学校校長・正木直彦、貴族院
議員・新渡戸稲造、東京美術学校教授・岡田三郎助らとともに、東京高等師範学校
教授・阿部七五三吉、前東京高等師範学校・岡山秀吉らの名前がある。
　また、審査員としては青山師範学校教諭・赤津隆助、学校美術協会理事・後藤福
次郎、文化学院教授・石井柏亭（はくてい）、自由学園教授・木村荘八、「学校美術」
編集主任・霜田静志、帝国美術学校教授・杉浦非水（ひすい）、東京女子高等師範学
校教諭・山形寛、農民美術研究所長・山本鼎、奈良女子高等師範学校教諭・横井曹
一などが記されている。
　これらの人々がどの程度この展覧会に関わっていたかは不明であるが、自由主義
教育の立場にある者と官制教育としての美術教育を担当する者、美術工芸の専門家
教育を担当する者が混在し、後藤の人脈の広さを示している。

註11 フランツ・チゼック（Franz Cizek）の教育が日本に紹介されたのは、戦後のことである。
その反響は大きく、ハーバート・リードの『芸術による教育』が戦後の日本の美術教育
の理論的支柱になったと同じように、美術教育の具体的実践の方向性を示すものとして、
大きな影響を与えた。チゼックは「子どもの美術」の発見者であり、人が生まれつきに
もつさまざまな諸能力の自然な成長に、絶対の信頼を置いている。
（大坪圭輔『美術教育資料研究』武蔵野美術大学出版局、2014、p.260）

第7節　中学校「手工科」と「作業科」、「芸能科工作」

中学校の変遷と手工

　1872（明治5）年公布の「学制」では「中学ハ小学ヲ経タル生徒二普通ノ学科ヲ教ル所ナリ」とされ、1879年の「教育令」及び翌年の「改正教育令」では、「中学校ハ高等ナル普通学科ヲ授クル所」とされている。すなわち、当初の中学校は上級学校への予備的な教育機関として存在していた。しかし、1881（明治14）年の「中学校教則大綱」では「中学校ハ高等ノ普通学科ヲ授クル所ニシテ中人以上ノ業務ニ就クカ為メ又ハ高等ノ学校ニ入ルカ為メニ必須ノ学科ヲ授クルモノ」とされ、農業、工業、商業などの実業教育を行う専修科の設置が可能となった。さらに、1886年の「中学校令」では、「中学校ハ実業ニ就カント欲シ又ハ高等ノ学校ニ入ラント欲スルモノニ須要ナル教育ヲ為ス所」となっており、かなり早期から中学校は上級学校への予備課程的な性格だけではなく、「実業」教育の性格も持っていたと言える。

　しかし、1899（明治32）年の「中学校令改正」では、「尋常中学校」と「高等中学校」の区別がなくなり、再び中学校は上級学校への進学を目的とするものとして「男子ニ須要ナル高等普通教育ヲ為ス」と定められた。このとき、同時に「実業学校令」「高等女学校令」も制定され、戦前の中等教育段階の複線型学校体系が完成する。その後、1907（明治40）年の「中学校令中改正」では、農業・商業・手工から成る学科目「実業」が随意科目として第4学年、5学年に週2時間の配当で設置された。さらに、中学校への進学者増加などもあり、1911年に「中学校令施行規則」の改正によって学科目「実業」は選択科目又は随意科目となった。1911年「中学校令施行規則」の改正に合わせて、「中学校教授要目」（註1）も改訂され、それによれば、手工は次のようになっている。

手工

第四学年　　毎週二時
粘土石膏細工
　普通ノ粘土細工及之ヲ石膏ニ写スコト　材料ノ性質・用法及工具ノ使用法
竹細工

普通ノ竹細工材料ノ性質・用法及工具ノ使用法

木工

　鉋削及鋸断練習　簡易ナル日用器具等ノ製作

　材料ノ性質・用法及工具ノ使用法

簡易ナル製図

　設計図　見取図

第五学年　　毎週二時

木工

　簡易ナル日用器具等ノ製作　材料ノ性質・用法及工具ノ使用法

金工

　簡易ナル日用器具等ノ製作（針金細工・板金細工）

　普通金属の加工法　材料ノ性質・用法及工具ノ使用法

簡易ナル製図

　前学年ニ準ス

工業大意

　工業ノ種類及之ニ関スル経済・法規等

注意

　一　材料ノ性質・用法及工具ノ使用法等ニ関スル事項ハ実習ニ附帯シテ之ヲ授
　　　ケ又工具ノ使用法ヲ授クル際ニハ工具ノ手入法・保存法ヲモ授クヘシ

　二　図画科トノ連絡ハ勿論数学・物理・化学等トノ関係ニ注意スヘシ

　三　土地ノ状況ニ依リ便宜蔓細工・柳細工等ヲ加ヘ若ハ之ヲ以テ竹細工ニ代フ
　　　ルモ妨ナシ

　四　教授時数ヲ増減シタル場合ニ於テハ本要目ニ掲ケタル材料ヲ斟酌シテ便宜
　　　之ヲ定ムヘシ

　要目に示された内容からは、「高等小学校」及び「尋常小学校」の「手工」（「本章、第4節」参照）と比べて、一層技術教育の性格が強くなっている。特に、第5学年に「工業大意」を入れ、工業についての基礎的知識の育成を期している点は、中学校の手工が中間層の職業人育成の要素を持っていたと見ることができる。

基本科目作業科

　1931（昭和6）年になると、「中学校令施行規則」が全面改正された。そこでは、「公民科」や「理科」とともに「作業科」が新設学科目として加えられている。この改訂は、それまでの高等教育準備教育機関であった中学校の性格を変える大きな変革であった。その背景としては、大正期のいわゆる自由主義教育がもたらした自由思想に対する反動や中学校進学希望者の増加などがある（註2）。全体として中学校教育全体に「勤労愛好」の精神を育成し、「思想善導」を目指していると見ることができる。このことは、改正された「中学校令施行規則」の内、「第一章 生徒教養ノ要旨」に端的に示されている。

　第一条　中学校ニ於テハ中学校令ノ旨趣ニ基キ小学校教育ノ基礎ニ拠リ一層高等ノ程度ニ於テ道徳教育及国民教育ヲ施シ生活上有用ナル普通ノ知能ヲ養ヒ且体育ヲ行フヲ以テ旨トシ特ニ左ノ事項ニ留意シテ其ノ生徒ヲ教養スベシ

　一　教育ニ関スル勅語ノ旨趣ニ基キ学校教育ノ全般ヨリ道徳教育ヲ行ハンコトヲ期シ常ニ生徒ヲ実践躬行ニ導キ殊ニ国民道徳ノ養成ニ意ヲ用ヒ我ガ建国ノ本義ト国体ノ尊厳ナル所以トヲ会得セシメ忠孝ノ大義ヲ明ニシ其ノ信念ヲ鞏固ナラシメンコトヲ期スベシ

　二　独立自主ノ精神ヲ養ヒ勤労ヲ愛好スル習慣ヲ育成シ且協同ヲ尚ビ責任ヲ重ンズルノ観念ヲ涵養センコトニ力ムベシ

　三　専ラ心力ノ啓発ヲ旨トシ徒ニ専門的学術ノ体系ニ泥ムコトナク社会生活上適切有用ナル知能ヲ養ハンコトヲ期スベシ

　四　生徒ノ身体ヲ強健ナラシムルト共ニ精神ヲ鍛錬シ青年ノ闊達ナル気風ヲ養ハンコトヲ旨トスベシ

　世界的に見ても、第一次世界大戦敗戦国であるドイツが、教育制度の改革において「公民科」と「作業科」を設置し、戦後復興に大きな効果を上げたことなどをはじめとして、中等教育の改編とともに教育の大衆化が進んだ時期である（註3）。このような教育思潮からの影響を受け、課外活動などで作業教育を取り入れる学校も大正末期より見られるようになっていた。
　この改訂で特に注目すべきは、「公民科」と「作業科」が同時に新設され

ている点である。「公民科」が「政治生活、経済生活、社会生活」を全うする「知徳の涵養」によって、「遵法ノ精神」と「共存共栄ノ本義」の会得を目的としており、「作業科」は「作業ニ依リ勤労ヲ尚ビ之ヲ愛好スルノ習慣ヲ養ヒ日常生活上有用ナル知能ヲ得サシムルヲ持テ要旨トス」としている。この2つが基本科目として新設されたことによって、中学校は高等教育準備機関ではなく、国民教育機関としての役割が明確になったと言える。

　ここでは、中学校の学科目を大別して「基本科目」（修身、公民科、国語漢文、歴史、地理、数学、理科、作業科、体操）と「増課科目」に分け、第3学年（場合により第2学年）までは「基本科目」を履修し、第4学年（もしくは第3学年）以上では「基本科目」に加えて「国語漢文、外国語、数学、理科、図画、音楽の中の数科目」と「実業」を「増科目」とする「第一種」と、「国語漢文、外国語、数学、理科、図画、音楽の中の数科目」と「外国語」を「増科目」とする「第二種」を設置し、生徒に選択させることとした（註4）。

　中学校段階での基本科目に位置づけられた「作業科」は、「園芸、工作其ノ他ノ作業」を内容としていたが、その改定「教授要目」では、次のような教材が示されている。

作業科

第一学年
園芸　毎週一時
・校庭ノ手入、花卉蔬菜ノ手入、養禽
工作　毎週一時
・木工
　主要ナル木工具ノ使用法
　簡易ナル木工品ノ製作

第二学年
園芸　毎週一時
・校庭ノ手入、花卉蔬菜ノ手入、樹木ノ手入、藁細工、養禽
工作　毎週一時
　・木工及塗仕上

簡易ナル木工品ノ製作ト其ノ塗仕上

学校備品・校舎・附属建物・門・掲示板の繕イ又ハ塗直シ

第三学年

園芸　隔週一時

・校庭ノ手入、樹木ノ手入、藁細工、竹細工等、蔬菜栽培、養禽

工作　隔週一時

・金工 附木工

主要ナル金工具ノ使用法及手入法

簡易ナル金属加工品ノ製作及修理

運動具・遊戯具・理科実験器械ノ修理又ハ製作

第四学年

園芸　隔週一時

・校庭ノ手入、樹木ノ手入、藁細工・竹細工等、蔬菜及果樹ノ栽培

・養禽及養兎　　・農生産物加工　・簡易ナル土木

工作　隔週一時

・コンクリート工附木金工

簡易ナルコンクリート工ニ依ル各種ノ設計・布設又ハ修理

学校ノ図書陳列棚・動物小屋等ノ製作又ハ修理

第五学年

園芸　隔週一時

・校庭ノ手入、樹木ノ手入、藁細工・竹細工等、蔬菜及果樹ノ栽培、養禽・養
　兎等、農生産物加工、簡易ナル土工、造園

工作　隔週一時

・木金工・塗工・コンクリート工等の総合作業

校庭農園等ノ棚・垣根・門・亭・温室・物置・農具舎・肥料舎等ノ設計築造又
ハ修理

　新設学科目が設置されるとき、急務となるのはそれを担当する教員の育成で
ある。文部省は「公民科」や「作業科」を担当する教員の育成に向けて、
教員養成学校に関係する講座を開設させるとともに、現職教員を対象とする

講習会を全国で開催している。

　当時、東京女子高等師範学校の教員であった山形寛（p.86参照）は、作業科教員養成のための講習会講師を担当している。そのときの様子を著書『日本美術教育史』（p.86参照）の「第四章 教学振興期の美術教育（自大正六年至昭和十一年）、第三節 手工科の基礎建設、三 主な手工教育」付録「作業科設置概況」に記載している（復刊 pp.633-638）。それによると、受講生である現職教員は図画の教師、歴史の教師、体操の教師等さまざまであり、ほとんどの教科の教師が集まっていたと述べ、再教育というよりも全く経験のない教員を集めての講習であり、時間も必要で大変であったと記している。

　もともと山形自身はこの「作業科」に懐疑的な考えを持っており、本文「作業科設置概況」を自著の付録としたことについても、「作業科教育は、美術教育の範疇にははいり兼ねるが、関係なしともいえないから、ここにその概略をのべる。」としている。これは、この旧制中学校基本科目「作業科」が、戦後の中学校「技術・家庭科」設置、そして中学校「美術科」の縮小設置の伏線としてあることを暗に認めているとも読み取ることができる（pp.231-235参照）。

　さらに、他教科ではその教科で授ける知識技能をまず示し、その習得を通して育む習慣や態度を掲げるものであるが、作業科は「勤労愛好」という抽象的、形式的目標しかなかったと批判している。実際には教員の不足のみならず、「園芸」及び「工作領域」を実施するための施設や設備、道具を整備する予算も不十分であり、文部省もこれを完全実施するのに5年の猶予を認めている。

　また、工芸教育史全体の視点からすれば「工作」の言葉が教科内の一領域を示すものとして登場している点に注目したい。これまでも「手工科」の目的や内容を示す法令文としては、たとえば「簡易ナル工作ヲ為スノ技能」などのような形で「工作」は登場していたが、ここでは「工作領域」となっている。それが「園芸」と対比的に用いられていることになる。そして次の段階では「芸能科工作」として科目名となるのである。

中等学校芸能科工作

　1931（昭和6）年の満州事変をきっかけとして、1937年に日中戦争が本格的にはじまった。また、戦争の長期化に伴い1938年には「国家総動員法」（註5）が制定され、金融、労働、物資等あらゆるものが、国会審議を必要と

152　第3章　手工教育の変遷

せず政府の統制権のもと運用が可能な、戦争遂行のための国家体制となった。その中で、文部省は国民の国家主義的統一を目指す教育を展開しようとする。

また、1937年には、内閣直属の「教育審議会」(註6) が設置され、「青年学校教育義務制実施に関する件」1938年7月答申、「国民学校・師範学校及幼稚園に関する件」1938年12月答申、「中等教育に関する件」1939年9月答申、「高等教育に関する件」1940年9月答申を提出している。そして、これらの答申を受けてさまざまな教育関係法規が制定改正されている。

また、これらの中には単に戦時体制に対応するためのものだけではなく、戦後の教育制度の土台をつくる内容も多く含まれていた。その内、「中等学校令」による「芸能科工作」を中等教育における工芸教育の領域の1つとして本節で、また、「国民学校令」による「芸能科工作」を次節で取り上げることとする。

1943 (昭和18) 年に公布された「中等学校令」は、これまでの「中学校令」「高等女学校令」「実業学校令」を1つにまとめたものとなっている。その内容は、「皇国民の錬成」を目的として、中学校、高等女学校、実業学校に分け、男子の高等普通教育については中学校が、女子の高等普通教育は高等女学校が、実業教育は実業学校が施すものと明確にした。また、修業年限を原則4年とし、それぞれには教育課程を定める「中学校規程」「高等女学校規程」「実業学校規程」があり、教科と修練で構成され、各教科は数種の科目から成るという構造となっている。また、これまで中学校や高等女学校の教科書は検定制度となっていたが、「中等学校令」では国定とされた。

「中学校規程」は1943年3月に公示され、その中の第六条で「芸能科」は、「芸能科ハ国民生活ニ須要ナル芸術技能ヲ修練セシメ工夫創造及鑑賞ノ力ヲ養イ国民的情操ト実践的性格トヲ陶冶シ我ガ国芸能ノ創造発展ニ培フヲ以テ要旨トナス」「芸能科ハ之ヲ分チテ音楽、書道、図画及工作ノ科目トス」となっている。ここで用いられている「芸術」及び「鑑賞」「情操」の言葉は、これまで説明や解説の中では用いられても、条文そのものには用いられてこなかったものであり、大正期の自由教育運動の洗礼を経て登場し、やがて来るべき戦後の学習指導要領の土台となる要素がここにあると言える。

各科目の内容については、「中学校教科教授及修練指導要目」がやはり同年3月に公示された。そこに示された「芸能科図画」と「芸能科工作」についての「教授要旨」は次のようになる。

第7節　中学校「手工科」と「作業科」、「芸能科工作」　153

芸能科図画ハ形象ノ描写ニ習熟セシメ工夫創作及鑑賞ノ力ヲ養ヒ国民的情操ヲ陶冶シ我ガ国美術工芸ノ創造発展ニ培フモノトス
芸能科図画ハ描画・製図・図案及美術工芸品ノ鑑賞ヲ課スベシ

芸能科工作ハ器物ノ製作及機械ノ操作ニ習熟セシメ工夫創作ノ力ヲ養ヒ実践的性格ヲ陶冶シ産業及国防ノ根基ニ培フモノトス
芸能科工作ハ器物ノ製作・修理、機械ノ分解・組立及設計製図ヲ課スベシ
　　　　　（『中学校教科教授及修練指導要目』中等学校教科書株式会社、1943、p.82）

　両科目の「教授要旨」を比較してみると、「中学校規定」における芸能科の要旨に示された戦後の芸術科に通じる要素の多くは「芸能科図画」にあるものの、「芸能科工作」には「情操」や「美術」の言葉はない。また、「美術工芸」は「芸能科図画」に示され、「芸能科工作」はこれまでの中学校「手工科」及び「作業科」の要旨や内容を色濃く受け継ぎ、戦時下に対応する技術教育となっている。
　さらに、下に示す「中学校教科教授及修練指導要目」中の「芸能科工作」における「教授方針」及び「教授事項」「教授上の注意」を読むならば、この時点における「工作」は、まさしく機械の扱いを中心とする技術教育を意味している。
　この当時、学校から離れて視点を造形美術の世界に投じるならば、大正末期より展開されていた柳宗悦らによる「民藝運動」（p.304参照）は、知識人が中心とはいえ、かなり市井にも普及していたと思われるが、「工作」の中にその関わりを見出すことはできない。また、一般的な理解としての「工芸」（註7）との関連性も希薄である。この「工作」という教科名、もしくは教科領域名については、次節の国民学校「芸能科工作」においても考える必要がある。

芸能科工作
教授方針
一　国民生活ニ須要ナル工作技能ノ基礎的陶冶ヲ重ンズルト共ニ工夫創作ノ力ヲ養ヒ我ガ国技術ノ創造発展ニ培フベシ
一　技能ノ科学的訓練ニ意ヲ用ヒ実践的性格ヲ陶冶シ国防及産業ノ根底ニ培フベシ

一　技術ニ即シテ精神ヲ錬磨シ心技ヲ一体トセル工作態度ヲ訓練スベシ

教授事項

第一学年　三十四時（毎週一時）

木工（竹工ヲ含ム）

　（一）材料

　（二）工具ノ構造及使用法

　（三）基本工作

　（四）製図（製作ニ附帯スルモノ）

　（五）応用製作（器具、簡易ナル機構、模型ノ類）

第二学年　三十四時（毎週一時）

一　模型航空機及模型艦船等

二　金工（針金・板金）

　（一）材料

　（二）工具ノ構造及使用法

　（三）基本工作

　（四）製図（製作ニ附帯スルモノ）

　（五）応用工作（器具、簡易ナル機構、機械ノ部分、模型ノ類）

三　機械ノ操作

　工作用機械・自転車等

第三学年　三十二時又ハ六十四時（毎週一時又二時）

一　「セメント」工

　（一）材料・用具

　（二）基本工作

　（三）応用製作（簡易ナル「セメント」工事ノ類）

二　原動機付模型（航空機・艦船・汽車・電車・農業機械等）

三　木金工

　応用製作（家具・校具・小屋類）

四　機械ノ操作

　工作用機械・農業機械・兵器等

第四学年　三十二時又ハ六十四時（毎週一時又ハ二時）

一　木金工

　応用製作（家具・校具・小建築、簡易ナル機械類）

二　機械ノ操作

　工作用機械・農業機械・自動車・兵器等

（中略）

教授上ノ注意

一　基本工作ニ於テハ正確綿密ナル技能ノ基礎的陶冶ヲ重ンジ応用製作ニ於テハ既習ノ知識、各種ノ材料、技法ヲ活用セシムルト共ニ工夫創作ノ力ヲ養ヒ発明発見ノ根基ニ培フベシ

一　製作ニ関連シテ工具・機械ノ取扱ヲ指導スルト共ニ形体・機能ニ関スル知識ヲ授クベシ

一　常ニ材料・工具・機械・技法等ノ進歩ニ留意シ之ヲ指導上ニ活用スベシ

一　用具ノ手入、作業場ノ整頓等ニ関スル躾ニ留意スベシ

一　国民生活ノ実際ニ適切ナル指導ヲ為シ郷土ニ即セシムルコトニ留意スベシ

一　共同作業ノ教育的意義ニ留意シ適宜共同製作ヲ課スベシ

一　標本・参考品・教具ノ作製蒐集ニカメ之ヲ活用シテ授業ノ効果ヲ挙グベシ

一　授業ニ当リテハ特ニ芸能科図画・理数科・実業科並ニ修練トノ関連ニ留意スベシ

（『中学校教科教授及修練指導要目』pp.102-106）

国定教科書『工作』

　これまで、中学校の教科書は検定制度を継続していたが、「中等学校令」では「国定教科書」とされた。しかし、「中等学校令」が公布された1943（昭和18）年は、太平洋における対米戦争で大敗を喫し、中国大陸での戦況も泥沼化する中、国内の物資は不足し、国民は窮乏状態の生活を強いられていた。

　このような中で、『工作1（中等学校男子用）』『同2』『工作1（中等学校女子用）』が、1943年の終わりから翌年にかけて国定教科書として発行されているが、さらなる戦況の悪化に伴い、以上の3冊で中等学校「芸能科工作」の教科書の発行は途絶えている（註8）。

　ここでは『工作2（中等学校男子用）』（1944）の一部を掲載する。目次には「1 模型滑空機」「2 ポンプ」「3 バネ秤」「4 電気配線」「5 機械・器具の考

案」「6蒸気タービン」が示されている。内容の多くが製作のための図面で、後半に注意点や作業の手順を示す写真が掲載されている。

国定教科書『工作2』表紙

模型滑空機

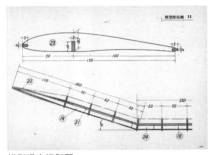
模型滑空機製図

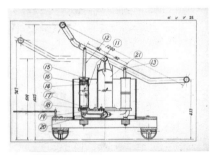
ポンプ製図

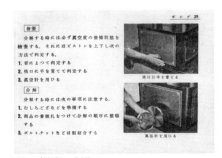
ポンプ検査、分解

第7節　中学校「手工科」と「作業科」、「芸能科工作」　157

註1　中学校教授要目

明治三十五年二月六日「中学校教授要目」が制定された。この教授要目は「要目実施上ノ注意」と各学科の教授要目から成り立っており、後者は各学科目の教授項目別の学年別配列と「教授上ノ注意」から構成してある。この要目を国家基準として示し、地方長官は各中学校長に対して要目に準拠した教授細目を作成させることを求めている。これによって、中学校令施行規則に規定された各学科教授内容を具体的に示し、詳細にわたって学科課程を整備したのである。明治四十四年七月三十一日、中学校令施行規則の改正が行なわれ、これと関連して、中学校教授要目を全面的に改正した。

（文部科学省ウェブサイト「学制百年史／第一編 近代教育制度の創始と拡充、第二章 近代教育制度の確立と整備（明治十九年〜大正五年）、第三節 中等教育、三 中学校・高等女学校の学科課程」）

註2　〈学校・生徒数〉

学校数は、1890年前後に50校前後、1900年前後に急増して270校（各道府県5〜6校）ほどになり、さらに10年代後半から20年代前半に急増して約550校（1道府県11〜12校）にまで拡大した。その後30年前後の経済恐慌をはさんで学校数にほとんど変動がなかったが、30年代末から急増し始め、44年には812校に達した。またこの間に個々の学校の規模も拡張したため、入学者数は10年に3万5878人、30年に7万6172人、44年に15万3134人を数え、学校数以上に増大している（以上の数字は『文部省年報』による）。しかし同年齢人口に対する進学率は30年代においても10%程度であり、中学校へ進学できたのは学力と健康と経済力とに恵まれたごく一部の子どもに限られていた。

（米田俊彦「事項篇、5 中等教育、中学校（旧制）、総説」、久保義三ほか著『現代教育史事典』東京書籍、2001、pp.91-94）

註3　1880年代から1920年代にかけて展開された国際的な作業学校運動（Arbeitsschul-bewegung）は、こうしたルソー、ペスタロッチ的な「生活教育」の回復を基調としながらも、さらにそれを生活共同体の文化規範と結びつけたところに、大きな特徴がある。つまり、「作業」を単に個人の「生存」のための労働とするよりも、それを通して、価値ある精神文化（ケルシェンシュタイナー）、あるいは民主主義的な生活の仕方（デューイ）を実践的に身につけさせるものとして理解されるようになる。単なる「生存」や功利性を越えたところに、作業の意味づけがなされるようになる。

（高橋勝「作業（労作）、展開」、教育思想史学会編『教育思想事典』勁草書房、2000、p.319）

註4　「第一種」と「第二種」をともに設置し、生徒の選択に委ねるのが原則であるが、地域の状況によって両方の開設ができない場合には、どちらかの開設も可とした。

註5　国家総動員法（昭和13年法律第55号）

第一条　本法ニ於テ国家総動員トハ戦時（戦争ニ準ズベキ事変ノ場合ヲ含ム以下之ニ同ジ）ニ際シ国防目的達成ノ為国ノ全力ヲ最モ有効ニ発揮セシムル様人的及物的資源ヲ統制運用スルヲ謂フ

註6　教育審議会

1937年12月勅令第711号「教育審議会官制」によって内閣に設置され、42年5月勅令第489号で廃止された諮問機関。総裁は枢密院副議長が任じられ、枢密顧問官、各省次官、直轄学校長、帝国議会議員、文部省の元官僚、大学教員、中等学校長、私学・教化

158　第3章　手工教育の変遷

団体・財界等の関係者などによって構成された。

（米田俊彦「事項篇、1教育政策・行財政、戦前・戦中の教育政策・行財政、教育審議会」、久保義三ほか著『現代教育史事典』東京書籍、2001、p.7）

註7　造園家として知られる西川友孝（造園家・造形評論家、1906-1985）は、庭園の設計のみならず建築、室内装飾、美術工芸と幅広い分野で活躍をしている。なお、商工省工芸指導所意匠部長などを務めたインダストリアルデザイナー西川友武は実兄である。

西川友孝は1931（昭和6）年から翌年にかけて、雑誌『建築・造園・工藝』（金星堂）の編集を行っており、そこに掲載された論文を集約した西川友孝編『最新工芸大観』（吉田書店出版部、1934）が刊行されている。その序文において西川は、昭和初期における工芸デザインの状況を次のように述べている。

序

古来、我国に於ける工芸は独自の発達により幾多の誇るべき業績をのこしてゐる。

然し、それらは所謂封建時代の所産であり、鎖国時代の工芸であつて、決して新時代に適はしきものとは言へないであらう。

現代に於ては、工芸も亦国際的な飛躍をとげ、その分野を広く全世界に押し進め、新しき世紀の精神に触れつつある。「個有工芸」といひ「工芸国策」といはれる現代日本の工芸は既に封建時代の殻を脱して、新しき世紀を呼吸し初めたものと考へられるであらう。

即ち、従来の如く生活と掛け離れた工芸乃至は懐古的な工芸から脱し、生活必需工芸へと推移しつゝある。

（『最新工芸大観』p.1）

註8　中等学校「芸能科図画」に関する教科書は、同じく国定教科書として「中等学校教科書株式会社」より、次の3冊が発行されている。

『図画1（中等学校男子用）』（1943）
『図画1（中等学校女子用）』（1943）
『図画2（中等学校男子用）』（1944）

第8節 国民学校「芸能科工作」

「工作科」誕生

　前節では、中等学校「芸能科工作」を取り上げたが、時間的経過から言えば、「教育審議会」(p.153参照) の答申は、「国民学校・師範学校及幼稚園に関する件」が 1938（昭和13）年12月、「中等教育に関する件」は翌年の9月であり、さまざまな改革議論も国民学校が先に進んでいた。

　この審議に対して、民間からもさまざまな意見が発表されるが、中でも後藤福次郎らの「学校美術協会」(p.137参照) が機関誌『学校美術』の1938年2月号から連続掲載された「図画手工科の刷新振興策として構作科を設置せよ」とする一連の論文は衆目を集めた。この「構作科」は「図画」と「手工」の統一を根底にし、培うべき能力は単に絵を描くことや細工をすることにあるのではなく、実用的であり実際生活に適した仕事のできる人間、実行力を持つ人間の育成、そして健全な国民の育成にあるべきだと主張した。結果的に「構作科」の設置はならなかったが、審議会答申の中に後藤らの主張の影響を見ることができる。

　また、審議会の途中経過として、「芸能科」の科目は「音楽、習字、図画、作業、家事（高等科女子）、裁縫（高等科女子）」とする案が示されたが、これに多くの「図画」及び「手工」の教師が反対をし、「芸能科工作」が誕生している。このとき、この反対運動の近くにいた山形寛は著書『日本美術教育史』(p.86参照) において、そのときの状況を次のように説明している。

かくして何回かの会合を重ね、運動の方針を定め、文部当局や、当時絶大の権力をもっていた軍部方面、そして国民学校令が勅令として決定されるときに、どうしても通らなければならない枢密院方面と、手分けをして、作業科というような掛け声ばかりで実質的な陶冶の面があいまいな科目は効果があがらないことを、いろいろな面から説き、それよりも科学技術の強く要請されている今日に於ては、手工科の内容を改善して、それに当らせるがよいことを主張した。この意見は軍部方面でも賛成し、文部省の中にも手工科を改造して、もっと科学技術方面を重視した工作科とする方がよいとの意見に傾いた人も出て来た。しかし最後の決定打となったのは、最後に国民学校令が、枢密院に諮問される直前に、某枢密顧問官が、文部大臣に対して電話で、「作業案は引き込められて、工作科として出さ

160　第3章　手工教育の変遷

れたら如何ですか、作業科案では通らないという空気もだいぶん出て居りますから。」といったので、急に作業をやめて工作にしたのだとも伝えられている。

『日本美術教育史』（復刊 p.680）

　前節でも取り上げたように、中学校「作業科」の工作領域としてすでに「工作」の用語は用いられていることと合わせてこれらを総覧するならば、新科目「工作」は、新たな教育目的や内容から出てきたものというよりも、これまでの「手工科」と中学校「作業科」を源流として、時局の状況を勘案したものということになる。また、具体的な背景として、これまでの「高等小学校実業科」の存在がある。1926（大正15／昭和元）年の「小学校令改正」によって「高等小学校手工科」は実業科目から独立し、必修教科となるが、「農業」「商業」「工業」から成る実業科目は選択必修となっている。

　この高等小学校実業科工業について細谷俊夫（p.128参照）は、昭和初期に都市部の高等小学校では工業教育が活況を呈し、充実した設備と実習助手を置き、整備された指導体制を持っている小学校も多かったとしている。また、工業学校の専門科目とは明確に区別され、普通教育としての職業予備教育という目的を持っており、その内容は「木工」にはじまり「竹工」「金工」「塗工」「染織」などであり、「手工」とほとんどかわりはなく、製図の系統的学習と「工業大意」の講義がある程度の差であったと述べている（註1）。すなわち、「手工」と「工業」が近接領域というよりも、学習の内容として重なり合うところが現実に存在していたと言える。そのような中での「国民学校令」公布であり、その不明瞭さが戦後新教育課程の中にもそのまま持ち込まれたことからも、「工作」の語源を考える上で「国民学校令」を理解することは重要である。

国民学校令

　「国民学校令」が公布される背景については、すでに前節で取り上げたのでここでは割愛するが、実際には敗戦に向かって社会状況が通常の教育環境を維持できない中で、国民学校としての教育実践が十分に展開されたとは言い難い。むしろ、戦争遂行を目的とする部分を除けば、その構成内容のかなりの部分が戦後新教育制度の中で生かされることになる。すなわち、「国民学校令」を分析することで、戦後教育の草創期の様相を理解することができるのである。

第8節　国民学校「芸能科工作」　161

「国民学校令」第一条には「国民学校ハ皇国ノ道ニ則リテ初等普通教育ヲ施シ国民ノ基礎的錬成ヲ為スヲ以テ目的トス」と定められ、その教育課程は次のようになっている。

初等科　修業年限6年
　　　　教科　　国民科（修身・国語・国史・地理）
　　　　　　　　理数科（算数・理科）
　　　　　　　　体錬科（体操・武道）
　　　　　　　　芸能科（音楽・習字・図画・工作・女子に関しては裁縫）

高等科　修業年限2年
　　　　教科　　国民科（修身・国語・国史・地理）
　　　　　　　　理数科（算数・理科）
　　　　　　　　体錬科（体操・武道）
　　　　　　　　芸能科（音楽・習字・図画・工作・女子に関しては裁縫と
　　　　　　　　　　　　家事）
　　　　　　　　実業科（農業・工業・商業・水産の中から1つ）とする。
　　　　　　　　また外国語などの必要な科目の設置可

特修科　修業年限1年（高等科卒業者）

　この内、初等科と高等科の8年間を1944（昭和19）年より義務教育としているが、戦争により実施されなかった。その教科書も「国定教科書」を用いるものとして編纂作業に取り組んだが、戦況の悪化に伴い計画されたものすべてを発行することはできなかった（註2）。その中でも『エノホン』の一から四は、初等科1、2年を対象として、「図画」と「工作」をあわせて掲載する編集となっており、戦後の図画工作科教科書の構成を暗示するとともに、小学校「図画工作科」誕生の背景となっている。また、「国民学校令施行規則」における「芸能科」及び「芸能科工作」の規定は次のようになっている。

国民学校令施行規則

第十三条　芸能科ハ国民ニ須要ナル芸術技能ヲ修練セシメ情操ヲ醇化シ国民生活

162　第3章　手工教育の変遷

ノ充実ニ資セシムルヲ以テ要旨トス

技巧ニ流レズ精神ヲ訓練スルコトヲ重ンジ真摯ナル態度ヲ養フベシ

我ガ国芸術技能ノ特質ヲ知ラシメ工夫創造ノカヲ養フニカムベシ

教材ハ成ルベク土地ノ情況ニ応ジ生活ノ実際ニ即シ且国民的情操ノ陶冶ニ資スル
モノタルベシ

日常生活ニ於ケル応用ヲ指導シ個性ノ伸長ニ留意スルト共ニ適宜共同作業ヲ課ス
ベシ

躾ヲ重ンジ姿勢ニ留意シ用具、材料ニ付テ適切ナル指導ヲ為スベシ

第十七条　芸能科工作ハ物品ノ製作ニ関スル普通ノ知識技能ヲ得シメ機械ノ取扱
ニ関スル常識ヲ養ヒ工夫考案ノカニ培フモノトス

初等科ニ於テハ紙、糸、布、粘土、セメント、竹、木、金属等ノ材料ニ依ル工作
ヲ課スベシ

高等科ニ於テハ木工、金工、セメント工、手芸（女児）ヲ課スベシ

前項ノ外必要ニ応ジ其ノ他ノ工作、図案及製図ヲ課スルコトヲ得

機械器具ノ操作、分解、組立、修理等ニ付テ指導スベシ

実業科工業ヲ課スル場合ニハ適宜之ヲ併セ課スコトヲ得

材料、工具等ニ関スル知識ノ大要ヲ授ケ材料ノ利用節約、工具ノ整理保存等ニ付
テ指導スベシ

材料技法ノ進歩ニ注意シ之ヲ指導ノ上ニ活用シテ児童ノ性能ヲ伸長スルニカムベ
シ

適宜共同製作ヲ課スベシ

　前節では、中学校における「芸能科工作」を取り上げているが、これは
「国民学校令」に2年遅れることの1943（昭和18）年の「中等学校令」によ
るものであり、「国民学校令」公布当時の中学校には「作業科」が設置され
ていた。この必修科目「作業科」と選択必修科目「実業科工業」の類似性に
ついては前節で指摘した通りであるが、「国民学校令高等科」における「芸
能科工作」と「実業科工業」の類似性もまた指摘することができる。

　特に『高等科工作　一　編集趣意書』（文部省、1944）では、「総説、第三　高
等科工作教科書と使用上の注意、（二）教科書使用上の注意」（pp.10-11）の項
目に「実業科工業とは特に密接な一体的な関連のもとに指導すべきである。」
と明示している。すなわち、この当時の主として男子児童・生徒は、「初等

科工作」で学んだことを基に高等科では「高等科工作」を学び、場合によっ
てはさらに「実業科工業」を学ぶ者もいたことになる。

　また、中学校に進学した者も同じく「初等科工作」の学習を基に、「中等
学校令芸能科工作」と、場合によっては「実業科工業」も加えて学ぶ可能性
もあったことになる。いずれにしても、「芸能科工作」と「実業科」の区分
の不明瞭さが戦後新教育課程の中でも物議を醸すことになる。

芸能科工作の指導

　前述の「国民学校令」による「国定教科書」には、教師用教科書も発行さ
れているが、その最初の部分には、「芸能科指導の精神」等の章があり、よ
り具体的に指導方法を解説している。

　ここでは、『エノホン 一 教師用』（文部省、東京書籍、1941）から「第三
　芸能科工作指導の精神、（二）芸能科工作の指導方針」「同、（四）芸能科工
作指導の体系」を示す。なお、これらの部分は全学年共通であるが、『初等
科工作 一 教師用』（文部省、日本書籍、1942）からは、それぞれの項目に解
説が加えられている。

第三　芸能科工作指導の精神

（二）芸能科工作の指導方針
　一　科学的態度を重んじ、正確精密なる技能の養成に力めること。
　二　考案・製図・製作の学習過程を重視すると共に、適宜批判・鑑賞につき指
　　　導すること。
　三　持久的に製作完成するの態度を養ひ、実践的性格の錬成に力めること。
　四　伝統的技法を重んずると共に、常に新時代の技術の進歩に留意し、適宜之
　　　を指導の上に活用すること。
　五　既習の知識技能は力めて日常生活の実際に応用し、其の合理化・美化に力
　　　めるやう指導すること。
　六　適宜共同製作を課すること。
　七　材料・用具に対する理会を与え、之を尊重する習慣を養ふこと。
　八　躾を重んじ、姿勢・態度に留意すること。
　九　芸能科図画と関連して情操の醇化に力めること。

164　第3章　手工教育の変遷

（四）芸能科工作指導の体系

　芸能科工作指導の目的に鑑み、児童心身の発達に基き、凡そ左の四期に分つて指導する。

第一期　初等科　第一・二学年

　　この期に於ては、児童の思想を拡充し、情操を深め、その表現意慾を啓培することを旨とし、特に児童の主観的遊戯的態度に即して表現の豊富と表現の愉悦とを促進する。

図画・工作教材を児童生活に統合して指導する。

第二期　初等科　第三学年

　　この期に於ては、主観的表現から客観的表現へ誘導し、漸く合理的なる機能の表現へ導入し、用具・材料に関する注意を喚起する。

　　図画と工作とを分離する。

第三期　初等科　第四・五・六学年

　　この期に於ては、理知的批判の発達に伴ひ、合理的機能の表現を鍛錬し、工具・材料の処理に習熟させ、創造的活動力を養ひ、表現技術の修練に留意する。

節四期　高等科　第一・二学年

　　この期に於ては、前期の客観的合理的表現を徹底し、生産的基礎陶冶をなし、特に我が国技術文化の伝統に関する理会を深め、材料技法の進歩に留意し、機械操作・考案設計・発明創造の力を練り、以て科学的精神を養ひ工業的技術修練の素地に培ふ。

（『エノホン　一　教師用』pp.8-10）

　「（二）芸能科工作の指導方針」の9項目からは、「科学的態度や技能の養成」をはじめとして、「考案・製図・製作の学習課程」「新時代の技術の進歩」「材料・用具に対する理会」など技術教育の基本となる内容が強化されるとともに、「批判・鑑賞」「合理化・美化」「情操の醇化」など、これまでの手工の中でも感性に関わる内容とが混在している。また、「（四）芸能科工作指導の体系」では、大まかではあるが児童の心身的発達を理解し、それぞれの学年に適した指導をすることが提示されている。

　これらからは、次章で取り上げる最初の学習指導要領、「学習指導要領 試案 昭和二十二年度」における小学校「図画工作科」の成立と、同学習指導要領の第二章に提示されている「図画工作学習と児童・生徒の発達」の掲載との繋がりを読み取ることができる。特に児童の造形活動における発達の研

第 8 節　国民学校「芸能科工作」　165

国定教科書『エノホン ー 教師用』20 オフネ

究は、昭和の初期より活発に行われており（註3）、それらの研究成果がここに反映されており、「学習指導要領 試案 昭和二十二年度」では、それらの総括が示されることになる。

　また、初等科3学年用である『初等科工作 ー 教師用』からは、教師用の『エノホン』で示した内容をより詳細に解説にしている。ここでは、「芸能科工作の目的」を「製作に関する普通の知識技能の習得」「機械に関する常識の養成」「工夫考案力の啓培」に分けて解説し、その中で日本国民の器用さについて触れ、「刀剣に陶磁器に、漆器あるひは織物等に容易に他の追随を許さぬ独特なものが少なくない。」としている。これは、一般的に伝統工芸として認識されるものと「芸能科工作」の学習との関連を示していると考えられる。このことは、「工芸」や「工芸的趣味」などの言葉が、教師用教科書における題材解説とはいえ、頻繁に登場しており、「芸能科工作」の特徴であり、戦後の図画工作へと繋がる要素として重要である。

　具体的には『エノホン ー 教師用』の「20オフネ　思想的表現　要旨」では、粘土による造形教材として「クダモノ」「木ノハイロイロ」「オサカナ」の3題は彫塑的なものとし、「オフネ」は部分をつくり接合したり、中をくり抜いてつくったりするので、工業的あるいは工芸的教材であるとしている。次の文章は『初等科工作 ー 教師用』に掲載された、「各説、5 花ビン、工夫製作、一時限」の「要旨」である。

要旨
　粘土で花瓶を作らせ性格整斉なる造形の能力を養ひ工芸的趣味を涵養する。
　花瓶は日常児童の目に触れるものである。既に前学年に於いてもこの種の器物を作つたのであるが、これ等の技術の上に更に一層工夫させて、精確で左右相称

166　第3章　手工教育の変遷

の花瓶を作らせ、併せて工芸の趣味を養ふため本教材を選んだのである。

（『初等科工作 一 教師用』p.55）

　この「要旨」からは、左右相称の形態にこだわるなど、まだ子どもの造形
に対する理解は不十分ではあるが、現在の工作・工芸の学習と同等の内容と
目的を見出すことができる。また、初等科第1学年及び第2学年までは、『エ
ノホン 一』から『同 四』までを用いて、「図画」と「工作」を分離せず一
体化して扱うこととし、「写生的表現教材」「思想的表現教材」「図案的表現
教材」「模倣的表現教材」「その他」に教材を分けて各学年の教材排列を示し
ている。

　初等科第3学年からは、「図画」と「工作」は分離し、「工作」では『初等
科工作 一』から『高等科工作 二』までをそれぞれの学年で用いることとし
ている（p.178参照）。その第3学年からの初等科工作の教材は、「技術指導を
主とするもの」「製図」「玩具」「実用品」「機械模型」「形体模型」「その他」
「操作」に分類され、さらに指導方法からも「説話」「臨図」「製作」「模倣」
「工夫」「共同」などの指導形態の組み合わせとして分類している。

　また、高等科工作では教師用教科書として前出の『高等科工作 一 編集趣
意書』が編纂され、そこでは指導方法に「規格製作」が加わり、技術的要素
が強まっている。さらに、初等科から高等科までの各教師用教科書には該当
する学年で使用する用具・材料が示されており、特に用具に関しては標準的
数量も示されている。以下に『高等科工作 一』で使用する用具の一覧を示す。

第四　用具・材料
（一）用具
高等科第一学年工作用具・機械（大体の標準を示したものである。）

（一）児童個人用具（児童所有品）
切出小刀、三角定木、コンパス、ものさし、鋏、両刃鋸、鉋、木槌、直角定木（木
矩）、尾入のみ、金槌（前学年使用のもの）
分割器（製図用）　棒針（編物用）　毛糸針（編物用）
（二）児童共用具（学校備品）

竹挽鋸（前学年使用のもの）	5人につき	1個
木ねぢ廻し（前学年使用のもの）	各5人につき	1個

第8節　国民学校「芸能科工作」　167

打抜（前学年使用のもの）	1学級につき	2個
砥石（前学年使用のもの）三種	各	20個
らしや鋏（前学年使用のもの）	1学級につき	1個
やっとこ（前学年使用のもの）	各2人つき	1個
ペンチ（前学年使用のもの）	1人につき	10個
喰切（前学年使用のもの）	2人につき	1個
錐（前学年使用のもの）	各5人につき	1個
干物挟（前学年使用のもの）	1人につき	1個
剞小刀（前学年使用のもの）	1人につき	1個
さしがね（前学年使用のもの）	5人につき	1個
罫引（前学年使用のもの）	1人につき	1個
のみ（前学年使用のもの）	各5人につき	1個
下端定木（前学年使用のもの）	10人につき	1個
直角小口台（前学年使用のもの）	2人につき	1個
留小口台（前学年使用のもの）	4人につき	1個
金切鋏（前学年使用のもの）	各5人につき	1挺
金工コンパス（前学年使用のもの）	5人につき	1個
罫書針（前学年使用のもの）	2人につき	1個
はんだ鏝（前学年使用のもの）	各5人につき	1本
鑢（前学年使用のもの）	各5人につき	1本
スパナ（前学年使用のもの）	各5人につき	1個
曲棒（前学年使用のもの）	10人につき	1本
万力（前学年使用のもの）	5人につき	1個
金挽鋸（前学年使用のもの）	10人につき	1挺
打木と折台（前学年使用のもの）	10人につき	1組
焜炉（前学年使用のもの）	10人につき	1個
塗装用具（前学年使用のもの）	1学級につき	1組
篩（前学年使用のもの）	1学級につき	1組
秤（前学年使用のもの）	1学級につき	1個
胴附鋸（前学年使用のもの）	5人につき	1挺
平面定盤（前学年使用のもの）	1人につき	1個
Ｖ字型定盤（前学年使用のもの）	10人につき	1個
霧吹器（前学年使用のもの）	10人につき	1個

曳行用索（前学年使用のもの）	10人につき	1個
細ゴム（前学年使用のもの）	10人につき	1個
糸巻（前学年使用のもの）	10人につき	1個
曳行用滑車（前学年使用のもの）	10人につき	1個
吹流（前学年使用のもの）	1学級につき	1個
均台（各種前学年使用のもの）	各5人につき	1個
轆（前学年使用のもの）	10人につき	1個
手万力（前学年使用のもの）	2人につき	1個
金敷（鉄帖）（前学年使用のもの）	10人につき	1個
溝台（前学年使用のもの）	20人につき	1個
心金（前学年使用のもの）	10人につき	1個
ポンチ（前学年使用のもの）	10人につき	1個
玄能（前学年使用のもの）	5人につき	1個
柄挽鋸（木工用）	5人につき	1挺
Ｔ定木（製図用）	1人につき	1個
中目木鑢（木工用）	5人につき	1個
つるはし（セメント工用）	5人につき	1挺
しやべる（セメント工用）	2人につき	1個
水準器（セメント工用）	1学級につき	1個
蛸（セメント工用）	5人につき	1個
突棒（セメント工用）	5人につき	1個
練台（セメント工用）	1学級につき	1個
中首鏝（セメント工用）	2人につき	1個
下振^{さげぶり}（セメント工用）	1学級につき	1個
締付具（木工用）	5人につき	1組
カリパス（内、外）（木工旋盤用）	1学級につき	1組
ピンセット（時計用）	5人につき	1個
締輪（時計用）	5人につき	1個
ぜんまい戻し（時計用）	5人につき	1個
柳箸（時計用）	5人につき	1本
油筆（時計用）	1人につき	1本
火鉢（時計用）	1学級につき	1個
木工旋盤工具（木工旋盤用）	10人につき	1組

（三）教師用具・機械（学校備品）

ハンド・ドリル（前学年使用のもの）	1学級につき	1個
ワイヤーゲージ（前学年使用のもの）	1学級につき	1個
教師用製図板及び製図器一揃	教師1人につき	1揃
教師用三角定木・コンパス	1学級につき	1組
繰子（前学年使用のもの）	1学級につき	1挺
墨つぼ・墨さし（前学年使用のもの）	1学級につき	1組
留枠（前学年使用のもの）	10人につき	1個
各種の鋸（前学年使用のもの）	各1学級につき	1挺
各種の鉋（前学年使用のもの）	各1学級に	1個
各種ののみ（前学年使用のもの）	各1学級に	1個
各種の金槌（前学年使用のもの）	各1学級に	1個

（四）操作教材用　用具・機械（一例としてあげたもの）

木工旋盤或は木製旋盤　時計　歯車機構模型等

（『高等科工作 一 編集趣意書』pp.12-17）

　戦時下で国内の物資が不足する状況にあって、これだけの用具・機械を備えることができた国民学校はほとんどなかったと思われる。しかし、戦後においても学校の施設設備などの環境整備は困難な状況が続き、自治体の教育予算拡充に対する意欲は弱かった。その中で、あくまでも指針とはいえ教材・教具に関する標準が提示されていることは、教育環境の整備に対する自治体の努力を促すことにつながったと言えよう。

　また、木竹工や金工、機械、製図に関する用具は、現代から見ても十分な配列となっているが、陶芸に関する用具が極めて少ないことが読み取れる。前述の『初等科工作 一 教師用』における「5 花ビン」についての解説を見ても、粘土によって規定の花瓶に近づくよう成形させ、乾燥後削って完成としている。現代においては小学校、中学校、高等学校の図工美術、工芸の学習の中心的表現技法の1つとなっている陶芸であるが、この普及は昭和40年代からであり、戦前においては学校に設置できるような簡易型の陶芸窯もなく、一部の陶磁器の産地を除けば、授業題材としての施釉・焼成まで含めた陶芸は存在していなかった。

芸能科工作の教材

　実際に「芸能科工作」の題材はどのようなものが想定されていたかを、初等科最終学年用の『初等科工作 四』と高等科１年用である『高等科工作 一』を取り上げて見ていくことにする。それぞれの教師用教科書である『初等科工作 四 教師用』並びに『高等科工作 一 編集趣意書』には、下のような教材一覧が示されている。

　これらの教材を比較してみると、初等科男子においては、工夫製作を指導方法とする教材が多く、初等科女子は配当時間が少ないことや手芸的な内容も多いことから、模倣製作とする教材が多く配列されている。また、初等科に比して高等科の方に技術的学習が多く、規格製作とする教材が位置づけられている。

■ 『初等科工作 四 教師用』（三）教材一覧

（男）

月別	題名	指導	時限
四月	1　棚	工夫製作	六時限
五月	同	同	六時限
六月	2　帆船	工夫製作 共同製作	六時限
七月	3　自転車	操作	四時限
補充	4　曳行器ト糸巻	模倣製作 工夫製作 共同製作	六時限
九月	5　セメント・タイル 6　セメント・本立て	説話、模倣製作、共同製作 工夫製作	四時限 二時限
十月	同 7　グライダー	同 臨図製作 共同製作	四時限 二時限
十一月	同	同	六時限
十二月	8　刃物	模倣製作	四時限
補充	9　歯車	工夫製作	六時限
一月	10　板金ノ工作	工夫製作	六時限
二月	11　電動機	臨図製作 共同製作	六時限
三月	同	同	四時限
補充	12　ラジオ受信機	模倣製作 共同製作	四時限

（女）

月別	題名	指導	時限
四月	1　手サゲ	模倣製作 工夫製作	三時限
五月	同	同	三時限
六月	同	同	三時限
七月	同	同	二時限

第8節　国民学校「芸能科工作」　171

補充	2　敷物	説話、模倣製作	三時限
九月	3　セメント・タイル	説話、模倣製作、共同製作	三時限
十月	4　針金ノ工作	模倣製作	三時限
十一月	5　板金ノ工作	模倣製作	三時限
十二月	6　簡易機械ノ扱ヒ方	操作	三時限
補充	7　グライダー	模倣製作 共同製作	四時限
一月	8　家庭用具ノ工夫	工夫製作	三時限
二月	同	同	三時限
三月	同	同	二時限
補充	9　ラジオ受信機 10　自転車	模倣製作 共同製作 操作	四時限 四時限

■『高等科工作 一 編集趣意書』（三）教材一覧

（男）

月別	題名	指導	時限
四月	1　製図ノ仕方	説話、実習	六時限
五月	同 2　合板	同 規格製作	四時限 二時限
六月	同	同	六時限
七月	3　飛行機及び滑空機	規格製作 共同製作	四時限
九月	同	同	六時限
十月	4　セメント作業	工夫製作 共同製作	六時限
十一月	5　腰掛	規格製作 共同製作	六時限
十二月	6　木工旋盤	操作	四時限
一月	同	同	四時限
二月	7　歯車	工夫製作 共同製作	六時限
三月	同 8　時計	同 操作	二時限 四時限

（女）

月別	題名	指導	時限
四月	1　製図ノ仕方	説話、実習	六時限
五月	同 2　合板	同 規格製作	四時限 二時限
六月	同	同	六時限
七月	3　飛行機及び滑空機	規格製作 共同製作	四時限
九月	同	同	六時限
十月	4　セメント作業	工夫製作 共同製作	六時限
十一月	5　塗板	規格製作	六時限
十二月	6　時計	操作	四時限
一月	7　修理加工	説話、実習	六時限
二月	8　下バキ	工夫製作	六時限
三月	9　短靴下	工夫製作	四時限

参考として、『初等科工作 四』の「板金ノ工作」（男女）と木工の基本にあたる「高等科工作一」の「合板」（男女）と、現在の工芸教育及び技術教育においては存在しない「高等科工作一」の「セメント作業」（男女）、「修理加工」（女子のみ）の生徒用教科書のページの一部を次に示す。

■『初等科工作 四 男子用』（女子用にも同じものが掲載されている）
　「板金ノ工作　ソノ一〜ソノ四」
　板金工作は第六学年で初めて登場し、折り曲げや切断、蝋づけを学ぶものである。

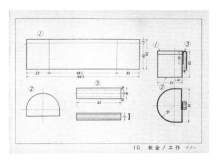
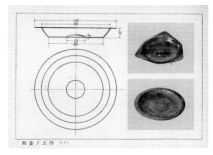
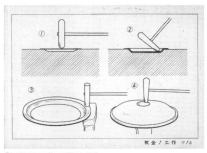

『初等科工作四男子用』

■ 『高等科工作 一 男子用』（女子用にも同じものが掲載されている）
「合板　ソノ一〜ソノ五」

合板の製作を通して、鋸や鉋の正確な扱いや膠（にかわ）による圧着などを学ぶものである。

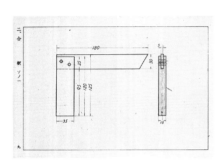
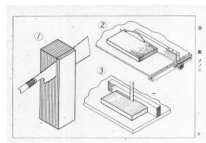
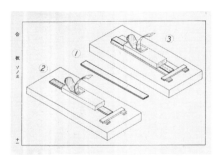
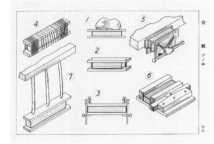
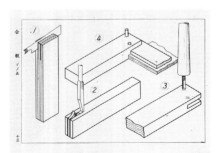

『高等科工作一男子用』合板

■『高等科工作 一 男子用』(女子用にも同じものが掲載されている)
「セメント作業　ソノ一～ソノ六」
　セメントを用いて、準備工作、基礎工作、型枠工作、コンクリート打ち、養生など、セメントによる作業の全体像を学び、土木についての常識を理解するとともに、共同の精神の錬成を求めている。

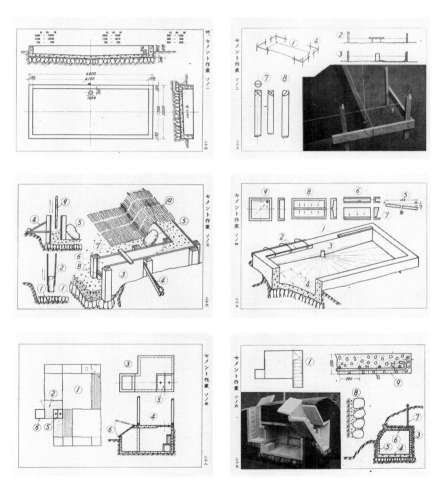

『高等科工作一男子用』セメント作業

■ 『高等科工作 一 女子用』
「修理加工　ソノ一〜ソノ四」（高等科女子用のみの教材）
　家庭生活における小さな修理や簡易な加工は、家庭で行うことを旨として、その一端を学習させようとするものである。実生活への応用と創意工夫の態度、物を大切にする精神の涵養を説いている。

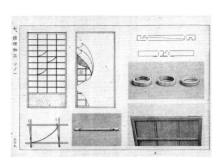
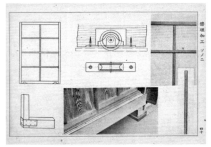

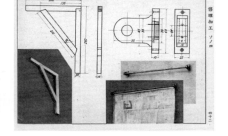

『高等科工作一女子用』修理加工

本節では、「国民学校令」によって成立した「芸能科工作」が、戦後の民主主義教育としての図画工作や工芸の教育の土台をつくる要素を持っていることを中心に見てきた。しかし、国民学校令が目指したものは戦争遂行のための教育であって、いかに教材や教育方法に新たな理念や視点が加わろうとも、創造的な人間観を持ちえない教育は、すでに教育として存在する価値を失っている。

　本節の最後に『初等科工作 二』に収められた「モケイ防ドク面」という教材を取り上げたい。「国民学校令」による教育では、文部省製作の「掛図」を用いることを奨励しており、「芸能科工作」に関する掛図も存在する。ここに示すのはその中の「モケイ防ドク面」に関する掛図である。戦況が悪化する中、これらがどのくらい印刷され、実際にどれくらいの子どもたちがこれを見たかは不明であるが、防毒マスクをつくることを学校で学ばなければならない子どもたち、またそれを指導しなければならない教師たちがいたことを、我々は忘れてはいけない。

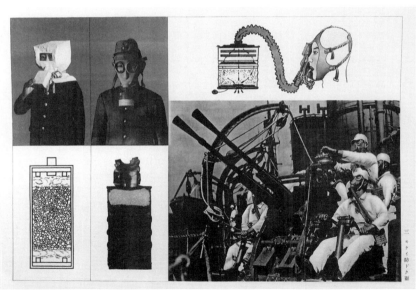

「モケイ防ドク面」に関する掛図、『初等科工作 二』文部省、1942-43（佐藤秀夫＋中村紀久二編『文部省掛図総覧 10 音楽・図工掛図』東京書籍、1986より）

第8節　国民学校「芸能科工作」　177

註1　したがって実業科は職業教育のための教科ではなく、あくまでも一般教育の枠のなかに
　　おかれたいわば職業予備教育のための教科であって、工業学校の専門教科とは明確に区
　　別されていた。その内容として挙げられたものは木工、竹工、金工、塗工、染織などで、
　　手工との間にはほとんど本質的な相違はなく、製図をやや系統的に指導することと「工
　　業大意」を講義として課することなどが違いの主なるものであった。
　　　しかしこの工業科の新設は、高等小学校の教育に独自の性格を与えるうえに一つの大
　　きな役割を果した。とくに大都市の高等小学校では工業科の教育が活況を呈した。当時
　　の東京市内の高等小学校では一学級を四五名で編成し、週四時間これを課していた。そ
　　の指導に当る教員には二号俸くらい上位の俸給が支給され、実習助手も置かれていたた
　　めに、中等教員の有資格者が進んでこれに当っていたし、整備された実習室をもってい
　　るものも多かった。

（細谷俊夫『技術教育概論』東京大学出版会、1978、p.113）

註2　国民学校令による芸能科図画・工作教科書一覧

書名	巻	学年	男女	教師用	発行年	備考
エノホン	一	初一	男女共用	有	1941	図画、工作両用
エノホン	二	初一	男女共用	有	1941	図画、工作両用
エノホン	三	初二	男女共用	有	1941	図画、工作両用
エノホン	四	初二	男女共用	有	1941	図画、工作両用
初等科図画	一	初三	男子用、女子用	有	1942	
初等科図画	二	初四	男子用、女子用	有	1942	
初等科図画	三	初五	男子用、女子用	有	1943	
初等科図画	四	初六	男子用、女子用	有	1943	
高等科図画	一	高一	男子用、女子用	×	1944	
高等科図画	二	高二	×	×	×	
初等科工作	一	初三	男子用、女子用	有	1942	
初等科工作	二	初四	男子用、女子用	有	1942	
初等科工作	三	初五	男子用、女子用	有	1943	
初等科工作	四	初六	男子用、女子用	有	1943	
高等科工作	一	高一	男子用、女子用	×	1944	
高等科工作	二	高二	×	×	×	

（×は未発行）

註3　1935（昭和10）年にブリュッセルで開催された「第7回国際美術教育会議（FEA）」の
　　テーマは「児童の発達」となっている。また、子どもの造形活動における発達に関
　　する出版物には、次のようなものがある。
　　『Le Dessin Enfantin』（ジョルジュ・アンリ・リュケ著、1927、仏、日本語版：
　　G.H.リュケ著、須賀哲夫監訳『子どもの絵──児童画研究の源流』金子書房、
　　1979）
　　『子供の絵の観方と育て方』（楢崎浅太郎・上阪雅之助、藤井書店、1931）
　　『想画による子供の教育』（中西良男、文化書房、1932）
　　『Picture Making By Children （子どもの絵)』（R.R. トムリンソン著、1934、英）
　　『The Nature of Creative Activity』（ヴィクター・ローエンフェルド著、1939、米、日
　　本語版：ローウェンフェルト著、水沢孝策訳『児童美術と創造性』美術出版社、
　　1960

第4章　工芸教育の変遷

第1節　戦後教育改革期の工作・工芸教育

学習指導要領成立の背景と改訂の経緯

　1945（昭和20）年8月15日の終戦から、1951年のサンフランシスコ講和条約締結、そして翌年の同条約発効による日本の主権回復までの期間、すなわち連合国による占領期間をここでは「戦後教育改革期」として、その間の教育諸制度の整備を工作・工芸教育を中心として見ていく。

　この期間の教育改革の方針は、1945年10月22日に、「連合国軍最高司令官総司令部（GHQ）」が覚書として日本政府に提示した「日本教育制度ニ対スル管理政策」にはじまる。そこでは学校教育から軍国主義や極端な国家主義を排除し、基本的人権による民主主義に基づいた教育が奨励されている（註1）。

　また、総司令部内に「民間情報教育局（CIE）」（註2）を設置し、具体的な改革の指導を行った。さらに、1946年には新しい教育制度の建設を目的として、教育の専門家によって構成された「第一次教育使節団」をアメリカより来日させている。そして、来日から25日後に提出された『同報告書』（註3）によって、「六三三制」「義務教育九年」など、戦後日本の学校教育の基本構造が形づくられていく。1946年11月5日に「日本国憲法」が、翌1947年3月31日には「教育基本法」及び「学校教育法」が公布され、次第に法的制度としての学校教育が整備されていく。

　その当時、文部省図書監修官として勤務していた山形寛は、著書『日本美術教育史』（p.86参照）において、1946年8月に「民間情報教育局」より文部省に対して「コース・オブ・スタディ」作成の指示があったことを受け、同年9月1日に「図画工作科」の「コース・オブ・スタディ」をつくるよう指示されたこと、それがどのようなものか不明で苦労をしたことなどを記している（復刊 p.776）。また、当初は「コース・オブ・スタディ」の翻訳語が「学習指導研究の手引き」であったものが、1947年5月23日に公布の「学校教育法施行規則」の作成に際して「学習指導要領」となったとしている（復刊 p.777）。

　このような背景の上に、1947（昭和22）年に「学習指導要領 試案 昭和二十二年度」が発行され、それ以後、ほぼ10年毎にこれまで9回（小学校・中学校の場合8回）の改訂が行われている。現在までの改訂の状況をまとめると、次のようになる。

180　第4章　工芸教育の変遷

① 1947（昭和 22）年刊行

　「学習指導要領 試案 昭和二十二年度」

② 1951（昭和 26）年刊行

　「小学校学習指導要領 試案 昭和 26 年（1951）改訂版」

　「中学校・高等学校学習指導要領 試案 昭和 26 年（1951）改訂版」

③ 1956（昭和 31）年刊行

　「高等学校学習指導要領 昭和 31 年改訂版」

④ 1958（昭和 33）年〜 1960（昭和 35 年）年改訂告示

　「小学校学習指導要領」

　「中学校学習指導要領」

　「高等学校学習指導要領」

⑤ 1968（昭和 43）年〜 1970（昭和 45）年改訂告示

　「小学校学習指導要領」「中学校学習指導要領」「高等学校学習指導要領」

⑥ 1977（昭和 52）年〜 1978（昭和 53）年改訂告示

　「小学校学習指導要領」「中学校学習指導要領」

　「高等学校学習指導要領 昭和 53 年（1978）改訂版」

⑦ 1989（平成元）年改訂告示

　「小学校学習指導要領」「中学校学習指導要領」「高等学校学習指導要領」

⑧ 1998（平成 10）年〜 1999（平成 11）年改訂告示

　「小学校学習指導要領」「中学校学習指導要領」「高等学校学習指導要領」

⑨ 2008（平成 20）年〜 2009（平成 21）年改訂告示

　「小学校学習指導要領」「中学校学習指導要領」「高等学校学習指導要領」

　以上の内、本節では「戦後教育改革期」として、［① 1947（昭和 22）年刊行「学習指導要領 試案 昭和二十二年度」］から［③ 1956（昭和 31）年刊行「高等学校学習指導要領 昭和 31 年改訂版」］までを見ていく。すなわち、学習指導要領が法的拘束性をもたないものとして、教育の指針を示していた時代である。

「学習指導要領 図画工作編 試案 昭和二十二年度」における「工作」

　終戦直後は、教授要旨やいわゆる「墨塗り教科書」についての通達などによって教育目標や内容を示していたが、前述のように 1946（昭和 21）年 8 月頃からは、「コース・オブ・スタディ」すなわち「学習指導要領」の作成を

開始している。この初の「学習指導要領」は、1947（昭和22）年3月20日の一般編刊行を皮切りに、国語編以下13冊が「試案」という形で作成された。「図画工作編」の刊行は、同年5月21日となっている。

山形寛は、文部省図書監修官として「学習指導要領 図画工作編 試案 昭和二十二年度」の編集に直接関わった人物であるが、著書『日本美術教育史』において、それまで準備を進めていた教科書編集のための委員会を「図画工作編」の編集に移行したと記している（復刊 p.777）。準備の進んでいた教科書の担当者名として「阿部、松田、和田、三苫、渡辺、田原、長谷川」などの名前が残っており、これらの人物が「学習指導要領 図画工作編 試案 昭和二十二年度」を編集したと推測される（註4）。「学習指導要領」の全体像については、拙著『美術教育資料研究』（武蔵野美術大学出版局、2014、pp.348-410）に譲るとして、ここでは「工作」を中心に見ていきたい。

「学習指導要領 図画工作編 試案 昭和二十二年度」の構成は、小学校と新制中学校の合本形式となっており、新制高等学校についての記述はない。新制高等学校については、「新制高等学校の教科課程に関する件」と題する文部省学校教育局長名の文書通達が1947年4月7日付で、さらに「新制高等学校教科課程の改正について」と題する通達が翌1948年10月11日付で出されている。

「学習指導要領 図画工作編 試案 昭和二十二年度」と「新制高等学校の教科課程に関する件」に示された図画工作に関する教科科目（註5）と時間数を学校種ごとに比較すると次に示す表のようになる。

学校	教科・科目		学年	時間数
小学校	図画工作		1	105（3）
			2	105（3）
			3	105（3）
			4	70（2）－105（3）
			5	70（2）
			6	70（2）
中学校	必修科目	図画工作	7	70（2）
			8	70（2）
			9	70（2）
高等学校	選択教科	図画	1	70（2）
			2	70（2）
			3	70（2）
		工作	1	70（2）
			2	70（2）
			3	70（2）

小学校及び中学校における「図画工作科」の誕生について、山形は『日本美術教育史』において、大正期より「図画科」と「手工科」の統一論はあったとしながらも、「民間情報教育局」より提示された「アート・アンド・ハンディクラフト」の訳語として成立したとしている（復刊 pp.774-775）。しかし、戦時中の「国民学校令」を見ると、国民学校初等科第1・第2学年は、『エノホン 一』から『同 四』までを用いて、「図画」と「工作」を分離せず一体化して扱うこととしている（p.162参照）。この編集にも携わっていた山形にとっては、「民間情報教育局」担当者から提示された「図画」と「工作」の合科は、"受け入れやすいもの"というより"好ましいもの"であったと想像するに難くない。

　「国民学校令」及び「同令施行規則」、そして『エノホン』に代表される「国定教科書」と「学習指導要領 試案 昭和二十二年度」を比較すると、皇国民の育成や戦争遂行のための教育から、各個人はその尊厳を土台に民主的な国家の形成者となるよう教育されるべきとの改革は、各教科科目の目標や内容からも読み取れるものとなっている。しかし、毎時間の教室で実践される授業の教材や単元の内容においては、大きな差はない。このことは、前章「第8節」で取り上げた「国民学校令」における国定教科書『エノホン』や『初等科工作』『高等科工作』などに示された「教材一覧」（p.167, 171参照）と、「学習指導要領 図画工作編 試案 昭和二十二年度」の「第三章 教材、表現材料及び用具」との類似性からも明らかである（註6）。すなわち、「国民学校令」の教育が向かうべき到達点を間違えていたのであって、当時の関係者が理想とする「図画」や「工作」の教育が、「国民学校令」に示されていたと見ることができる。

　また、終戦後わずか1年半でこの大変革を成し遂げるには無理があり、山形をはじめとして「国民学校令」に関わった人たちが、全く新しい教科観を持って「学習指導要領」の編纂にあたることは不可能であったとも言えるだろう。山形自身は『日本美術教育史』の中で、この「学習指導要領 図画工作編 試案 昭和二十二年度」を、「何分早々の間に出来たものであるから、まだ新体制の教育にすっかり乗り切ってもいなく、それかといって旧体制のままでもなく、過渡期のものである。」と評している（復刊 p.779）。

　なお、「図画工作の教育はなぜ必要か」を真摯に述べている「学習指導要領 図画工作編 試案 昭和二十二年度」の「はじめのことば」は、現代にも通じる内容を持っている。「発表力の養成」「技術力の養成」「芸術心の啓培」

「具体的・実際的な活動の助長」の項目で示された2,200字余りのこの文章は、戦後の新しい教育に対する意欲とともに、図画工作教育の現代的意味を指し示していて、学ぶところが多い。以下に、工作・工芸教育と特に関わりの深い「二 技術力の養成」と「三 芸術心の啓培」を示す。

二 技術力の養成

　人は、手で道具を作り、その道具を使って、更に進んだ道具や、生活上いろいろ必要な物を作って、生活を豊富にし、進んだ文化を建設して行く。このことは、人類が他の動物といちじるしく異なる点であるが、同じ人類の中でも、この種の造形活動が、いかに営まれるかは、その文化の程度を示すものである。

　文化には、精神的ないしは思想的方面があり、それが重要であることはいうまでもないが、いかにりっぱな精神、りっぱな思想があっても、それがなんらかの形で具象化されなければ、直接に生活をうるおわせ、豊かにすることはできないといわなければならない。まして、物質的文化の方面では、その具象化は欠くことのできない条件である。

　もっと端的にいえば、手で道具を作り、物を作る活動、すなわち、人間の技術活動が伴なわなければ、すべての文化は、直接には生活の役に立たないのである。

　かかる点から見て、技術の養成、またはすべての技術の基礎となる目と手の感覚を鋭敏にすることが、教育の一つの項目として取り上げられなければならない。そしてその使命を負って、図画工作が一つの教科として取り上げられたのである。

三 芸術心の啓培

　美を愛し、美を創造し、美を味わい楽しむのは、人間の持つ一つの特性である。人類はこの特性を持っているから、諸種の芸術品を作り、それによって生活にうるおいを与えている。

　人類は、未開の時代にも、それにふさわしい芸術的な活動をしており、はげしい闘争の時代にも、その活動は、決して停止してはいない。まして、平和で豊かな時代には、極めて盛んな芸術的活動が営まれている。かかる人類の芸術的活動のあとをかえりみると、芸術は単なるぜいたくではなく、やむにやまれない人の本性から出発しているものである。この本性を育て、平和で、香りの高い文化を建設する素地を与えることは、教育の一つのつとめでなければならない。かかる使命をはたすために図画工作・音楽その他の芸術的な教科が置かれているのである。

工作教育の視点から注目すべきこととして、「国民学校令」では強化されていた機械の構造や扱い、修理に関する項目の扱いがある。これらの技術教育に関する項目は、「学習指導要領 図画工作編 試案 昭和二十二年度」の「第三章 教材、表現材料及び用具」中「工具・備品の扱い方」の項目に集約されており、具体的な内容としては、第5、6学年が「普通の工具・かんきり・バリカン・糸のこぎり機・電気器具等の使い方・手入れ・小修理」、第7、8、9学年が「家庭及び学校の諸設備・備品の保存及び小修理」とあり、第1、2、3、4学年は空欄である。

　一方、「鑑賞」の項目では、第3学年から第7学年までに「工芸品・美術品の鑑賞」を示している。そして、その指導目標は、「1. 工芸品・美術工芸品・美術品の美しさを味わわせ、その価値についての関心を深める。」、「2. 工芸品・美術工芸品については、実用と美との関係について関心を持たせる。」、「3. 美的情操を養う。」となっている。

　ここでは「工芸」の言葉が教育の対象もしくは教科科目の領域を意味するものとして、明確に存在している。これらを通観するならば、新制度における「図画工作科」は技術教育的色彩よりも造形教育的色彩を濃くしていると言えるだろう。

　「図画工作科」がこのように造形教育としての性格を強くした背景に、三苫正雄（工芸家・教育学者、1893-1969）の存在がある。三苫は東京高等師範学校、戦後の東京教育大学（現筑波大学）で教鞭をとっており、「国民学校令」下の「国定教科書」の編集委員、「学習指導要領 図画工作編 試案 昭和二十二年度」の編纂も担当している。

　また、著書『小学教育大講座 第11巻 手工教育』（非凡閣、1937）において「児童の工芸と造形科学の生活」と題する文を掲げ、「子供は自然に美を好み、且つ造形的なる操作を好む。」としている（p.42）。さらには、著書『国民学校芸能科精義』（教育科学社、1940）に「（一）国民的造形文化ノ創造ニ資スルモノ」とのタイトルで、「芸能科工作」の教材について次のような文章を掲載している。

　所謂、造形文化なるものは世界各国到るところに存在するものであるが、我が国としては我が国民的なる造形文化の創造こそ我が民族が欲求するものである。その国民的なる造形文化の創造を期することが今日凡ゆる角度から欲求されてゐるものであるが、その教育は他の方面でも若干は行はれるが、主として芸能科工

作に於て行はれるものである。固より文化創造をなさしめるには、単に、創造教育のみを以てすることは困難である。即ち、創造もその初歩に於ては模倣的活動により、優れたものを模倣することによつてその基礎を養ひ、その模倣の上に更に優れたものを建設せしめるのであるが、模倣を繰返すのみでは、決して優れた創造活動をするやうにはならないのであるから、飽迄幼稚な者にも創造活動をなさしめることを根本として活動をもなさしめるやうにして行かなければならないが、かかる国民的造形文化生活の創造に資するやうな教材をもつてその教材とすることは、芸能科工作なる科目の最も独自的な使命である。

(『国民学校芸能科精義』pp.153-154)

　また、三苫は同書の末尾に付録として「造形教育の諸問題」を加えている。そこでは、「実業科」における「工業」は国民錬成上、特に職業的基礎教養の教科であるとし、「芸能科工作」とは学習の趣旨がかなり違うことを説いている。また、「工作の学習は美術にも、工業にも、工芸にも関した造形的教育の広い範囲に於ける学習を目指しての普通一般陶冶である。」と指摘している。

　鋳金工芸の専門家でもあり、「学習指導要領 図画工作編 試案 昭和二十二年度」の編纂において、特に工作部分に関する三苫の発言は、担当者の間においても重いものがあったと想像できる。三苫の構想には、学習対象もしくは領域としての「工芸」の概念、さらに「造形」あるいは「造形文化」という概念が存在し、いわゆる「造形教育」としての「図画工作科」が、戦後の工作・工芸教育の新たな展開を目指す萌芽がここにあったと言えるだろう。

　一方、「学習指導要領 図画工作編 試案 昭和二十二年度」では、第7、8、9学年に「職業科」が、「図画工作科」と同じく必修科目として週4時間設定されている。「職業科」は「農業、商業、水産、工業、家庭」の選択制となっていることは「国民学校令」下と変わりなく、「工業」の内容には「木工」「竹工」「金工」「電気」「やきもの製作」「コンクリート」「染色と織物」となっている。

　前述のように三苫は、「実業科工業」と「芸能科工作」の趣旨の違いを説いているが、実際には「木工」や「金工」をはじめとして「図画工作科」の学習内容と、「実業科工業」における学習内容とが近接もしくは重なる状況もまた、戦前と同じく戦後に持ち越されることになったのである。

新制高等学校における「工作」

「学習指導要領 図画工作編 試案 昭和二十二年度」が小学校と中学校を中心としたものであり、高等学校については1947（昭和22）年及び翌年の文部省学校教育局長名の文書通達のみであったが、1948年4月には新制高等学校が発足し、順次高等学校用学習指導要領試案も発行されていくことになる。その最初の段階で、「学習指導要領 家庭科編 高等学校用 昭和二十四年度」が発行されているが、その「被服」領域において、いち早く「デザイン」の言葉が用いられている。「図画工作科」では「図案」や「意匠」の言葉を用いている時代であることと比較すると、「家庭科」の担当者たちの新しい教科として再編しようとする意欲を見てとることができる。

具体的には「被服生活の計画」や「製作」などのところで、「（環境・季節・活動）2どんな型、どんなデザイン、どんな色の服装が適当か」「その材料はどんな型、どんなデザインに適するかを考え、相互研究」「目的に応じたスタイル・デザインの選び方」などの記述がある。「学習指導要領 図画工作編 試案 昭和二十二年度」の検討の最中に「図画工作科」と「家庭科」を統合する案も出ており、やがて「工業」のみならず「家庭科」との学習内容の調整も重要な課題となってくる。1951年には、昭和22年度版の改訂という形で「学習指導要領 試案 昭和26年（1951）改訂版」が発行される。「民間情報教育局」の担当組織の変更に合わせて（註7）、小学校用が独自で編集され、中学校用と高等学校用が合本という形式になっている。昭和26年度版は、全体に各教科の時間配当に一定の幅が設定され、地域の状況に合わせて特色ある教育課程を作成することが示されているが、小学校と中学校の図画工作の考え方に大きな変化はないので、ここでは高等学校「芸能科工作」を中心に見ていく。

	科目	総時間数		第1学年	第2学年	第3学年
芸能	音楽	70（2）	210（6）	70（2）	70（2）	70（2）
	図画	70（2）	210（6）	70（2）	70（2）	70（2）
	書道	70（2）	210（6）	70（2）	70（2）	70（2）
	工作	70（2）	210（6）	70（2）	70（2）	70（2）

「芸能科」の科目構成と配当時間（単位）は上の表の通りであるが、高等学校の教育課程全体が教科と科目によって整理されている。また、各科目の単位が示されているが、課程の基本構造は学年制になっている。しかし、4

つの科目を統合した「芸能科」としての定義や目標はなく、「学習指導要領
一般編 試案 昭和26年（1951）改訂版」においては、「4 各教科の発展的系
統」が示され、「(1) 国語科」「(2) 社会科」「(3) 算数、数学科」「(4) 理科」
「(5) 音楽科」「(7) 体育、保健体育科」「(8) 家庭ならびに職業に関する教科」
「(9) 外国語（英語）」と並んで「(6) 図画工作科」がある。そこには、小学
校から高等学校までを通しての「(6) 図画工作科」の主旨とともに、「(a) 描
画」「(b) 色彩」「(c) 図案」「(d) 工作」「(e) 鑑賞」の領域と、それぞれの学
習の発展的系統が示されている。その中で、「(d) 工作」については、次の
ようになっている。

(d) 工作

　工作は普通の材料による製作を通して、材料に対する理解や工作方法を身につ
け、日常生活に必要ないろいろな造形品を有効に処理する能力や常識を養うのが
そのおもなねらいである。

　小学校の低学年においては、創造的な表現意欲をじゅうぶんに伸ばすために、
扱いやすい粘土・紙・糸・布などの材料を与え、学年の進むに従って、木材・金
属・竹などの材料を加え、正確な工作法による指導をするようになっている。なお、
表現製作の指導と同時に、普通の工具についてその使用になれさせる。

　中学校においては、小学校の段階を高め、さらに製作に必要な普通の工作機械
などの使用になれさせる。

　高等学校においては、中学校の段階をさらに高め、建築、彫刻もその指導内容
としてあげてある。建築は主として住宅建築に関して、その改善美化に関心を高
めるために扱い、彫刻は主として、図画においては純粋美をねらっての彫刻を、
工作においては工芸的彫刻（窯芸を含む）を扱うことになっている。

　製図の指導は、工作的表現には密接な関連を持つもので、小学校では、製作に
附随して、展開図の初歩から出発し、学年の進むに従がって投影図法による製図や、
中学校においては等角投影図法や、傾斜投影図法による製図も扱い、高等学校に
おいては、普通一搬の図法や、製図法などを指導する。なお、計画的表示として
の製図の指導と同時に読図もあわせて指導する。

　この文章を整理してみると、小学校と中学校には「工具」や「工作機械」
などの文言があり、「製図」がかなり重要な扱いとなっていることがわかる。
すなわち、この時点で幾分かの技術教育的な性格が、小・中学校「図画工作

科」における「工作」と新制高等学校「芸能科工作」にあるものの、全体としては「創造的な表現意欲」を土台とする「造形教育」として位置づけようとする志向が読み取れる。

　一方、同じく「4　各教科の発展的系統」の中の「（8）家庭ならびに職業に関する教科」を見てみると、「（b）中学校の職業・家庭科」の学習内容を12項目に整理し、それぞれが小学校、中学校、高等学校のどの教科と関連するかを次に示す表としてまとめている。

類	項目	基礎になる小学校の教科	関係する中学校の教科	この項目から発展する高等学校の教科
第1類	1. 栽培	理科・家庭	理科	農業
	2. 飼育	理科・家庭	理科	農業・水産
	3. 漁	理科	理科	水産
	4. 食品加工	理科・家庭	理科	農業・水産・工業
第2類	5. 手技工作	図画工作・家庭	図画工作	工業・農業・家庭・家庭技芸・水産
	6. 機械操作	理科・図画工作	理科・図画工作	工業・農業・水産
	7. 製図	図画工作	図画工作・数学	工業・農業・水産・商業
第3類	8. 文書事務	国語・社会	国語・社会	商業
	9. 経営記帳	社会・算数	社会・数学	商業・工業・農業・水産・家庭
	10. 計算	算数	数学	商業
第4類	11. 調理	家庭・理科	理科	家庭
	12. 衛生保育	理科・家庭	理科・保健体育	家庭

　この表からは、「第2類」に整理されている「5. 手技工作」「6. 機械操作」「7. 製図」については「基礎になる小学校の教科」として、また「関係する中学校の教科」として「図画工作」が全面的に取り上げられている。しかし、「この項目から発展する高等学校の教科」においては、「芸能科工芸」も「芸能科図画」も全く指摘されていない。すなわち、「国民学校令」までの「手工」や「芸能科工作」と新制高等学校における「芸能科工作」の教科性を同一線上に考えることはできないのである。

　具体的に、「中学校・高等学校学習指導要領　図画工作編　試案　昭和26年（1951）改訂版」における「芸能科工作」の目標を見ると、「1 個人として生徒をできるだけ発達させること。」「2 生徒が社会人および公民としてできるだけ向上させ、国家および社会の有能な形成者として必要な資質を養うこと。」「3 生徒の職業的興味・適性を発展させること。」を掲げ、その指導内容として「（1）工芸」「（2）彫刻」「（3）建築」「（4）図衆」「（5）色彩」「（6）図法・製図」「（7）鑑賞」「（8）生活の美化」「（9）工芸概論」の9領域が示されている。また、この目標を次のように解説している。

第1節　戦後教育改革期の工作・工芸教育　189

高等学校工作教育の目標は、図画教育と同様、高等学校教育目標に基底をおき、図画工作教育の一般目標を分担達成するため、中学校の図画工作教育の目標に接続し、さらにこれを生徒の興味と適性と必要とに適合するように発展したところにおくべきである。

　高等学校の生徒になると、工芸の意匠・創案に興味と適性とを示すもの、製作技術に才能を示すもの、理解と鑑賞とに特性を示すものなど相当個性的特色を発揮するものであるから、次に述べる諸目標も、どの生徒にも一律に適用するのではなく、教師はそれぞれの生徒の個性に応じて重点のおきどころを異にしなければならない。しかし、一般高等学校の教育は専門教育ではないのであるから、あまりかたよった教育目標を選ばないで、なるべく幅の広い工芸文化に対する教養を与えるようにしなければならない。

　この解説の最後が「工芸文化に対する教養」でまとめられているように、新制高等学校「芸能科工作」は、明治の「手工教育」草創期から紆余曲折を経て継続され、戦後の小学校、中学校「図画工作」に受け継がれた流れの上に存在するというよりも、「学習指導要領 一般編 試案 昭和26年（1951）改訂版」に示された高等学校全体の目標である「生徒は社会生活に関する理解を一段と深め、社会における個人の役割をよく自覚し、自分の個性を最高度に発揮して、社会の進展に貢献しようとする態度を身につけねばならない。」を具現化すべく、新たに誕生した科目と言ってよいだろう。そして新制高等学校「芸能科工作」は、次の芸術教育としての「工芸」へと発展、展開していくことになる。

　なお、「中学校・高等学校学習指導要領 図画工作編 試案 昭和26年（1951）改訂版」の特徴として、各項目の指導目的や指導方法にはじまり、鑑賞すべき作品一覧、材料の特性や施設設備の一覧など、学校での具体的な指導資料となるように詳細かつ具体的な記述となっている。また、「デザイン」の言葉はまだ用いられていないが、工作の素材として「プラスティックス」が取り上げられるなど、新しい動きも見られる。さらに、「(9) 工芸概論」の指導内容の要点として「工芸の要素」を取り上げ、その中で「工芸の機能」と「工芸の美」を次のように定義していることは、当時の工芸観を知る上で重要である。

190　第4章　工芸教育の変遷

工芸の機能

1. 人間の生活を離れては、工芸は存在しないから工芸の機能は生活の中における工芸のはたらきである。

2. 工芸の機能は一般に用といわれるもの、すなわち、その実用性である。

3. 工芸の機能は時代・民族などによって、それぞれの社会機構・社会思想などの影響をうけていろいろの形で現れる。

4. 工芸において、機能と美とは対称的に考えられる場合もあるが、一致するもののように考えられる場合もある。

5. 近代から現代にいたる工芸品は、一般に機能の面が非常に重要視されている傾向をもっている。

工芸の美

1. 工芸の美は、用と美というように、対称的に取り扱われている場合もある。

2. 工芸の機能が極度に重視されて現れると、機能がそのまま美と考えられることもある。また、人間の装飾本能に基いて工芸に要求される美は、用に対立するものとして考えられた美である。

3. 装飾性から生れ出る美は工芸においては、遊びといわれるもので、この遊びが人間生活の上に重要な意義をもつものであると考えられる。

4. この装飾性からくる工芸の美は、絵画や彫刻における美とはやや趣を異にするものであるが、人間の本能的欲求に基くものである点では互いに深い関連性があるといわねばならない。

　なお、「中学校・高等学校学習指導要領 図画工作編（試案）昭和26年（1951）改訂版」の編集担当として次のように記されている。

東京学芸大学教授	倉田三郎
日本色彩研究所主事	関 秀光
東京教育大学教授	田原輝夫
お茶の水女子大学教諭	天井陸三
成蹊高等学校教諭	藤浦敏雄
東京芸術大学教授	松田義之
埼玉大学助教授	町田源三郎
東京教育大学教授	三苫正雄

東京高等師範学校教授	三島利正

前文部事務官　　　　　　山形 寛

神奈川県立藤沢高等学校長　矢吹 誠

東京都立九段高等学校教諭　吉田 勇

文部省初等中等教育局　中等教育課文部事務官　小池喜雄

文部省初等中等教育局　初等教育課文部事務官　渡辺鶴松

註1　連合国軍最高司令官総司令部（General Headquarters：GHQ）は、1945（昭和20）年に、この「日本教育制度ニ対スル管理政策」の他に「教員及ビ教育関係官ノ調査、除外、認可ニ関スル件」「国家神道、神社神道ニ対スル政府ノ保証、支援、保全、監督並ニ弘布ノ廃止ニ関スル件」「修身、日本歴史及ビ地理停止ニ関スル件」の指令を矢継ぎ早に提示している。

　　　これらを、GHQ の教育に関する「四大指令」と呼ぶこともある。

註2　民間情報教育局（Civil Information and Educational Section：CIE）は GHQ の部局の1つで、教育や宗教をはじめ文化政策を担当した。教育関係法案の制定や学習指導要領、教科書等、戦後教育改革に直接的に関与した。

註3　第一次教育使節団は、団長ジョージ・D・ストッダード（米、心理学者、1897-1981）以下、27名の団員から成り、1946（昭和21）年3月5日、6日に来日すると、精力的に調査活動を行い同3月31日に連合国軍最高司令官宛に報告書を提出している。

　　　内容はアメリカ型の自由主義教育を柱として、「六三三制」や「義務教育の延長」以外に、「公選制教育委員会の設置」「国定教科書の廃止」「社会科の導入」「男女共学」「ローマ字統一」などを提言している。

　　　また、1950年8月27日には第二次教育使節団が来日しているが、第一次調査団の提言の実施状況の調査と補足を主たる目的としていた。

註4　記録された姓をもとに当時の図画工作及び美術教育関係者から推測すると、「図画工作編」の編集委員は、次のような顔ぶれではなかったかと思われる（勤務先、役職は当時）。

　　　阿部広司（1910-1992）東京女子高等師範学校附属小学校勤務
　　　松田義之（1891-1981）東京美術学校勤務
　　　和田三造（1883-1967）日本色彩研究所理事長
　　　三苫正雄（1893-1969）東京高等師範学校勤務
　　　渡辺鶴松（1895-没年不明）文部省勤務
　　　田原輝夫（1900-1982）東京高等師範学校勤務
　　　長谷川信也（生没年不明）東京都公立学校勤務

註5　「教科」と「科目」についての明確な順位性や使い分けは、この当時はまだない。現在は「教科−科目−分野」によって教育課程が構成されており、小学校と中学校

には「教科」のみが存在し「科目」はないが、中学校の社会、理科、保健体育、技術家庭の各教科には「分野」が示されている。また、高等学校では、1つの「教科」が複数の「科目」群によって構成されている。

註6　「学習指導要領 図画工作編 試案 昭和二十二年度」の「図画工作教材単元一覧表」では、次のA～Pの16項目に従って学年ごとに具体的な内容が示されている。

　　　A 描画　　　B 粘土による表現　　　C 色彩　　　D 形体　　　E 図案
　　　F 製図　　　G 紙工　　　H 木竹工　　　I 金工　　　J 手芸
　　　K セメント工　　　L 材料があり、その利用方法を考えて作る
　　　M 目的が決まり、材料組み立て方を考えて作る
　　　N 工具・備品の扱い方　　　O 美術常識　　　P 鑑賞

註7　現在の文部科学省内においては、「初等中等教育局」が幼稚園、小学校、中学校、高等学校、中等教育学校、特別支援学校を担当している。幼稚園、小学校、特別支援学校小学部を「初等教育段階」、中学校、高等学校、中等教育学校、特別支援学校中学部及び同高等部を「中等教育段階」として区分けする。

第2節　芸術教育としての工芸教育

高等学校芸術科工芸の誕生

　1952（昭和27）年に、「サンフランシスコ講和条約」が発効し、日本の主権が回復すると、戦後復興も加速度的に進み、昭和30年代からは学校教育もその充実が模索された。「教科書検定制度」は1948年定められ、翌年からは検定教科書の使用がはじまったが、中学校「図画工作科」や高等学校「図画」「工作」については、遅れて1952年から使用されはじめ、小学校「図画工作」については、1955年からの使用となった。

　日本政府は、主権回復に合わせて、1952年に「中央教育審議会令」を制定し、これまで「民間情報教育局（CIE）」（p.180参照）の指導を仰ぎながら作成してきた「学習指導要領」を独自に編集することができるようになった。また、1955年の「小学校学習指導要領 社会科編 改訂版」及び「中学校学習指導要領 社会科編 改訂版」から「試案」の表記はなくなり、「学習指導要領」は次第に教育内容の基準としての性格を強めていくことになる。

　そのような中、新制高等学校は科目編成などで問題が多く、文部省独自の編集として最初に大がかりな改訂を行ったものが、「高等学校学習指導要領 昭和31年改訂版」である。この改訂によって、「普通課程」と「職業に関する課程」（後の専門学科）の構成など、現在に続く高等学校の基本構造がつくり上げられるとともに、「芸能科」が「芸術科」となるなど、教育課程そのものも現代の高等学校の教育に続く構成となった。ここでは「芸術科工芸」の内容を中心にして見ていくことにする。

　「芸能科」が「芸術科」に変わったことの意味を考える上で、「高等学校学習指導要領 芸術科編 昭和31年改訂版」における「芸術科」の目的と、「芸能科」を最初に設置した「国民学校令」における「芸能科」の主旨を比較してみると次のようになる。

高等学校学習指導要領 芸術科編 昭和31年改訂版
第1章　芸術科の目標
　高等学校芸術科は、芸術の表現・鑑賞を通して美の理解感得と創造性の育成に努め、情操を純化し生活を豊かにして、円満な人間の形成を目ざすものである。

国民学校令施行規則　（p.162参照）

第十三条　芸能科ハ国民ニ須要ナル芸術技能ヲ修練セシメ情操ヲ醇化シ国民生活ノ充実ニ資セシムルヲ以テ要旨トス

　この2つを比較してみると「芸術」「情操」「生活を豊か・生活の充実」などは共通している。しかし、「芸術科」が「人間の形成」を目指しているのに対して「芸能科」は「国民ニ須要ナル」としている点は、戦前の「皇国民」育成のための教育から、「個人」のための教育へと変化したことを端的に示しているし、その「個人」の在り様こそが「芸術」の言葉を冠する教科の重要な要素でもある。

　前節では新制高等学校の「芸能科工作」は、明治以来の「手工」や「工作」などの継続としてあるものではないことを示したが、この「芸術科」もまた、戦後という時代の要請によって生まれた教科であると言える。このことは、「学校教育法」に定められた高等学校の教育の目的とも連動する。そこには、「一　中学校における教育の成果をさらに発展拡充させて、国家および社会の有為な形成者として必要な資質を養うこと。」「二　社会において果さなければならない使命の自覚に基き、個性に応じて将来の進路を決定させ、一般的な教養を高め、専門的な技能に習熟させること。」「三　社会について、広く深い理解と健全な批判力を養い、個性の確立に努めること。」（註1）とあり、その実現を目指すとき「芸術科」が高等学校の教育で果たすべき役割もまた「芸術」の言葉を冠することによって、より明らかになったと言えるだろう。

　さらに、この改訂では「図画」も「美術」となっている。これらの背景として、戦時中にはほぼ消滅状態にあった芸術活動が、戦後一気に再開したことも忘れてはならない（註2）。「芸術」とは無縁な生活を強いられた人々が、衣食住の安定だけではなく、「芸術」を見、聞き、感じ、「芸術」が存在することによって、真に自由で民主的な社会に日本が変ろうとしていることを実感したのではないか。すなわち教科「芸術」は、民主主義の理念を説く戦後の新設教科「社会科」よりも、より具体的に平和を実感できる学びであったと見ることができる。

　また、ハーバート・リード（英、哲学者・評論家、1893-1968）の著書『芸術による教育』（1943）など、新しい教育理念が紹介され、民主的な社会における造形美術教育を提唱する民間美術教育団体が活況であったのもこの時

第2節　芸術教育としての工芸教育　195

代である（註3）。その運動は、文部省も無視できないほどの広がりを見せている。しかし、それらの活動の広がりを可能にしたのは、当時の人々の平和への希求と芸術や美術への敬意であり、「芸術科」や「美術科」の授業が、人々の思いとともにあった時代故であるとも言えるだろう。

　この改訂の具体的な内容を見ていくと、単位時間などに関する定義も明確化され、「芸術科」の各科目の単位は次のように整理され、現在にまで続いている。

教　科	科　目	単位数（指導時間数）							
		単位	時間		単位	時間		単位	時間
芸　術	音　楽	2	(70)	または	4	(140)	または	6	(210)
	美　術	2	(70)	または	4	(140)	または	6	(210)
	工　芸	2	(70)	または	4	(140)	または	6	(210)
	書　道	2	(70)	または	4	(140)	または	6	(210)

　芸術科各科目の1個学年における単位数は2とされ、全日制普通課程においては、「芸術科」「家庭科」「農業料」「工業料」「商業料」「水産科」の中から6単位以上を、すべての生徒に履修させるものとしている。また、「芸術科」については、すべての生徒に2単位を履修させることが望ましいと指摘している。

　この内、「芸術科工芸」の目標は次のようになっている。

高等学校学習指導要領 芸術科編 昭和31年改訂版

第5章 芸術科工芸

I 芸術科工芸の目標

　「工芸」は、中学校の学習経験の上に立って、デザイン・製作・工芸概論などの学習をとおして、次の諸項目の達成に努める。

（1）工芸的な創造力や鑑賞力を高め、個性の伸長を図る。

（2）造形的な感覚を洗練する。

（3）工芸的な表現や鑑賞を通して、生活を明るく豊かにする能力を高め、またその能力を積極的に活用する実践的態度を養う。

（4）工芸的な技術や材料に対する理解と関心を深める。

（5）工芸や建築などの鑑賞力を養う。

（6）わが国および諸外国の工芸・建築文化の伝統ならびに動向を理解し、工芸・建築文化の発展に寄与する態度を養う。

（7）工芸・建築文化によって、国際間の理解を深める態度を養う。

　そして、「工芸」の内容を「デザイン」「製作」「工芸概論」の3領域としている。この3領域について、「生徒の造形的活動の面から考え、表現活動を主とするものと、工芸に関する広い視野を作るための工芸概論に分け、前者はさらに生徒の創造性に基くデザインと、デザインされたものを実際に作り出す製作とに分けた。」と解説している。すなわち「表現」と「鑑賞」による科目内容の構造がすでに成立している。この内、第1年次における「領域」とそれに対応する「項目」、さらに各「項目」の「要点」を整理すると次のようになる。

年次	領域	項目	要点
1年次	デザイン	基礎学習	美的構成
			機能研究
			材料研究
			表示練習
		デザイン実習	工芸的な生活造形品のデザイン
			（1）造形品の条件研究
			（2）機能研究
			（3）材料、構造
			（4）場所、人、経費の調査研究
			（5）用と美の観点
			（6）構想の表現
		鑑賞・批判	生徒作品その他
	製作	製作実習	日用工芸品等の製作
			・材料用具の整備、工程等の立案
			・材の吟味選定と工作法
		理解	材料、用具、工作法の理解
			（1）材料の種類、特性、規格、見積り等
			（2）用具機械の種類、用法操作手入れ保存等
			（3）工作法
		使用鑑賞	作品及び同種日用品の機能、美しさ、製作法、工程等の検討と鑑賞
	工芸概論	工芸の特質	工芸の意味についての研究
			用と美
			工芸の特質
		工芸におけるデザイン・材料・技術	デザインの意味
			材料の意味
			技術の意味
		現代の工芸	実例鑑賞、批判研究

　また各領域に指導目標が設定されているが、全体を通して工芸が持つ「用と美」と「生活と工芸の関わり」が重要な視点とされ、創造活動を通しての「判断力や選択能力」「観察、批評、鑑賞」の力などの育成が求められている。

第2節　芸術教育としての工芸教育　197

前述のように、「芸術科」の誕生は、戦後の時代背景を反映し、平和と個人の自由や自立を希求する国民が、芸術や文化に対する敬意とともにその教育の必要性を感じていたことも大きな要因と言えるが、デザインの教育に直接的な影響を与えた事例として、1954（昭和29）年のヴァルター・グロピウス（独、建築家・美術教育者、1883-1969、註4）の来日がある。

　この年、オーストラリアで開催される国際的な建築シンポジウムに出席する予定であったグロピウスは、以前より興味のあった日本に立ち寄ることにしたもので、1954（昭和29）年5月に来日し、8月まで滞在している。その間、かつてバウハウスの学生であった水谷武彦（美術教育者・建築教育者、1898-1969）、山脇巌（建築家・写真家・美術教育者、1898-1987）らと再会するとともに、京都や広島など日本各地を訪ねている。また、4回の講演を行い当時の日本のデザイン関係者と会合を重ねている。5月24日、東京の神田共立講堂（共立女子学園講堂）において「社会生活と現代建築」の演題で行われた第1回目の講演会は、後援の朝日新聞社を通じて無料で一般に開放されたこともあり、満員となる聴衆が詰めかけて熱気あふれる会となった。また、「日本デザイン学会」や「日本インテリアデザイナー協会」などが「グロピウス教授を囲んでの討論会」と題する懇談会を開催している。その出席者の中には、学習指導要領改訂に関わった勝見勝（美術評論家・フランス文学者、1909-1983）や高橋正人（デザイン教育者、1912-2000）らの名前もあり、美術、工芸の教科書の執筆を担当したデザイナーも多かった。

　高等学校「芸術科美術」や「芸術科工芸」に、バウハウスの「基礎課程」（註5）の考え方が反映していることはその内容や要点からも明らかであるが、グロピウスの来日によって、デザイナーたちの意識の高まりは、これまでの「図画」や「手工」「工作」とは違うデザイン教育の誕生を促したと言えるだろう。

昭和35年改訂告示 高等学校学習指導要領

　「高等学校学習指導要領 昭和31年改訂版」に続いて、1960（昭和35）年にも「高等学校学習指導要領」は改訂告示されている。これは、「昭和33年改訂告示 小学校学習指導要領」及び「同中学校学習指導要領」が、いわゆる「法的拘束性」を明確にして告示されたことと連動し、「独立国家の国民としての正しい自覚をもち、個性豊かな文化の創造と民主的な国家及び社会の建設に努め、国際社会において真に信頼され尊敬されるような日本人の育成

を図るため、道徳教育の徹底、基礎学力の充実、科学技術教育の向上、地理、歴史教育の改善充実などを基本方針として全面改訂を行った。」(註6) ことによるものである。したがって、本指導要領も告示として示され、「教育課程の国家基準としての性格の明確化」、「必修教科、科目の充実」「倫理・社会の新設」などが主たる改訂のポイントとなっている。

この改訂による「芸術科」の科目構成は次のようになっている。

教科	科目	標準単位数
芸術	音楽Ⅰ	2
	音楽Ⅱ	4
	美術Ⅰ	2
	美術Ⅱ	4
	工芸Ⅰ	2
	工芸Ⅱ	4
	書道Ⅰ	2
	書道Ⅱ	4

また、その履修については、「音楽Ⅰ」「美術Ⅰ」「工芸Ⅰ」「書道Ⅰ」の内いずれか1科目につき2単位を履修し、これ以外にさらに1科目以上を履修させることが望ましいとしている。

さらに、「工芸Ⅰ」の内容を見ていくと、まず「目標」は次の5項目で示されている。

(1) 工芸の学習経験を通して、創作の喜びを味わわせる。
(2) 造形的な思考力と感覚の統合によって、物をつくりあげる創造的な能力を養う。
(3) 工芸の学習経験を通して、工芸、建築などに対する批判、鑑賞の能力を養う。
(4) 工芸の学習経験を通して、生活を造形的な面からくふう改善し、明るく豊かにする実践的態度を養う。
(5) 工芸、建築文化の伝統や動向を理解し、これを愛好し尊重する態度を養う。

ただし、「工芸Ⅱ」では (1) の項目はなく、以下 (2) ～ (3) までは同じである。これを「高等学校学習指導要領 昭和31年改訂版」の「工芸」の目標と比較すると、「個性の伸長」がなくなり、学びの対象としての「工芸」と「工芸的な創造的能力」の育成という性格づけを読み取ることができる。さらに、その「内容」の構造については次のようになっている。

第2節　芸術教育としての工芸教育　199

工芸Ⅰ	A デザインの基礎練習	(1) 美的構成	ア 自然や人工物における形体の観察と発見
			イ 美的構成
		(2) 材料と構造	ア 材　料
			イ 構　造
		(3) 表　示	ア スケッチ、製図など
			イ 模型その他の立体など
	B デザインと製作	(1) 視覚的効果を主とするもの	ア 展示、包装、広告など
			イ 器物、室内調度品、服飾品など
		(2) 機能的効果を主とするもの	ア 家庭、学校その他身近な器物家具など
			イ 建造物
			ウ 機構的なもの
		(3) 上記 (1) および (2) による製作に際しては、次の事項を指導する。	ア 材　料
			イ 加工法
			ウ 用具、機械の扱い方
	C 批判・鑑賞	(1) 批判・鑑賞の対象	ア 生徒作品、身近な造形品
			イ 量産による工芸品
			ウ 機械や建造物
		(2) 上記 (1) の扱いにおいては、次の観点から指導する。	ア 工芸、建築の用途、材料、構造、製作過程、審美性、経済性などの要因とその融合
			イ 工芸、建築と生活との関係
			ウ 時代の動きと作品との関係
工芸Ⅱ	A デザインの基礎練習	(1) 構　成	ア 美的構成
			イ 用途と形体
			ウ 材料、構造と形体
		(2) 図　法	ア 平面図法
			イ 投影図法
			ウ 透視図法
		(3) 表　示	ア 製　図
			イ スケッチ、想定図、組み立て図など
			ウ 模型、写真など
	B デザインと製作	(1) 手工芸品	ア 器　物
			イ 室内調度品、服飾品など
		(2) 宣伝、展示など	ア 広告、包装など
			イ 展示、舞台装置など
		(3) 器具、機械など	ア 日用器物
			イ 機械、器具
			ウ 交通機関など
		(4) 家具、建造物など	ア 家具、室内計画
			イ テント、住宅その他の建造物
			ウ 造園、都市計画
		(5) 上記 (1)、(2)、(3) および (4) による製作に際しては，次の事項を指導する。	ア 材　料
			イ 加工法
			ウ 用具、機械の扱い方
	C 工芸理論	(1) 工芸の特質	ア 工芸の意味と特質
			イ デザインにおける諸要因
			ウ 純粋表現の作品と工芸、建築との相違
			エ 工芸、建築の分野
		(2) 工芸の動向	ア 工芸の発生
			イ 時代の動きと工芸の変遷
			ウ デザイン思潮の展開
		(3) 現代の工芸	ア 現代の工芸
			イ 民族性と世界性
			ウ 機械生産と手工芸

左記の内容をこれも「高等学校学習指導要領 昭和31年改訂版」と比較すると、内容が整理されたり順序が変ったりするとともに、クラフトに該当する部分が縮小し、プロダクトに関係する内容が多く取り上げられている。前述したように今回の改訂は、1958（昭和33）年の「小学校・中学校学習指導要領」の改訂告示との連動であり、その柱の1つに「新しい科学技術をじゅうぶんに身につけた国民の育成」があり、その反映が「美的構成」や「構造」「工芸デザイン」などに類する題材を中心とする内容にあると言える。また、次に示す当時の「芸術科工芸」の教科書の表題が「デザイン」となっていることもその意味を象徴している。

　しかし、その中心に位置づけている「B デザインと製作」では、「（1）視覚的効果を主とするもの」と「（2）機能的効果を主とするもの」に分けているなど、「用と美」によって工芸理解の基本としている点は同じである。その具体的な内容は、次に示す教科書の構成を通して見ていくことにする。

1960（昭和35）年「芸術科工芸」の教科書

　「芸術科工芸」の検定教科書は、教育出版から刊行され1957（昭和32）年から1960年まで使用されたものが1冊あったが、1961年からは日本文教出版から刊行されたものが使用され、以後現在まで、「芸術科工芸」の教科書は日本文教出版刊の1種類となっている。

　日本文教出版の最初の教科書は『デザイン』であり、1959年に検定を受け、1960年から1963年まで使用されたものである。著者として小池岩太郎（インダストリアルデザイナー・デザイン教育者、1913-1992）と高橋正人の名前が記されている。

　最初の部分では、「用と美」「自然の観察」「観察の方法」「自然の観察からデザインへ」「抽象形体」「線」「面の分割」「配置・リズム」「量」「空間構成」の各項目について、それぞれ短文と図版で解説している。その内「用と美」の解説には、次のように記されている。

　工芸や建築などでは、第一に、その使用目的が十分満足させられるということが、考えられなければならない。そして、これに使われる材料や構造なども合理的であることがたいせつである。

　このようなことが基となって、すぐれた美を生んでいくのであるが、ものによっては、さらにいっそう情緒や親しみを増すために、形を変化させたり、装飾をつ

けたりする場合もある。ただ外観や、表面の飾りにとらわれて、使用の目的を失うようなことは避けなければならない。

日本の工芸や建築には、自然の材料の性質や美しさをよく生かし、単純で合理的な用美一体の洗練されたすぐれたものがあって、最近では、ヨーロッパやアメリカの人々からも、大きな関心を持たれている。

（『デザイン』日本文教出版、1962、p.1）

基礎的な知識や用語の解説の後には、「材料研究」「材料と構造」「色彩研究」「様式化的表現」「説明図・マーク」などの表題で研究課題が示されている。さらに、それらの研究を基にした「ポスター」「文字」「包装」「表紙・カバー」「立体カレンダー」「広告塔」「展示」「自動車」などの制作課題がある。また、「機能研究」では、ドアノブや受話器のモデリングを取り上げて、4ページにわたり示している。

これ以外に、各種「模型」の制作や「サービス盆」をポリエステル樹脂で制作する課題、「照明器具」の制作などが示されているが、そのほとんどがプロダクト系の課題である。クラフトの領域に近い課題としては、木工を中心とする「いす」や「染色デザイン」「服飾・アクセサリー」として木彫、楽焼、銅板打ち出しなどを取り上げている。

全体を通して、この学習指導要領改訂における「芸術科工芸」は「芸術」という精神性よりも「産業」としての「工芸」を強く意識したものであると言える。『デザイン』に示された「現代の工芸」の解説文では、日本の現状について「工業製品では、工業後進国として、技術の発展に主な力が払われ、デザインの点には、比較的関心が薄かったが、最近では、ようやく工業製品にもしだいによいものができるようになった。」(p.55) と記している。まさにこれが、この改訂による「芸術科工芸」の大きな課題を象徴している。次に示すのは、技術よりもデザイン性を重視する同書の特徴的なページである。

■ 『デザイン』（日本文教出版、1962）より

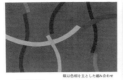

色彩研究
配色練習

いくつかの色を組み合わせて、美しい調和を作ることについては、古来多くの芸術家たちが努力しているが、一方色彩理論としても、多くの人々によって研究されている。しかし、それらの世界では、音楽のように整った理論には到達していない。わたしたちは色彩調和に関する多くの程度の理解を土台として、自分のくふうによって美しい効果を作り出す練習をするようにしよう。色彩の図表の色の配列や、整理明瞭の原理の色どうしの配合など、色の性質のうえで共通なもの、や類似なものとの組み合わせ、類似的な類似の調和はわかりやすく、対照色相の配色や、明度の対立をねらった配色、彩度の対立をねらった配色などは清気のある印象的な調和の感じを生むのに適している。
配色はこれらの一方を主にしたり、組み合わせて、いろいろな一方を一方をはかって、美しい調和を作り出していくようにしよう。
ここでは、次のような方法をとりあげて、その効果や感じをためし、またそれぞれの方法を組み合わせたりして研究してみよう。
同一色相の組み合わせ
類似色相の組み合わせ
対照色相の組み合わせ
暗色の組み合わせ
明色の組み合わせ
明色を主調とし少量の暗色を配する組み合わせ
無彩色を主調とし少量の有彩色を配する組み合わせ

配色練習は、室等の服装デザインや、建築・交通機関・室内構成などにあてはめて研究すると、いっそうその効果がよくわかる。デザインでは、色彩の選び方や配色について、十分な研究と計画が要求される。色彩や配色は、それぞれがちがった美の効果を持っているから、デザインの目的に従って、最もその目的に適した配色を決めることが必要である。
上図の試作車は、たいたんな分割と強い色彩の配置によって、力強く対照的な魅力が感じられる。
右下図の室内の作品は、冷たい類似色相の明度のによって、涼しく洗ったような感じを与えている。
左下図の敷物は、暗色の組み合わせによって、落ち着いた美しさが感じられる。

表紙・カバー

本の装いのデザインは、表表紙だけでなく、背表紙・裏表紙、見返し・とびら、あるいは各ページのレイアウトなどにも及ぶ。表紙は、本を保護し、取り扱いを便にし、また内容を象徴して興味を喚起し、店頭におかれる場合は、人の注意をひく必要がある。これらの目的に従い、需要層の趣向をふまえて、デザインしなければならない。
レコード・ジャケットには、音楽的な感覚をとらえ取材の働きをすることもできて、興味のあるデザインが生まれよう。

立体カレンダー

たなや、机の上に置く立体カレンダーをデザインして作ってみよう。
机の上に置くカレンダーは、見るものであるとともに、アクセサリーであることを考慮して、材料と構造、模様のくふうによって、気のきいた立体的な処理を考えてみよう。

広告塔

広告塔は、町や公園などにおいて、一種または数種の広告宣伝に使われる塔であるがここにあげた模型は、各種のポスターを一か所にまとめて掲示するためのデザインである。
宣伝の行き過ぎやポスターの乱れが、町を醜くさせたりすることを考えて、これらのデザインにあたっては、環境を気持のよいものにするのがけがいっせつである。このような観点にたって、ポスター掲示場のをデザインしてみよう。
その塔の立つ環境の理解や掲示されるポスターの大きさ、校数などの調べから始めよう。

第2節　芸術教育としての工芸教育　　203

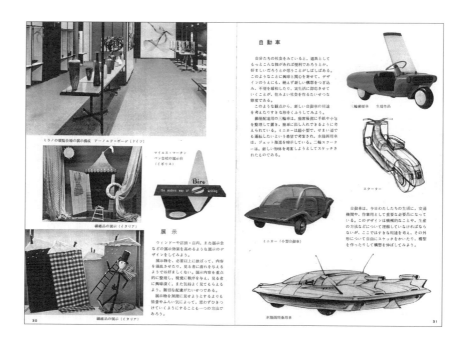

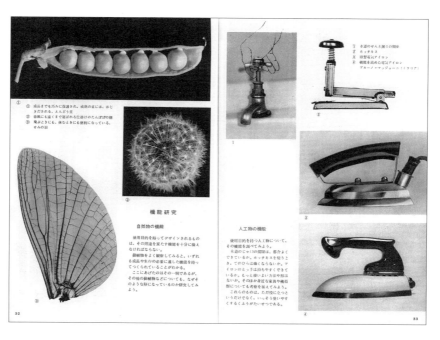

204　第4章　工芸教育の変遷

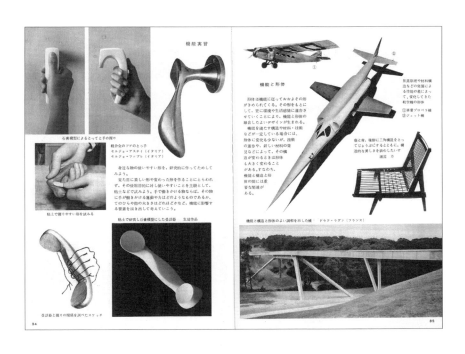

第2節　芸術教育としての工芸教育　205

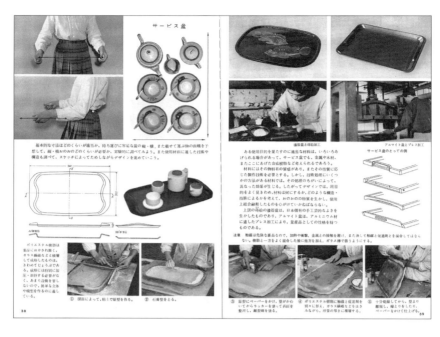

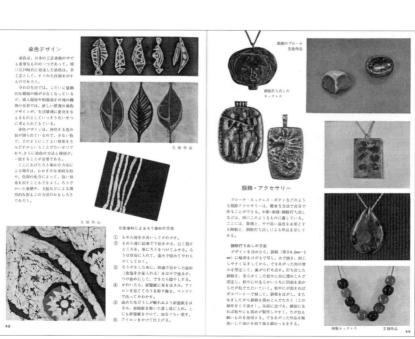

206　第4章　工芸教育の変遷

註1　1947（昭和22）年に定められた「学校教育法」においては、高等学校の目的は第四十二条にあり、第一項の「高等学校における教育については、前条の目的を実現するために、左の各号に掲げる目標の達成に努めなければならない。」に続いて、本文中に示した一号から三号までの文章が示されている。

　　　2007（平成19）年に、前年の「教育基本法」改正を受けて、大きな改正が行われた「学校教育法」では、第五十一条に次のように定義されている。

第五十一条　高等学校における教育は、前条に規定する目的を実現するため、次に掲げる目標を達成するよう行われるものとする。
一　義務教育として行われる普通教育の成果を更に発展拡充させて、豊かな人間性、創造性及び健やかな身体を養い、国家及び社会の形成者として必要な資質を養うこと。
二　社会において果たさなければならない使命の自覚に基づき、個性に応じて将来の進路を決定させ、一般的な教養を高め、専門的な知識、技術及び技能を習得させること。
三　個性の確立に努めるとともに、社会について、広く深い理解と健全な批判力を養い、社会の発展に寄与する態度を養うこと。

註2　文部省は1946（昭和21）年3月には、当時はまだ官展であった「日本美術展覧会（日展）」を開催している。また、二科会、独立美術協会、国画会、春陽会、美術文化協会、新制作派協会、自由美術家協会などの公募展団体が再建され、1947年6月には、連合展も開催されている。

　　　さらに、この時期には、行動美術協会（1946）、二紀会（1947）、示現会（1948）、創画会（1948）、現代美術家協会（1948）、日本彫刻会（1949）、三軌会（1949）、一陽会（1955）など、新しい団体の創設も相次いだ。

註3　1945（昭和20）年以降、1955年にかけて創設された主な民間美術教育団体には、以下のようなものがある。

色彩教育研究会（1948）
全国図画工作教育連盟（全国造形教育連盟）（1949）
西日本美術教育連盟（日本教育美術連盟）（1949）
美育文化協会（公益財団法人美育文化協会）（1950）
新しい画（絵）の会（1951）
日本教育版画協会（1951）
日本美術教育学会（1951）
芸術教育研究所（芸術教育の会）（1952）
創造美育協会（1952）
日本教育大学協会第二部美術部門（大学美術教育学会）（1952）
財団法人教育美術振興会（公益財団法人教育美術振興会）（1952）
社団法人日本美術教育連合（公益社団法人日本美術教育連合）（1953）
日本児童画研究会（1953）
造形教育センター（1955）

註4　モダニズムを代表する建築家であり、ル・コルビュジエ、フランク・ロイド・ライト、ミース・ファン・デル・ローエらとともに近代建築の四大巨匠と呼ばれる。また、美術と建築の総合的な教育を行った造形学校「バウハウス」の創立者であり、1919年から1928年まで初代校長を務めた。「バウハウス」閉鎖（1933年）後も、その教育理念の普及に尽力した。

第2節　芸術教育としての工芸教育　　207

註5 「バウハウス」の教育理念は次の3点に要約される。
　　　・すべての造形活動の最終目的は建築である
　　　・建築家、彫刻家、画家は手工業に回帰しなければならない
　　　・芸術家とつくり手とが一体であらねばならない
　　この理念のもとに、実際の教育カリキュラムとして機能したのが「基礎課程」である。その構成はクラフトの教育と形態の教育に二分され、クラフトは、石工、木工、金工、陶芸、ガラス、色彩、テキスタイルがあり、形態教育は観察、表現、構成から成っている。
　　また、その教室や工房の運営は、2人の教員による指導体制を基本とし、教員をマイスター（親方）、学生をレールリング（徒弟）、ゲゼレ（職人）と呼び、かつての職人としての教育を重視していた。このことは、アーツ・アンド・クラフツ運動のウィリアム・モリス（英、デザイナー・工芸家・詩人・社会活動家、1834-1896）らが提唱した「ユニバーサル・メン」の理想に通じるものとされる。

註6 「第7期中央教育審議会 初等中等教育分科会 教育課程部会 高等学校部会」第1回配布資料、資料5「高等学校教育の在り方に関する参考資料、○高等学校の教育課程について、高等学校学習指導要領のこれまでの改訂の経緯」（文部科学省、2006年4月11日）より。

第3節　芸術科工芸

学習指導要領の分析

　「小学校・中学校学習指導要領」については1958（昭和33）年の改訂によっ
て、「高等学校学習指導要領」は1960年の改訂によって、小学校「図画工作
科」、中学校「美術科」、高等学校「芸術科」の各教科は、その原形が固まっ
たと言える。それ以降、これまで約10年を区切りとして、下記のように改
訂告示が繰り返されてきた。

1968（昭和43）年〜1970（昭和45）年改訂告示
1977（昭和52）年〜1978（昭和53）年改訂告示
1989（平成元）年改訂告示
1998（平成10）年〜1999（平成11）年改訂告示
2008（平成20）年〜2009（平成21）年改訂告示

　本節では、この間の改訂の状況を高等学校「芸術科工芸」の構成を整理す
ることで示すことにする。その理由の1つには、本書の目的が工作・工芸教
育を俯瞰し、その意義や未来を考察することにある。そして、読者の中に高
等学校工芸の教員免許状取得を目指す人を想定していることである。

　学習指導要領の改訂は、文部科学大臣から中央教育審議会への諮問からは
じまる。その後、さまざまな部会や分科会などでの審議が重ねられるととも
に、さまざまな調査報告がそこには集められる。また、改訂には政権による
文教政策としての方針が反映されるとともに、さまざまな関係団体などから
の陳情や要請なども届けられる。近年ではインターネットを通してパブリッ
クコメントも集められ、学習指導要領が公教育の方針や内容として適切か、
広く国民の声を聴く機会も設けられている。

　学習指導要領を理解するためには、改訂の基本方針から各教科、科目の指
導事項まで、その全体を把握することが重要である。それは、眼前の題材や
学習が社会全体とどのように繋がっているのかを考察することであり、教師
とは毎時間の授業から児童生徒の将来を見つめることのできる人のことであ
る。同時に、ここに整理する高等学校「芸術科工芸」の目標や内容を基に、
毎時間の授業を計画、実践、評価、検討するとともに、それらが教育全体の

中でどのような意味や意義を持つかを説明できる必要もある。

　以下に示す表形式の整理では、該当年度の「改訂の基本方針」（各表2マス目）については、文部科学省のウェブサイトに掲載されている資料「学習指導要領の変遷」に示されている要約を転載し、各科目の「目標」は原文のままとした。また、「内容」と「内容の取扱い」については、「内容および内容の取扱い」として合わせて表形式にした。とくに「内容の取扱い」については、領域や指導事項の重点化及び選択に関する事項を中心に示している。

　さらに、「芸術科工芸」の教科書については、前述のように日本文教出版社刊のもの1種だけであるが、各改訂の実施初年度の「工芸Ⅰ」の教科書をここでは取り上げている（註1）。学習指導要領の趣旨が反映され、具体的な学習題材としてどのようなものが取り上げられているか、各教科書に掲載されている目次を一覧として示している。

1970（昭和45）年改訂（昭和48年度学年進行実施）			
教育内容の一層の向上「教育内容の現代化」 時代の進展に対応した教育内容の導入			
目標	工芸Ⅰ	（1）基礎的な工芸の学習を通して、造形感覚、思考力および構成力を養い、創作する喜びを得させる。 （2）構成と表示の学習を通して、構成力を養うとともに、図法を理解し、形体を表示する能力を養う。 （3）デザインと製作の学習を通して、創造的な能力を養うとともに、生活を造形的な面からくふう改善し、明るく豊かにする実践的態度を養う。 （4）鑑賞と理論の学習を通して、工芸と生活との関連に関心をもたせるとともに、工芸を愛好し尊重する態度を養う。	
	工芸Ⅱ	（1）基礎的な工芸の学習を通して、造形感覚、思考力および構成力を伸ばし、創造的な能力を養う。 （2）表示の学習を通して、図法を理解し、形体を表示する能力を高める。 （3）デザインと製作の学習を通して、創造的な能力を養うとともに、生活を造形的な面からくふう改善し、明るく豊かにする実践的態度を養う。 （4）鑑賞と理論の学習を通して、現代工芸や伝統工芸に関心を高めるとともに、工芸を愛好し尊重する態度を養う。	
	工芸Ⅲ	（1）造形的な思考力と感覚の統合により、物をつくりあげる創造的な能力を高める。 （2）表示の学習を通して、図法の理解を深めるとともに、図や模型により形体を表示する能力を深める。 （3）デザインと製作の学習を通して、創造的な能力を養うとともに、生活を造形的な面からくふう改善し、明るく豊かにする実践的態度を養う。 （4）鑑賞と理論の学習を通して、工芸と生活、造形環境と生活との関連に関心をもたせるとともに、工芸を愛好し尊重する態度を養う。	

210　第4章　工芸教育の変遷

内容および内容の取扱い	工芸Ⅰ	A 構成と表示	(1) 美的構成ができるようにする。 (2) 合理的構成ができるようにする。 (3) 図形により形体の表示ができるようにする。 (4) 上記(1)、(2)および(3)の事項の指導を通して、デザインの基礎的な能力を伸ばす。	（領域の重点化等なし）
		B デザインと製作	(1) 手工芸品をデザインし製作する。 (2) 上記(1)の事項の指導を通して、工芸製作の基礎的な能力を伸ばす。	
		C 鑑賞と理論	(1) 生活に密着した工芸品を鑑賞する。 (2) 生活と工芸との関連について、関心をもたせる。	
	工芸Ⅱ	A 表示	(1) 図形や模型により、形体の表示ができるようにする。 (2) 上記(1)の事項の指導を通して、デザインの基礎的な能力を伸ばす。	
		B デザインと製作	(1) 機械加工を取り入れた工芸品のデザインや製作をする。 (2) 環境デザインの立場から、室内整備に必要な工芸品などを製作する。 (3) 上記(1)および(2)の事項の指導を通して、工芸製作の基礎的な能力を伸ばす。	
		C 鑑賞と理論	(1) 機器のデザインや伝統工芸品を鑑賞し、また、環境造形に関心をもたせる。 (2) 工芸の特質や工芸の動向などについて、関心をもたせる。	
	工芸Ⅲ	A 表示	(1) 図形や模型により、形体の表示ができるようにする。 (2) 上記(1)の事項の指導を通して、デザインの基礎的な能力を伸ばす。	重点的扱い可
		B デザインと製作	(1) 生活工芸品をデザインし製作する。 (2) 機器のデザインをする。 (3) 環境デザインの立場から、屋外の公共施設などのデザインをし、または製作する。 (4) 上記(1)、(2)および(3)の事項の指導を通して、生活を造形的な立場から、くふう改善する態度を養う。	
		C 鑑賞と理論	(1) 環境造形に関心を高める。 (2) 生活と工芸などについて、関心を高める。 (3) 工芸と産業との関連について関心をもつ。	

書名	高等学校工芸Ⅰ
著者	小池岩太郎
発行	1973（昭和48）年
使用期間	1973（昭和48）～1975（昭和50）年
出版社	日本文教出版社

工芸で扱う分野
自然の観察
自然の観察からデザインへ
人工物の観察
人工物の観察からデザインへ
色彩
平面構成
立体構成
材料
材料と構造
パッケージ
板金による壁掛け

服飾アクセサリー
陶器
機能研究
サービス盆
完成予想図（レンダリング）
いす
照明器具
玄関まわりの用具
テープカッター
手工芸と機械工芸
工芸の美
今日の環境

	**1978（昭和53）年改訂（昭和57年度学年進行実施）**				
		ゆとりある充実した学校生活の実現＝学習負担の適正化 各教科等の目標・内容を中核的事項にしぼる			
目標	工芸Ⅰ	デザインと製作の造形的な創造活動を通して、美的体験を豊かにし、表現と鑑賞の能力を伸ばすとともに、工芸を愛好する心情を養う。			
	工芸Ⅱ	工芸の造形的な創造活動を通して、造形感覚を洗練し、表現と鑑賞の能力を高めるとともに、工芸を愛好する心情を育てる。			
	工芸Ⅲ	工芸の造形的な創造活動を通して、表現と鑑賞の能力を一層高めるとともに、工芸についての理解を深める。			
内容及び内容の取扱い	工芸Ⅰ	A 表現	(1) デザインの基礎に関して、次の事項等を指導する。	ア 美的秩序を意図した色、形などによる構成 イ 材料の効果や構造を考えた構成 ウ 表示のための図法	AB の片寄不可
			(2) 使用や装飾のためのデザインと製作に関して、次の事項等を指導する。	ア 目的や条件を明確にした構想 イ スケッチ、図や模型による計画の吟味 ウ 材料や用具の使用の工夫 エ 順序や方法を考えた製作	
		B 鑑賞	鑑賞に関して、次の事項等を指導する。	ア 工芸の良さや美しさ イ 機能、材料、構造、技術などの観点からの良否 ウ 生活と工芸との関連	
	工芸Ⅱ	A 表現	(1) 使用のためのデザインと製作に関して、次の事項等を指導する。	ア 機能的、美的な構想 イ 材料や用具の生かし方 ウ 順序や方法を考えた製作	選択可
			(2) 装飾のためのデザインと製作に関して、次の事項等を指導する。	ア 効果的. 美的な構想 イ 材料や用具の生かし方 ウ 順序や方法を考えた製作	
		B 鑑賞	鑑賞に関して、次の事項等を指導する。	ア 時代、民族、風土などと工芸の良さや美しさ イ 生活における工芸の役割 ウ 自然と造形作品の調和	
	工芸Ⅲ	A 表現	(1) 使用のためのデザインと製作		選択可
			(2) 装飾のためのデザインと製作		
			(3) 環境のためのデザインと製作		
		B 鑑賞	鑑賞に関して、次の事項等を指導する。	ア 文化遺産としての工芸の特色 イ 工芸が国際問の理解や協調に果たす役割	

212　第 4 章　工芸教育の変遷

書名	高等学校工芸Ⅰ
著者	小池岩太郎
発行	1982（昭和57）年
使用期間	1982（昭和57）～1984（昭和59）年
出版社	日本文教出版社

考え・つくり・使う　工芸の学習
自然物の観察
自然物の観察からデザインへ
人工物の観察
人工物の観察からデザインへ
色彩
調和
対称と均衡
律動と比例
シンボルのデザイン
木でつくる
焼き物
板金による壁掛け

アクセサリー
革による袋才勿などの製作
紙による立体構成
くずかごのデザインと製作
照明器具
機能と形体
アイデアの表示
材質感と地膚
材料と構造
いす
手工芸と量産工芸
環境と造形

1989（平成元）年改訂（平成6年度学年進行実施）				
社会の変化に自ら対応できる心豊かな人間の育成 生活科の新設、道徳教育の充実				

目標	工芸Ⅰ	工芸の創造活動を通して、美的体験を豊かにし、表現と鑑賞の能力を伸ばすとともに、生活を豊かにするために工夫する態度を育て、工芸を愛好する心情を養う。
	工芸Ⅱ	工芸の創造活動を通して、造形感覚を洗練し、表現と鑑賞の能力を高めるとともに、工芸についての理解を深め、工芸を愛好する心情を育てる。
	工芸Ⅲ	工芸の創造活動を通して、表現と鑑賞の能力を一層高めるとともに、工芸についての理解を深め、美術文化を尊重する態度を育てる。

内容及び内容の取扱い	工芸Ⅰ	A表現	(1) 工芸のデザイン	ア 目的や条件を基にした主題の把握 イ 美的秩序を意図したデザインの工夫 ウ 材料、技法、構造及び手順を考えた構想 エ スケッチ、図、模型などによるデザインの吟味	ABの片寄不可
			(2) 工芸の制作	ア 材料の特性を基にした制作の構想 イ 伝統的な工芸のよさを生かした制作の工夫 ウ 材料や用具の活用	
		B鑑賞		ア 工芸作品のよさや美しさ イ 作者の意図と表現技法 ウ 伝統的な工芸の特質 エ 生活と工芸との関連	
	工芸Ⅱ	A表現	(1) 工芸のデザイン	ア 目的や機能を基にした構想 イ 美的秩序を意図したデザインの工夫 ウ スケッチ、図、模型などによるデザインの吟味	Bの片寄不可 Aは特定の用途や材料可
			(2) 工芸の制作	ア 材料の特性を生かした構想 イ 材料や用具の選択と活用 ウ 制作の吟味	
		B鑑賞		ア 時代、民族、風土などの相違による工芸のよさや美しさ イ 作者の意図と表現技法 ウ 工芸と自然及び生活環境の構成との関連	
	工芸Ⅲ	A表現	(1) 工芸のデザイン	ア 機能、形体、素材の追求 イ 生活環境の美的構成を意図した構想	ABの片寄不可 Aは特定の用途や材料可
			(2) 工芸の制作	ア 制作の構想 イ 材料や用具の選択と活用	
		B鑑賞		ア 文化遺産としての工芸の特色 イ 工芸と社会及び人間の生き方との関連 ウ 工芸が国際間の理解や協調に果たす役割	

214　第4章　工芸教育の変遷

書名	高等学校工芸 I
著者	監修：小池岩太郎、著者：小松敏明、四宮義四郎
発行	1994（平成6）年
使用期間	1994（平成6）～1997（平成9）年
出版社	日本文教出版社

オリエンテーション
  工芸を学ぶ
  暮らしと工芸
工芸の基礎的な内容
  実の秩序
  平面表現
  立体表現
  工芸のデザイン
    －発想とスケッチ－
    －模型－
    －CG・図法－
    －図面－
  機能と形体
  構造と形体
  工芸の制作
  工芸の材料
  色

機能・用途系
  つつむ
  にぎる
  すわる
  あかり
材料・技法系
  木でつくる
  金属でつくる
  七宝でつくる
  土でつくる
  染める
  籐・竹でつくる
  樹脂でつくる
  工芸の技
  自然と生活

		1999（平成11）年改訂（平成15年度学年進行実施）			
		礎・基本を確実に身に付けさせ、 自ら学び自ら考える力などの［生きる力］の育成 教育内容の厳選、「総合的な学習の時間」の新設			

目標	工芸I	工芸の幅広い創造活動を通して、美的体験を豊かにし工芸を愛好する心情と生活を心豊かにするために工夫する態度を育てるとともに、感性を高め、創造的な表現と鑑賞の能力を伸ばす。
	工芸II	工芸の創造的な諸活動を通して、美的体験を豊かにし工芸を愛好する心情を育てるとともに、感性を高め、美術文化についての理解を深め、個性豊かな工芸の能力を高める。
	工芸III	工芸の創造的な諸活動を通して、生涯にわたり工芸を愛好する心情と美術文化を尊重する態度を育てるとともに、感性と美意識を磨き、個性豊かな工芸の能力を高める。

内容及び内容の取扱い	工芸I	A表現	(1)工芸制作	ア 自然や身近な生活、使う者の心情、夢などを基にした心豊かな発想 イ 用途と美しさ、日本の伝統的な表現のよさを生かした制作の構想 ウ 材料や用具の活用と制作方法の理解 エ 制作過程における吟味と創意工夫	(1)（2）の選択可
			(2)プロダクト制作	ア 社会生活や身近な環境を心豊かにするための創造的な発想 イ 用途や機能、生産性を考えた制作の構想 ウ 材料や用具の活用と制作方法の理解 エ 制作過程における吟味と創意工夫	
		B鑑賞		ア 工芸作品のよさや美しさ イ 作者の心情や意図と表現の工夫 ウ 生活の中に生かされている工芸 エ 作品に見る美意識や手づくりのよさ オ 日本の工芸の歴史と表現の特質	鑑賞の適切充分な時間配当
	工芸II	A表現	(1)工芸制作	ア 用途や機能と美しさ、体験や夢などを基にした創造的な発想 イ 美的秩序を意図したデザインの構想 ウ 材料、技法、用具、手順などを考えた制作 エ 制作の吟味と創造的な改善	(1)、（2）又はBのうち一つ以上を選択可
			(2)プロダクト制作	ア 生活を心豊かに改善するための創造的な発想 イ 有用性と美しさとの調和、生産性などを考えた制作の構想 ウ 材料・技法、用具、構造、手順などを考えた制作 エ 制作の吟味と創造的な改善	
		B鑑賞		ア 作品や作者の個性などについての多様な見方 イ 工芸と自然及び生活環境の構成とのかかわり ウ 心豊かな生き方の創造にかかわる工芸の働き エ 時代、民族、風土などによる表現の相違や共通性と美術文化	

216　第4章　工芸教育の変遷

工芸III	A表現	(1) 工芸制作	ア 生活環境の美的構成を意図した独創的な発想 イ 個性を生かす創造的な制作の追求	Aの(1)、(2)又はBのうち一つ以上を選択可
		(2) プロダクト制作	ア 生活環境の美的構成と生産性を意図した独創的な発想 イ 用途と機能に基づき、個性を生かす創造的な制作の追求	
	B鑑賞		ア 作者の生き方や生活文化と作品 イ 工芸が国際間の理解や協調に果たす役割 ウ 文化遺産としての工芸の特色と文化遺産等の保存の意義	

書名	高等学校工芸 I
著者	小松敏明、川野辺洋
発行	2002 (平成14) 年
使用期間	2003 (平成15) ～2014 (平成26) 年
出版社	日本文教出版社

オリエンテーション
　工芸を学ぶ
　暮らしと工芸
　自然と生活
工芸の基礎的な内容
　美の秩序
　観察と平面表現
　観察と立体表現
　考える―製品のデザイン
　　発想とスケッチ
　　模型
　　図法
　　図面
　　CG
　機能と造形
　構造と造形
　つくる―成形の原理
　つくる―工芸の技術
　材料と造形
　テクスチャー
　色彩
　　色の体系
　　色の調和と働き
　　日本の伝統色

機能・用途系
　つつむ
　にぎる
　すわる
　あかり
材料・技法系
　木でつくる
　金属でつくる
　七宝でつくる
　土でつくる
　編む
　染める
　樹脂でつくる

			2009（平成21）年改訂（平成25年度学年進行実施）	
			「生きる力」の育成、基礎的・基本的な知識・技能の習得、 思考力・判断力・表現力等の育成のバランス 授業時数の増、指導内容の充実、小学校外国語活動の導入	

目標	工芸Ⅰ		工芸の幅広い創造活動を通して、美的体験を豊かにし、生涯にわたり工芸を愛好する心情と生活を心豊かにするために工夫する態度を育てるとともに、感性を高め、創造的な表現と鑑賞の能力を伸ばし、工芸の伝統と文化についての理解を深める。		
	工芸Ⅱ		工芸の創造的な諸活動を通して、美的体験を豊かにし、生涯にわたり工芸を愛好する心情と生活を心豊かにするために工夫する態度を育てるとともに、感性を高め、個性豊かな表現と鑑賞の能力を伸ばし、工芸の伝統と文化についての理解を深める。		
	工芸Ⅲ		工芸の創造的な諸活動を通して、美的体験を豊かにし、生涯にわたり工芸を愛好する心情と工芸の伝統と文化を尊重する態度を育てるとともに、感性と美意識を磨き、個性豊かな工芸の能力を高める。		
内容および内容の取扱い	工芸Ⅰ	A表現	(1) 身近な生活と工芸	ア 自然や素材、身近な生活や自己の思いなどから心豊かな発想をすること。 イ 用途と美しさの調和を考え、日本の伝統的な表現のよさなどを生かした制作の構想を練ること。 ウ 制作方法を理解し、意図に応じて材料や用具を活用すること。 エ 手順や技法などを吟味し、創意工夫して制作すること。	
			(2) 社会と工芸	ア 社会的な視点に立って、使う人の願いや心情、生活環境などを考え、心豊かな発想をすること。 イ 使用する人や場などに求められる機能と美しさを考え、制作の構想を練ること。 ウ 制作方法を理解し、意図に応じて材料や用具を活用すること。 エ 手順や技法などを吟味し、創意工夫して制作すること。	
		B鑑賞	ア 工芸作品などのよさや美しさ、作者の心情や意図と表現の工夫などを感じ取り、理解を深めること。 イ 制作過程における工夫や素材の生かし方、技法などを理解すること。 ウ 自然と工芸とのかかわり、生活や社会を心豊かにする工芸の働きについて考え、理解を深めること。 エ 日本の工芸の特質や美意識に気付き、工芸の伝統と文化について理解を深めること。		Bの適切充分な時間配当
	工芸Ⅱ	A表現	(1) 身近な生活と工芸	ア 生活の中の工芸をとらえ、自己の体験や夢などから、創造的で心豊かな発想をすること。 イ 用途と美しさの調和を求め、素材の特質、表現の多様性などを生かした制作の構想を練ること。 ウ 意図に応じて材料、用具、手順、技法などを検討し、創造的に制作すること。	(1)(2)の選択可
			(2) 社会と工芸	ア 社会的な視点に立って、生活環境を観察、検討し、創造的で心豊かな発想をすること。 イ 社会における有用性、機能と美しさとの調和を考え、制作の構想を練ること。 ウ 意図に応じて材料、用具、手順、技法などを検討し、創造的に制作すること。	

218　第4章　工芸教育の変遷

内容および内容の取扱い	工芸II	B 鑑賞	ア 作品や作者の個性などに関心をもち、発想や構想の独自性、表現の工夫などについて、多様な視点から分析し理解すること。 イ 生活環境の改善や心豊かな生き方にかかわる工芸の働きについて理解を深めること。 ウ 時代、民族、風土などによる表現の相違や共通性などを考察し、工芸の伝統と文化についての理解を一層深めること。	
	工芸III	A 表現	(1) 身近な生活と工芸	ア 自己を取り巻く生活を多様な視点に立って考え、独創的に発想し、美的で心豊かな制作の構想を練ること。 イ 制作過程全体を見通して制作方法を工夫し、個性を生かして創造的な制作を追求すること。	Aの(1)、(2)又はBのうち一つ以上を選択可
			(2) 社会と工芸	ア 社会的な視点に立って独創的に発想し、美的で心豊かな制作の構想を練ること。 イ 制作過程全体を見通して制作方法を工夫し、個性を生かして創造的な制作を追求すること。	
		B 鑑賞	ア 生活文化と工芸とのかかわり、作品が生まれた背景などを考察し、自己の価値観や美意識を働かせて作品を読み取り味わうこと。 イ 国際理解に果たす工芸の役割について理解すること。 ウ 文化遺産としての工芸の特色と文化遺産等を継承し保存することの意義を理解すること。	

書名	工芸 I
著者	監修：小松敏明、著者：長濱雅彦、川野辺洋
発行	2013（平成25）年
使用期間	2013（平成25）年～
出版社	日本文教出版社

オリエンテーション
　つくる喜びー生活の中の工芸
　暮らしのかたち
　身近な生活環境と工芸
観察から表現へ
　生活を観察する
　美しい造形へー美の秩序について
　観察と平面表現
　観察と立体表現
考える
　考えるーものづくりのデザインについて
　考え、話し合い、案を明確にする
　アイデアスケッチをする
　検討用模型をつくる
　レンダリング
　CG 表現
　図面
　プレゼンテーション
造形の知識ー機能・構造
　機能と造形
にぎるー手と道具

つつむー守る形
構造と造形
すわるー身体を支える
あかりーライティングデザイン
造形の知識ー成形・色彩
さまざまな成形
つくる技術
　材料の魅力
　テクスチャー
　色彩について
　色彩と造形表現
　色の体系
　色の調和と働き
　日本の伝統色
つくるー材料・技法演習
木でつくる
金属でつくる
七宝でつくる
土でつくる
編む
染める

第3節　芸術科工芸　219

クラフトとプロダクト

　近年の「高等学校学習指導要領」改訂における「芸術科工芸」の大きな変化は、「プロダクトデザイン」の位置づけである。すなわち1999（平成11）年の改訂では「プロダクト制作」、2009年の改訂では「社会と工芸」として「A表現」に組み込まれた領域である。1989（昭和64／平成元）年の改訂における「A表現」は「工芸のデザイン」と「工芸の制作」から成り、クラフトとプロダクトを相対的に見る視点はない。むしろ、プロダクトの要素は含みつつも「手工芸」の教育という性格を強く示している。強いてあげれば、「工芸I」の「B鑑賞、イ　作者の意図と表現技法」について、1989年12月に当時の文部省より提示された『高等学校学習指導要領解説 芸術（音楽 美術 工芸 書道）編 音楽編 美術編』（文部省、東洋館出版社、1989）では、「伝統的手工芸から、現代の工芸、工業製品に至るまで、幅広く鑑賞することにより」としている段階である。

　プロダクトデザインの視点が1989年の改訂時点では存在しないことを示す例として、『指導計画の作成と学習指導の工夫——高等学校芸術科美術、工芸指導資料』（文部省、東洋館出版社、1992、註2）がある。同書は1989年の「高等学校学習指導要領」改訂告示を受けて、その理解を深めることを目的とし、題材や指導方法などの具体的事例を取り上げて解説した参考資料である。その内容構成は、次のようになっている。

第1章　指導計画作成の基本的な考え方
　第1節　指導計画作成の基本的な考え方
　第2節　美術、工芸で育てる能力・態度
第2章　美術、工芸の指導計画の作成
第3章　美術、工芸の学習指導の工夫・改善
　第1節　美術、工芸の学習指導
　第2節　美術における学習指導の実際
　第3節　工芸における学習指導の実際
　第4節　実際の指導展開例
第4章　美術、工芸における評価の工夫
第5章　施設、備品、指導資料の整備

　その「第1章、第2節 美術、工芸で育てる能力・態度」には、「手による

創造の意義」と題する文章が含まれている。そこでは、人間は古来より生活の必要感と心の豊かさを求める欲求から、五感と直感を働かせ、さまざまな生活用具をつくり出してきたが、高度な機械化、情報化が進む社会では、そのような人間性は阻害されているとしている。

また、機械化による大量生産が、手技の伝承を困難にしていると論じ、手わざや手工芸による共感や交流の重要性を説いている。この論点からはクラフトとしての工芸はあっても、プロダクトデザインの視点は存在していない。また、「第3章、第4節 実際の指導展開例、2 工芸の学習指導の実践」として、12の実践事例が取り上げられており、その表題を示すと次のようになる。

（1）アルミの板材から容器をつくろう（金属工芸）
（2）使う楽しさをデザインした「ハンガーフック」（複合材料）
（3）木彫レリーフの壁飾り（木工芸）
（4）箸を知る（木工芸）
（5）土でつくる日常の器（陶芸）
（6）編んでつくる
（7）立方体の展開図を基にしたパズル
（8）地域に息づく伝統工芸を学ぶ（伝統工芸・手漉き和紙）
（9）漆器の鑑賞（鑑賞）
（10）花器の鑑賞（鑑賞）
（11）デザイン、工芸におけるアイデアの出し方
（12）KJ法による実践例

これらの表題だけでも、12の題材がいずれも「手工芸」の範囲に収まることは明らかである。一方、1999（平成11）年の改訂では「工芸制作」と「プロダクト制作」の2領域について、同年12月に当時の文部省より提示された『高等学校学習指導要領解説 芸術（音楽 美術 工芸 書道）編 音楽編 美術編』（文部省、教育芸術社、1999）では、次のように定義している（p.122）。

まず、「工芸制作」については、「手づくりのよさや美しさと生活の中で使われるという機能性とが融合した、いわば生活美の創造とも言える特質を有している。」とし、「プロダクト制作」については、「美と機能性の融合を図りながら、量産を目的とした生産のための工芸の制作を行うものとして設けられた分野である。」と説明している。しかし「プロダクトデザイン」の言

葉は用いず、「プロダクト制作」で通している。

　次に、2009（平成21）年の改訂における「社会と工芸」について、同年12月に文部科学省より提示された『高等学校学習指導要領解説 芸術（音楽 美術 工芸 書道）編 音楽編 美術編』（文部科学省、教育出版、2009）は、「使用する人や場などを考えて発想し、社会的な視点に立って創意工夫して表現する能力を育成することをねらいとしている。」(p.80) とし、具体的な指導の例として、アイデアや考えを企画書としてまとめることや、模型の製作によってその創意工夫を形にすることなどを示している。ここで「プロダクト」の言葉は用いられていないが、その趣旨は「プロダクトデザイン」を念頭に置いていることは明らかである。

　現代の工芸が多様な性格を持つことは、本書の第2章で論じたが、実社会における工芸デザインの世界にあって、「クラフト」と「プロダクト」を分類することにどれ程の意味があるかは不明である。しかし、デザインという思考がさらに拡大し、デザイン的センスや感性が一層重要になり、さまざまな場で必要とされてくる将来を見据えるならば、中等教育段階において広く国民全体に育むべきデザイン的センスとは何か、今あらためて問う必要があるのではないだろうか。

註1　学習指導要領の改訂が告示されてから実施されるまで、数年の時間差がある。これは、学習指導要領解説書や教科書などをはじめとして、改訂された学習指導要領を基にした内容に切り替えるための準備期間の意味合いを持つ。
　　　また、教科書は改訂学習指導要領の実施初年度に合わせて改訂されるものであるが、同じ学習指導要領の実施期間内であっても、近年は4年毎に改編され検定を受けることになっている。

註2　同書「第5章 施設、備品、指導資料の整備」には「3 工芸教室の設備・備品の設置例」が示されている。平面図として4例の教室が示され、それぞれに「多様な授業の展開を前提とした工芸教室」「金工の授業を軸とした工芸教室」「木工の授業を軸とした工芸教室」「陶芸の授業を軸とした工芸教室」となっている（pp.250-251掲載図版参照）。
　　　しかし、これほどの施設設備を有する普通科の高等学校は、当時は存在しなかったし、現在の総合科高等学校の中で美術工芸を重視している学校においてもごく稀である。同書が示す内容は、あくまでも理想像として捉えるべきだろう。

222　第4章　工芸教育の変遷

第4節　中学校美術科と技術・家庭科

試案から告示へ——中学校学習指導要領

　本節では、国の教育統制が一層明確になり、学習指導要領の「法的拘束性」が明確化された改訂として知られる「昭和33年改訂告示 学習指導要領」を取り上げる。前節では昭和31年改訂と昭和35年改訂告示の「高等学校学習指導要領」を比較し、学習内容にもその趣旨が反映されていることを明らかにしたが、ここでは、最も大きな改編とも言える中学校「美術科」と同「技術・家庭科」について考察する。

　久保義三（教育史学者・元武蔵野美術大学学長・同理事長、1927-2014）は、この改訂の意味を明らかにするために、著書『昭和教育史——天皇制と教育の史的展開』（上・下巻、三一書房、1994）において（註1）、当時の文部大臣・松永東（政治家・弁護士、1887-1968）の教育課程審議会における発言を取り上げている。そこには「松永は、その審議会での挨拶で、（中略）『第一に、国際社会において信頼と尊敬を受けるに足る日本人の育成』により『不当な民族的劣等感』を『払拭』し、『第二に、新しい科学技術をじゅうぶんに身につけた国民の育成』をすることを主眼とする、調和と統一のある教育課程となるように、改訂の基本方針をのべた。」とあり、結果として「『改訂』というよりは、全く性格の異なった新たな学習指導要領の構築といえるものであった。」と記している（p.385）。

　さらに久保は「こうして、国家権力が教育内容に対して、積極的に介入する道が開かれた。（中略）したがって、この学習指導要領の改訂は、教師の教育課程編成から国家権力による教育課程編成への重大な転換点であったといえよう。」（p.388）と述べている。

　松永文部大臣の挨拶の「第一」項目を具体化したものが「道徳」の設置であるならば、「第二」項目を具体化したものが中学校「技術・家庭科」の設置であり、これが中学校「美術科」の成立と深く関わることになる。まず、小学校の、次に中学校の教育課程の変化を、「学習指導要領 試案 昭和26年（1951）改訂版」の教育課程と「昭和33年改訂告示 学習指導要領」の教育課程との比較から考察してみる。

「昭和26年（1951）改訂版」と「昭和33年改訂告示」の比較

■教科構成と時間配分

「小学校学習指導要領 試案 昭和26年（1951）改訂版」

教科＼学年	1，2	3，4	5，6
国　語 算　数	45％〜40％	45％〜40％	40％〜35％
社　会 理　科	20％〜30％	25％〜35％	25％〜35％
音　楽 図画工作	20％〜15％	20％〜15％	25％〜20％
家　庭			
体　育	15％	10％	15％
計	100％	100％	100％

「昭和33年改訂告示 小学校学習指導要領」（学校教育法施行規則）

		1	2	3	4	5	6
教科	国　語	238 (7)	315 (9)	280 (8)	280 (8)	245 (7)	245 (7)
	社　会	68 (2)	70 (2)	105 (3)	140 (4)	40 (4)	140 (4)
	算　数	102 (3)	140 (4)	175 (5)	210 (6)	210 (6)	210 (6)
	理　科	68 (2)	70 (2)	105 (3)	105 (3)	140 (4)	140 (4)
	音　楽	102 (3)	70 (2)	70 (2)	70 (2)	70 (2)	70 (2)
	図画工作	102 (3)	70 (2)	70 (2)	70 (2)	70 (2)	70 (2)
	家　庭					70 (2)	70 (2)
	体　育	102 (3)	105 (3)	105 (3)	105 (3)	105 (3)	105 (3)
道　徳		34 (1)	35 (1)	35 (1)	35 (1)	35 (1)	35 (1)
計		816	875	945	1015	1085	1085

（ ）内の授業時数は、年間授業日数を35週（第1学年は34週）とした場合における週当りの平均授業時数。

「中学校学習指導要領 試案 昭和26年（1951）改訂版」

		1	2	3
必修教科	国　語	175〜280	175〜280	140〜210
	社　会	140〜210	140〜280	175〜315
	数　学	140〜175	105〜175	105〜175
	理　科	105〜175	140〜175	140〜175
	音　楽	70〜105	70〜105	70〜105
	図画工作	70〜105	70〜105	70〜105
	保健体育	105〜175	105〜175	105〜175
	職業・家庭	105〜140	105〜140	105〜140
小　計		910〜1015	910〜1015	910〜1015
選択教科	外国語	140〜210	140〜210	140〜210
	職業・家庭	105〜140	105〜140	105〜140
	その他の教科	35〜210	35〜210	35〜210
特別教育活動		70〜175	70〜175	70〜175

「昭和33年改訂告示 中学校学習指導要領」（学校教育法施行規則）

		1	2	3
必修教科	国　　語	175（5）	140（4）	175（5）
	社　　会	140（4）	175（5）	140（4）
	数　　学	140（4）	140（4）	105（3）
	理　　科	140（4）	140（4）	140（4）
	音　　楽	70（2）	70（2）	35（1）
	美　　術	70（2）	35（1）	35（1）
	保健体育	105（3）	105（3）	105（3）
	技術・家庭	105（3）	105（3）	105（3）
選択教科	外国語	105（3）	105（3）	105（3）
	農　　業	70（2）	70（2）	70（2）
	工　　業	70（2）	70（2）	70（2）
	商　　業	70（2）	70（2）	70（2）
	水　　産	70（2）	70（2）	70（2）
	家　　庭	70（2）	70（2）	70（2）
	数　　学			70（2）
	音　　楽	35（1）	35（1）	35（1）
	美　　術	35（1）	35（1）	35（1）
道　　　徳		35（1）	35（1）	35（1）
特別教育活動		35（1）	35（1）	35（1）

（ ）内の授業時数は、年間授業日数を35週とした場合における週当りの平均授業時数。

　「昭和26年（1951）改訂版」は「試案」であり、各学校や教員が教育課程を作成する上での標準として、小学校は時間数の配分をパーセンテージで示し、中学校は一定の幅を持たせた形で示している。これに対して「昭和33年改訂告示 学習指導要領」は「学校教育法施行規則」に定められたものとして提示し、最低基準の時間数を表示している。

　次に、関係する教科内容の変化を見ていく。まず、各教科の目標を「学習指導要領 試案 昭和26年（1951）改訂版」と「昭和33年改訂告示 学習指導要領」とで比較し、さらに工作や工芸領域の学習の変化を整理してみる。

■教科目標

小学校	図画工作	昭和26年改訂版	(1) 個人完成への助けとして。 a 絵や図をかいたり、意匠を創案したり、物を作ったりするような造形的創造活動を通して、生活経験を豊富にし、自己の興味・適性・能力などをできるだけ発達させる。 b 実用品や美術品の価値を判断する初歩的な能力を発達させる。 c 造形品を有効に使用することに対する関心を高め、初歩的な技能を発達させる (2) 社会人および公民としての完成への助けとして。 a 造形的な創造活動、造形の正しい選択能力、造形品の使用能力などを、家庭生活のために役だてることの興味を高め、技能を発達させる。 b 造形的な創造活動，造形品の選択能力、造形品の使用能力などを、学校生活のために役だてることの興味を高め、技能を発達させる。 c 造形的な創造活動、造形品の選択能力、造形品の使用能力などを、社会生活の改善、美化に役だてるための関心を高め、いくらかの技能を養う。 d 人間の造形活動の文化的価値と経済的価値についての、初歩的な理解を得させる。 e 美的情操を深め、社会生活に必要な好ましい態度や習慣を養う。
		昭和33年改訂版	1 絵をかいたり物を作ったりする造形的な欲求や興味を満足させ、情緒の安定を図る。 2 造形活動を通して、造形感覚を発達させ、創造的表現の能力を伸ばす。 3 造形的な表現や鑑賞を通して、美的情操を養う。 4 造形的な表現を通して、技術を尊重する態度や、実践的な態度を養う。 5 造形活動を通して、造形能力を生活に生かす態度を養う。
中学校	図画工作	昭和26年改訂版	1 生徒を個人としてできるだけ完成する助けとして、 1) 絵や図をかいたり、意匠を創案したり、物を作ったりする創造活動を通して生徒の興味・適性・能力をできるだけ発展させる。 2) 日常生活を営むに必要な、造形品の実用価値や美的価値を判断し、有効なものを選択する能力を発展させること。 3) 造形品を有効に使用する技能を発展させる。 4) 美術品および自然のよさを鑑賞する能力を発展させる。 5) 前の各項と関連して、余暇を有効に過ごすための多くの興味や技能を発展させる。 2 生徒を社会人および公民としての完成の助けとして。 1) 創造的な表現力を、社会生活に活用する技能を発展する。 2) 人間の造形活動の意味を理解し、その価値を理解する能力を発展する。 3) 造形の用具材料および造形品の使用を通して公民として必要な態度を発達させる。 4) 生徒の職業的な興味・適性・技能と、経済的生活の能力を発展させる助けとして、
	美術	昭和33年改訂版	1 絵画や彫塑などの表現や鑑賞を通して、美術的な表現意欲を高め、創作の喜びを味わわせる。 2 色や形などに関する学習を通して、美的感覚を洗練し、美術的な表現能力を養う。 3 わが国および諸外国のすぐれた美術作品を鑑賞させ、自然に親しませて、美術や自然美を愛好する心情や鑑賞する力を養う。 4 美術の表現や鑑賞を通して、情操を豊かにするとともに、美術的な能力を生活に生かす態度や習慣を養う。

「昭和26年（1951）改訂版」は、解説的な教科目標として具体的に学習項目をあげて、それぞれの目標の意味を示している。また、ここでは省略しているが、ここに示した教科目標の前には、小学校、中学校、高等学校の図画工作の学習全体の目標が、やはり解説的に示されている。

　これに対して「昭和33年改訂告示 学習指導要領」は、法律文書に準拠した文章の形式によって簡潔に示されている。さらに、「昭和26年（1951）改訂版」では小学校、中学校を通して、「個人の完成、社会人としての完成」を最終的な目標とし、そのために必要な造形的諸能力育成が掲げられ、「平成20年3月改訂告示 学習指導要領」（p.235参照）において教科目標の最後に示されている「情操」も、ここでは人格完成のため必要な1つの要素となっている。また、小学校には「技術を尊重する態度」や「実践的な態度」「造形能力を生活に生かす態度」などによって、中学校「技術・家庭科」との関連を示しているが、中学校「美術」においては「昭和26年（1951）改訂版」にあった「職業的な興味・適正・技能」や「用具材料」、「実用価値」などの言葉はない。

　各教科の学習内容の内、工作や工芸にあたる部分に焦点をあてて、その内容を比較してみると、まず「昭和26年（1951）改訂版」の小学校「図画工作編」における「工作」領域は次のような内容で構成されている。

1. 主として実用的なものを製作する指導内容
2. 主として遊び道具・模型・他教科の学習上必要なものを製作する指導内容の系統
3. 粘土で製作する系統
4. 製図に関する指導内容の系統
5. 主として製作物の実用価値や美的価値を評価することに関する指導内容の系統
6. 主として修理加工の工作の系統

　一方、「昭和33年改訂告示 学習指導要領」の小学校「図画工作」では、次に示すように、内容が学年によって変化している。

第1・2学年	（1）	絵をかく。
	（2）	版画を作る。
	（3）	粘土を主材料として、いろいろなものを作る。
	（4）	模様を作る。
	（5）	いろいろなものを作る。
第3学年	（1）	絵をかく。
	（2）	版画を作る。
	（3）	粘土を主材料として、いろいろなものを作る。
	（4）	デザインをする。
	（5）	いろいろなものを作る。
第4学年	（1）	心の中にあるものを絵で表現する。
	（2）	外界を観察しながらそれを絵で表現する。
	（3）	版画を作る。
	（4）	彫塑を作る。
	（5）	デザインをする。
	（6）	いろいろなものを作る。
第5・6学年	（1）	心の中にあるものを絵で表現する。
	（2）	外界を観察しながら、それを絵で表現する。
	（3）	版画を作る。
	（4）	彫塑を作る。
	（5）	デザインをする。
	（6）	役にたつものを作ったり、構成の練習をしたりする。
	（7）	機構的な玩（がん）具・模型の類を作る。
	（8）	作品を鑑賞する。

　この内、工作的な内容としては上記の表で網掛け部分が該当する。第1学年から第3学年までの「（3）粘土を主材料として、いろいろなものを作る。」では、「人物・動物などの彫塑的なもの」と「遊び道具・乗物・器物などのような工芸的なもの」を任意に選択させてつくらせることとしている。

　また、第3学年からは「デザイン」の言葉が用いられ、「色彩」やそれまでの「模様」にあたる平面的なデザインだけでなく、「工作で作るもののデザイン」も含めている。第5・6学年の「（6）役にたつものを作ったり、構成の練習をしたりする。」、「（7）機構的な玩（がん）具・模型の類を作る。」は「紙、粘土、竹、木、針金、板金その他身辺にある材料」を用い、それらの加工技術や設計を学ぶことを示し、「玩具」では滑車やベルト機構、歯車機構、さらにゴム動力やバネの力の利用なども取り上げ、中学校「技術・家庭科」の「技術」領域との繋がりを強めたものとなっている。

　しかし、「テキスタイル」については指導項目としても、具体的な材料としても扱われていない。これは、第5・6学年での「家庭科」との内容の重なりを配慮したものであろうが、この結果、今なお図工美術の題材開発という視点からは、染織をはじめとして「テキスタイル」に関する学習が不十分であることは否めない。近年の学習指導要領は具体的な材料を示すことはほ

228　第4章　工芸教育の変遷

とんどないので、布を用いた題材も現在は図工美術の教科書で取り上げられているが、長らく「テキスタイル」といえば「手芸」というイメージを持たれることになる。

次に、中学校「図画工作」及び「美術」の工作・工芸領域の学習内容を比較してみる。まず「昭和26年（1951）改訂版」の中学校「図画工作」の内容は、「第1節 表現教材」「第2節 鑑賞教材」「第3節 理解教材」「第4節 技能熟練の教材」から成り、そのうち「第1節 表現教材」の「4工作」には、「木工」「金工」「粘土セメント工」「その他の工作」が項目として示されている。また、「5製図」においては、「線および平面形」「正投影図法による製図」「展開図」「等角投影図による製図」「斜投影図による製図」「地図図表年表その他」の項目があげられている。

さらに、これらの次の段階として、学年毎の指導項目が詳細かつ具体的に整理される形式となっている。また、「4工作」の「その他の工作」の具体的指導項目としては、「1. 編み物」「2. 刺しゅう」「3. 皮細工・アプリッケ（ママ）・造花・簡単な袋物など」「4. 簡単な織り物」「5. 簡易染色」「6. 編組細工」「7. 製本」「8. その他、その地方に特有な工作など」が示されている。

これに対して「昭和33年改訂告示 学習指導要領」の中学校「美術」の構造は、下表のようになっている。

A 表現	印象や構想などの表現	(1) 写生による表現
		(2) 構想による表現
	色や形などの基礎練習	(1) 配色練習
		(2) 形の構成練習
		(3) 材料についての経験
		(4) 表示練習
	美術的デザイン	(1) デザイン
		(2) 物の配置配合
B 鑑賞		

この構造を基に各学年の具体的な指導項目が示されているが、ここから工作・工芸領域に係る部分を明確にするのは難しい内容構成となっている。特に「美術的デザイン」に関する解説では、「デザインの対象となるものは広い範囲に及ぶが、ここにいう美術的デザインの内容として扱うものは、工的技術を主とした、建築や工業的デザインを除いた分野のものとし、デザインの能力とみられる物の配置配合、環境の改善美化もここに加えて指導するも

のとする。第2学年および第3学年の場合も同じとする。」とし、「技術・家庭科」の学習内容との差別化を明確にしようとしている。しかし、本学習指導要領に基づいた当時の教科書の内容を見てみると、現代の視点では明らかに工芸デザイン領域にあたる学習が提示されている。

中学校美術科教科書

「昭和33年改訂告示 中学校学習指導要領」が実施されたのは1961（昭和36）年4月からであるが、このときの「美術科」の教科書は、8社によって第1学年用から第3学年用まで22種が出版されている。「技術・家庭科」の設置によって、「生産技術」に関する部分は削除となり、「芸術性創造性を主体とした表現や鑑賞活動」となった「美術科」の実際を教科書の構成を基にして考察するために、ここでは『中学美術1』（勝見勝ほか著、日本書籍、1963）を取り上げる。全32ページの同書の目次は次のようなものであり、括弧内にどのような題材か簡略な説明を付した。

赤いテーブルかけ（ボナール作品の絵画鑑賞）

静物（花やくだものをモチーフとした静物画による表現）

家の人たち（働く家人を描く生活画の表現）

想像や空想でかいた絵（詩や物語、音楽による心象絵画表現）

いきいきとした素描（動物、生物、人物、風景などのスケッチ的表現）

浮き彫り（粘土、木、石、石膏板などを使った浮き彫りによる表現）

線の構成（線の組み合わせを中心とする平面構成表現）

面の構成（面分割による平面構成表現）

精密な表示（動植物の観察によるデッサン的表現）

おもしろい形の発見（自然物の観察からの構成表現）

材質感（質感の異なるものを組み合わせる構成表現）

自然の形・人工の形（自然物と人工物の形の比較鑑賞）

配色練習－色の三要素を中心に－（色の三要素の理解）

配色練習－色彩感情を主に－（色彩感情を考えた配色表現）

マークと文字（マークや紋章と文字のデザイン表現）

ポスター（ポスターの制作表現）

動く造形（モビールの制作表現）

光の造形（ガラスを用いた造形表現）

230　第4章　工芸教育の変遷

表現技法のいろいろ（モダンテクニックによる表現）

彫塑の量感－動物－（動物をモチーフにした量感の彫塑表現）

包装（包装紙のデザイン表現）

表糸（本の表紙のデザイン表現）

紙の立体（紙の造形表現）

カレンダー（平面及び立体のカレンダーのデザイン表現）

簡略な表示（略図による形態の把握と表現）

版画（木版、ドライポイントによる版表現）

いろいろな写生（風景画による表現）

配置配合－花だんの模型－（模型製作による表現）

配置配合－掲示のくふう－（掲示板のデザイン表現）

空想でかいた絵（未来都市を想像した絵画表現）

彫塑の量感－人物－（人物をモチーフにした量感の彫塑表現）

学校生活（学校の様子をテーマにした絵画表現）

　これらの題材を見ていくと、絵画やデザインにおける絵具や紙、彫塑における粘土、木、石などが主たる材料であって、彫刻刀などを除けば、工具を用いる必要性がない題材となっている。その中でも、ガラスを使用するものや、スケッチではあるが椅子や家具などの構成を観察するものもあり、工作・工芸的な要素も含まれている。

　また、同書では絵画の題材が多く、6題材となっている。デザインにおける学習では立体的なものも組み入れようとする努力が見られるが、その素材が紙中心であり、やはり身体性を通しての学習というよりも、手技的な学習としての性格が強くなった感は否めない。

中学校技術・家庭科の内容

　ここまで、小学校「図画工作」と中学校「美術科」の学習指導要領改訂による変化を見てきたが、そこには中学校「技術・家庭科」の誕生が大きく影響している。したがって、造形美術教育について考察する場合、近くて遠い存在である「技術・家庭科」についても理解をしておくことは重要である。ここでは、「昭和33年改訂告示 中学校学習指導要領」おける新設教科「技術・家庭科」の内容を見ていくことにする。

　まず、その目標には次の4項目が示されている。

1　生活に必要な基礎的技術を習得させ、創造し生産する喜びを味わわせ、近代技術に関する理解を与え、生活に処する基本的な態度を養う。

2　設計・製作などの学習経験を通して、表現・創造の能力を養い、ものごとを合理的に処理する態度を養う。

3　製作・操作などの学習経験を通して、技術と生活との密接な関連を理解させ、生活の向上と技術の発展に努める態度を養う。

4　生活に必要な基礎的技術についての学習経験を通して、近代技術に対する自信を与え、協同と責任と安全を重んじる実践的な態度を養う。

　ここで注目したいのは、「表現・創造の能力」と「合理的に処理する態度」が同列に成立していることである。これを小学校「図画工作」と中学校「美術」の目標と比較してみると、「創造の能力」は「図画工作」にも掲げられているが、「美術」にはない。また、「表現」に関しては、「美術」の場合「美術的な表現力」として限定的に示されている。

　「昭和33年改訂告示 中学校学習指導要領」の作成において能力の論議がどのように進んだかは不明であるが、2016年現在の学習指導要領では、小学校「図画工作」の目標に「創造活動の基礎的な能力」が示され、中学校「美術」に「創造活動の喜び」、高等学校「芸術科美術Ｉ」及び同「芸術科工芸Ｉ」に「創造的な表現と鑑賞の能力」があり、「創造の能力」は造形美術関係教科の教科性の柱の１つである。しかし、学習指導要領における「創造の能力」の出自を見るならば、決して造形美術関係教科の占有ではないのである。なお、2016年現在の学習指導要領における「技術・家庭科」の目標にも「進んで生活を工夫し創造する能力」が示されている(註2)。

　次に示す表は、「昭和33年改訂告示 中学校学習指導要領」の「技術・家庭科」の内容を整理したものである。工作、工芸教育に関わりのある「設計・製図」「木材加工・金属加工」「被服製作」「家庭機械・家庭工作」は項目まで示しているが、その他「栽培」や「調理」などは省略している。

　なお、同学習指導要領においては、男子が技術を女子が家庭を学ぶという別学習となっていたが、その後の改訂ごとに学習内容の変化と合わせて男女「相互乗り入れ」による学習が拡大し、「平成10年12月改訂告示 中学校学習指導要領」で完全な男女共修となった。

A 男子向き	第1学年	(1) 設計・製図	ア イ ウ エ オ カ キ ク ケ	表示の方法 製図用具の使用法 線と文字の使用法 平面図法 展開図 投影法 寸法の記入法 工作図 図面と生活との関係
		(2) 木材加工・金属加工	ア イ ウ エ オ カ	木材・金属材料 接合材料 塗　料 木工具・金工具の使用法 工作機械の使用法 工作法
		(3) 栽　培		（略）
	第2学年	(1) 設計・製図	ア イ ウ エ オ カ	工作図 断面図 複写図，見取図 製図用具の使用法 機械要素の略画法 図面と生産との関係
		(2) 木材加工・金属加工	ア イ ウ エ オ カ キ ク ケ	木材・金属材料 荷重と構造 接合材料 切削油 塗　料 木工具・金工具の使用法 測定具の使用法 工作機械の使用法 工作法
		(3) 機　械		（略）
	第3学年	(1) 機　械		（略）
		(2) 電　気		（略）
		(3) 総合実習		（略）
B 女子向き	第1学年	(1) 調　理		（略）
		(2) 被服製作	ア イ ウ エ オ	繊維・布地と編物用糸 被服製作・被服整理の用具、機械，施設 被服整理用剤 被服製作・被服整理・編物の方法 被服と衣生活
		(3) 設計・製図	ア イ ウ エ オ カ キ	表示の方法 製図用具の使用法 線と文字の使用法 投影法 寸法の記入法 工作図 図面と生活との関係
		(4) 家庭機械・家庭工作	ア イ ウ エ	家庭機械の取扱 家具用木材 接合材料と塗料 木工具の使用法と工作法

B 女子向き	第2学年	(1) 調　理	(略)		
		(2) 被服製作	ア　布　地		
			イ　被服製作・ししゅうの方法		
		(3) 家庭機械・家庭工作	ア　家庭機械の材料		
			イ　機械要素		
			ウ　家庭機械の整備		
			エ　家具の取扱法と簡単な修理		
			オ　刃物のとぎ方と手入れ		
			カ　機械と生活		
	第3学年	(1) 調　理	(略)		
		(2) 被服製作	ア　繊維・布地		
			イ　被服の付属品		
			ウ　被服製作・被服整理・染色の方法		
			エ　被服と生活		
		(3) 保　育	(略)		
		(4) 家庭機械・家庭工作	ア　間取り図と屋内配線図		
			イ　電気計器の取扱法		
			ウ　配線具の点検・修理		
			エ　照明器具、電熱器具の点検・修理		
			オ　電動機をつけた家庭用機器の取扱・点検		
			カ　すまいのくふう		
			キ　電気と生活		

　この「昭和33年改訂告示 学習指導要領」によって生まれた「技術・家庭科」の性格は、現実社会と生活を主たる領域とすることから、改訂毎にその内容は大きく変化している。特に、1989（昭和64／平成元）年からは「情報基礎」が加わり、コンピュータ教育がはじまることになった。1958（昭和33）年の改訂を俯瞰的に考察するならば、「技術・家庭科」の開設が中学校「美術科」にある種の空洞を生みだしたことは間違いがない。このときの状況を山形寛は、著書『日本美術教育史』（p.86参照）において、「この改訂によって美術科の教育は大変やりにくくなり、工作教育は事実上死滅したに等しい。」と絶望的な感想を残している（復刊p.831）。従前の美術科の在り方と時間数確保のために運動を展開した当事者の1人としては、慙愧に絶えない思いであったことは想像がつく。

　また、宮脇理（p.98参照）は、著書『工藝による教育の研究――感性的教育媒体の可能性』（建帛社、1993）において、「結果は『ものづくり』の教育が教育全般に与えるであろう意味などは捨象される方向で結果したのである。」とし、さらに「インダストリアルエイジは徐々に学校を家庭から引き離し、いわば操作の対象の位置へと学校の性格を移していたのである。」（註3）と記している（p.328）。

　当時は戦後復興を急激に成し遂げた日本が、さらなる経済成長を遂げよう

とするときである。それを追い風に、新たな産業構造の構築を担う人材の育成を学校教育の目的に定めても、もはや大きな反対の動きが生まれる可能性はなかったと言える。その性格からも、歴史的背景からも工作・工芸教育は産業との関わりを持つ。そのことを「昭和33年改訂告示 学習指導要領」は明確にしたのである。

しかし、「技術・家庭科」の開設がもたらした中学校「美術科」の縮小とも取れる改編は、「美術科」が個人と世界の関わりを造形芸術の視点から考える教科として洗練されたと見ることも可能である。1958（昭和33）年の改訂ではまだ目標の中の一部でしかなかった「情操の育成」が、教科で育てるべき資質や能力の最終目的となる過程は、「技術・家庭科」と対比するとわかりやすい。そして、次の1969（昭和44）年の「中学校学習指導要領」改訂では、「美術科」に「工芸」が位置づけられ、時間数も増加をしている（註4）。

註1 『昭和教育史——天皇制と教育の史的展開』（上・下巻、三一書房、1994）、「下（戦後編）、第十二章 高度経済成長下の学校と教育統制の強化、二 学習指導要領改訂と神話復活、1 一九五八（昭和三三）年改訂とその特質」。なお、2006年に同書の新版が東信堂より刊行されている。

註2 平成20年3月改訂告示 小学校学習指導要領
第2章 各教科
第7節 図画工作
第1 目標
表現及び鑑賞の活動を通して、感性を働かせながら、つくりだす喜びを味わうようにするとともに、造形的な創造活動の基礎的な能力を培い、豊かな情操を養う。

平成20年3月改訂告示 中学校学習指導要領
第2章 各教科
第6節 美術
第1 目標
表現及び鑑賞の幅広い活動を通して、美術の創造活動の喜びを味わい美術を愛好する心情を育てるとともに、感性を豊かにし、美術の基礎的な能力を伸ばし、美術文化についての理解を深め、豊かな情操を養う。

第8節 技術・家庭
第1 目標
生活に必要な基礎的・基本的な知識及び技術の習得を通して、生活と技術とのかかわりについて理解を深め、進んで生活を工夫し創造する能力と実践的な態度を育てる。

平成21年3月改訂告示 高等学校学習指導要領

第2章 各学科に共通する各教科
第7節 芸術　第2款 各科目
第4 美術I
1 目標
美術の幅広い創造活動を通して、美的体験を豊かにし、生涯にわたり美術を愛好する心情を育てるとともに、感性を高め、創造的な表現と鑑賞の能力を伸ばし、美術文化についての理解を深める。

第7 工芸I
1 目標
工芸の幅広い創造活動を通して、美的体験を豊かにし、生涯にわたり工芸を愛好する心情と生活を心豊かにするために工夫する態度を育てるとともに、感性を高め、創造的な表現と鑑賞の能力を伸ばし、工芸の伝統と文化についての理解を深める。

註3　宮脇は『工藝による教育の研究――感性的教育媒体の可能性』において、「第六章『岐路に立つ美術教育』の時間、第五節 制度的帰結をめぐる問題」で、松原郁二（1902-1977）について多くの字数を費やしている。
　　　　東京教育大学教授として図画工作を担当していた松原は、図画工作分離論を唱えていた。そこには造形教育の体系化を目指す松原にとって、工作教育の充実という目的が存在する。すなわち「図画工作科」の工作を発展的に「技術科」に再編する意図があった。しかし、一夜にして「技術科」は「技術・家庭科」となり、その内容も松原が意図したものとはかけ離れたものとなった。「インダストリアルエイジ」とは、その松原が1958（昭和33）年当時の社会を評したものである。

註4　1969（昭和44）年の「中学校学習指導要領」改訂による時間配当

区分	必修教科の授業時数								道徳の授業時数	特別活動の授業時数	選択教科にあてる授業時数	総授業時数
	国語	社会	数学	理科	音楽	美術	保健体育	技術・家庭				
第1学年	175	140	140	140	70	70	125	105	35	50	140	1,190
第2学年	175	140	140	140	70	70	125	105	35	50	140	1,190
第3学年	175	175	140	140	35	35	125	105	35	50	140	1,155

第 5 章　工芸の技法

第1節　道具と手仕事

刃物と教育

　「肥後守(ひごのかみ)」という小さな刃物がある。簡易型の折り畳み式ナイフで、形はまさしく小刀。すなわち小さな刀であり、名前も日本刀らしい風格がある。「肥後」とは熊本のことであり、「守」とは大名を指している。当然、産地は熊本と思いがちだが、「肥後守」の登録商標は兵庫県三木市の「永尾カネ駒製作所」のものである。名前の由来は、肥後の大名であり勇猛果敢で知られた加藤清正お抱えの刀工集団「胴田貫(どうだぬき)」一派の、質素ながらよく切れる実践向きの刀にあやかって名づけられたとする説が有力である。

　この「肥後守」は、1894（明治27）年もしくはその翌年あたりから、生活用具として三木市で生産され、全国に普及していった。特に戦後1950年代から60年代はじめにかけては、男の子たちの文房具として広まった。戦後の混乱期から次第に生活も落ちつき、経済発展から国民所得が向上しはじめた時期とはいえ、子どもたちは今ほどに遊具を買い与えられる環境になく、自分でおもちゃをつくって遊んでいた。「肥後守」を使って「パチンコ」や「糸巻き車」「割りばしゴムピストル」「竹とんぼ」「水鉄砲」「紙鉄砲」などをつくり、その遊びに熱中した。

肥後守

　「肥後守」が社会に広く浸透する中、三木市の金物工場製ではない「肥後守」スタイルの折り畳み式ナイフも多数出回った。写真は、上が正統「肥後守」で、下は「肥後守」スタイルの折り畳み式ナイフである。産地等は不明であるが、小型の鎌や鋸がついたものや、栓抜きやフォークをつけて「ハイキング」と名づけ

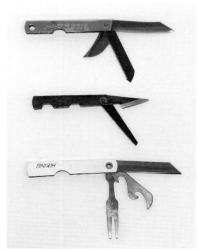

肥後守スタイルのナイフ

られた微笑ましいものもあった。これらの刃物は、正統かどうかはともかく、男の子たちの憧れでもあったし、砥石で磨いて常に美しい刃先を保つことはプライドでもあった。

しかし、その後の社会情勢は、こうした刃物と子どもたちの接触をあまり歓迎しない方向へと変化していった。1960（昭和35）年10月12日、東京の日比谷公会堂において、演説中の浅沼稲次郎日本社会党委員長が17歳の少年に刺殺された事件に端を発して「子供に刃物を持たせない運動」がはじまり、「肥後守」はその格好の攻撃対象となったのである。「東京母の会連合会」（註1）は、「こどもたちの身の回り品をよく気をつけ、刃物を持たせないようにする。」「刃物の所持をあこがれさせるような映画、テレビ、出版物の自粛を呼びかける。」を掲げ、教育界にも積極的に働きかけていった。

その後、「刃物」が学校の中で積極的に排除されるきっかけとなる事件が起きる。それは、1998年（平成10）年1月28日、栃木県黒磯市（現那須塩原市）で発生した中学校内での生徒による教師刺殺事件である。授業に遅刻したことをとがめられた13歳の少年が、所持していたバタフライナイフ（註2）で教師を刺殺したのである。この事件は大きな社会的関心を集め、バタフライナイフなど殺傷能力の高い鋭利な刃物類が有害玩具として販売に規制がかかるとともに、全国の教育委員会は学校内における教材としての刃物の保管、管理状況の調査を行った。さらに、刃物を用いる授業の再検討や、十分な管理体制を報告するよう求めた。

また、それまで図画工作や美術工芸の授業で、児童生徒各自に管理を任せていた個人の持物としての刃物については、学校内に持ち込むことを禁止し、必要に応じて学校で用意するようにとの指示を、多くの教育委員会が出している。こうして、子どもたちの筆箱の中から刃物は完全に姿を消したのである。

このような社会の流れがある中、長野県北安曇郡池田町の町立会染小学校は、現在も積極的に「肥後守」を教育に生かしている。会染小学校では、毎年、入学式の場で校長先生から、「永尾カネ駒製作所」製で学校名の入った「肥後守」が新入生1人1人に手渡される。そして、上級生のサポートを受けながら、「肥後守」で上手に鉛筆を削る技術を身につけていく。これは、学校目標である「めざそう三名人」すなわち「まなび名人」「はたらき名人」「なかよし名人」の中で「まなび名人」を目指す教育活動の1つとして位置づけられている。この取り組みは1983（昭和58）年にはじまり、PTA活動の

第1節　道具と手仕事　239

収益金によって費用が賄われながら、30年以上にわたって続けられている。

　また、現代美術社（p.310参照）発行の1986（昭和61）年度用小学校6年生図画工作科教科書『子どもの美術6』には、「くぎでナイフを作る」という題材が、写真とともに次のように掲載されている。

くぎでナイフを作る

　「人間は道具を作る動物だ」といわれるが、道具の一つであるナイフで、えんぴつをけずれない人が多い。これは、けずり機があるからナイフでなくてもよい、という考えからだろうが、物を作れない手になってしまっているともいえる。こんな手をした人間はこまる。
　くぎでナイフを作ろう。くぎは鉄だから、高温で熱してたたくと、平らになる。また、形ができたら刃をつけよう。刃は、やすりやと石でといでつける。とぎ方も覚えよう。

1　金しきの上でくぎの頭をつぶす。
2　くぎが赤くなるまで熱する。
3　先から半分くらいまでたたいて平らにする。
4　熱すること、たたくことをくり返す。
5　金属用のやすりで、刃をつける。
6　と石でとぎ、刃をつける。

（『子どもの美術6』佐藤忠良ほか著、
現代美術社、1986、p.23）

「くぎでナイフを作る」題材

実際には、この教科書を使用した学校は少なかったが、子どもたちから刃物が遠ざけられていく時代にあって、意欲的な題材と言えるだろう。

　実生活において、日常的に刃物を使う場所は台所しかなくなってきている。そのような環境で、刃物を扱う技能のみに焦点をあてるならば、確かに不要なのかもしれない。しかし、「肥後守」をポケットに入れて持ち歩いていた少年たちにとって、上手に使えるようになるかどうかが自分の責任であるのと同じように、安全も自分の責任であったし、何より彼らは、自らの手を使い、体を使い、年長者の経験や知恵を積極的に学ぼうとしていた。それは、学ばなければ失敗するし怪我もするという、絶対的な必要があったからこその学びである。学びの姿勢は必要性にはじまり、そしてできたという喜びが育てるのである。

　子どもたちと刃物の関係に見られるような時代の変化を考えるならば、工作や工芸の授業も、「肥後守」を常に持ち歩いていた小・中学生に対するのと、刃物を使うことがすでに非日常となった小・中学生に対するのとでは、自ずと教材や指導方法に違いが生じてくることになる。

大工道具

　大工の仕事と木工芸は同じ木材を素材としながらも、その目的には当然のことながら相当な開きがある。しかも部分的には共通する道具もあるが、人の営みそのものを包含する建物を対象とするだけに大工道具の種類は多種多様である。人の技術と素材と道具がつくり出す造形の典型例として、ここで少し大工の仕事と道具について考えてみたい。

　兵庫県神戸市にある「竹中大工道具館」（註3）には、「労働科学研究所」（註4）が1943（昭和18）年に実施した大工道具の調査「わが国大工の工作技術に関する研究」（註5）に関する資料が展示されている。これは当時、現在の東京都大田区にあたる地域に在住していた大工職人所有の道具についての調査である。本格的な木造建築をつくるのに必要な道具（第一形式）では179点、比較的安価な建物の建築に必要な最低限の道具でも72点であったと報告されている。次ページの写真が第一形式179点の道具すべてを展示している竹中大工道具館のギャラリーの様子であるが、まさに壮観であり、美しい。そして何より、これら多くの道具を使いこなす、高度な大工の職能に感嘆する。

　大工たちはこれら多くの道具の中から次の日に必要なものを選び、手入れをし、道具箱に入れて仕事場に向かったのである。すなわち、明日の仕事や

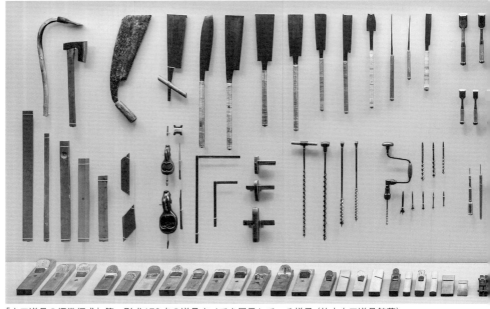

「大工道具の標準編成」第一形式179点の道具すべてを展示している様子（竹中大工道具館蔵）

工程に必要な道具を選び準備をすることも重要な職能であった。仕事全体を把握し、工程の内容から導き出される各種道具の必要性を見通すことができなければ、1つ1つの道具の扱いに長けていても本当に道具を使いこなすことにはならないのである。

　これは、戦前におけるわが国の建築物の多くが木造であった時代の大工職人の状況であるが、戦後、1985（昭和60）年にやはり大田区で同様の調査が行われている。1943年の調査とデータの取り方に違いはあるものの、1985年の調査では、一般的によく使う道具は20種、たまに使う道具は59種であったと報告されている。

　この変化について竹中大工道具館は、電動工具の進歩や建築方法の変化などの理由が考えられると分析している（註6）。しかしそれは、見方を変えれば道具が消滅したのではなく、その道具を駆使する技術が消滅したのである。必要性から生まれる道具と道具を使う技術は、必要性がなくなれば消えていく運命も持つ。また、そうして一度消えた道具や技術を復活させるのは、大変に難しいことでもある。

　本書「第2章、第3節」で取り上げた宮大工の棟梁西岡常一（p.62参照）は、

242　第5章　工芸の技法

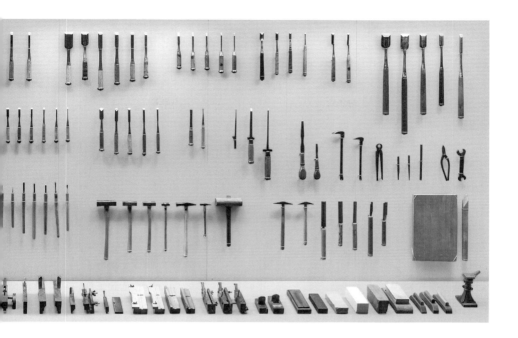

「槍鉋(やりがんな)」を復活させたことでも知られている。古代建築の柱などを触ると滑らかながら微妙な凹凸が感じられるが、これらは槍鉋によって削られたものである。写真のように槍先の形をした刃物を押したり引いたりして使うが、室町時代から台鉋が使われるようになり、槍鉋は忘れられた道具となっていた。西岡は、古代建築の再建にあたって、この消えた道具を復活させたのである。

著書『木に学べ——法隆寺・薬師寺の美』（小学館、1988）で西岡は、正倉院にあった小型の「槍鉋」を参考に、刀鍛冶に依頼し、法隆寺の古釘を材料に再現させたことを語っている。また、使い方について「どうやって使うかいいましたら、腰のところでためて、前にも押すし、手前にもひく。微妙なもんやけど、使うことだけやったら、そんなにむずかしいことない。再現するまでのほうがたい

槍鉋：法隆寺古材加工痕より復元された道具「ヤリガンナ（推定復元）」（竹中大工道具館蔵）

第1節 道具と手仕事 243

へんやったな。」（p.24）と述べている。西岡らしく使うことは難しくないと
すんなり語っているが、その姿勢や道具との一体感など使い手の正確な身体
感覚なくしては、道具はその役割を果たすことはできない。

　また、同書において西岡は、「わしらにとって、道具は自分の肉体の先端
や。」（p.33）とも語っている。すなわち、道具と素材と体の関係を技とする
ならば、美しい形をした道具は残っても、それを自身の一部と感じ取り使
いこなす技は、人から人へと繋がなければ伝承されない、ということであ
る。前出調査の報告書『わが国大工の工作技術に関する研究』（註5参照）でも、
道具の綿密な調査、分析、記録とともに、その使い方や使う際の姿勢につい
ての解説に、写真を添付しながら多くのページを割いている。

方法と技

　近年、「Do it yourself : DIY」の言葉に代表されるように、日曜大工や手工
芸を楽しむ人々が増えている。そして、手軽に扱うことのできる電動工作機
械や材料も整えられたセット商品も多様に販売されている。それらの付属品
として重要なのが、「マニュアル」もしくは「取扱い説明書」である。まず
安全についての事細かい説明からはじまり、微に入り細にわたり、場合に
よっては丁寧な図解が示されながら、工具の扱い方や製作の手順が説明され
ている。

　確かに、はじめて電動工作機械を使うような場合には、何らかの説明がな
いと不安である。しかし、読んで理解し予想したことと、実際にその工具を
用いた感覚が大きく違うという経験も多い。道具とは、解説書を読んだから、
使い方を聞いたから使いこなせるというものではない。道具を素材に合わせ
て使いこなす技は、実際に道具が用いられ、その経験が蓄積されてはじめて
成立するものである。

　また、大工道具の研究で知られる村松貞次郎（建築史家、1924-1997）は、
著書『道具と手仕事』（岩波書店、1997／復刊2014）の中で、「道具は買っ
てきて使うものではない、自分でつくるものだ」とかつては言われたと書い
ている。さらに、「道具は工人の“自分の道具”さらにいえば“自分だけの
道具”にならねばならぬ。そうしてはじめて仕事が、“自分の仕事”になる。」
としている（復刊p.241）。

　道具を用いる方法を、言葉によってまたは言葉で書かれた解説書や教科書
によって、知識として理解することはできる。しかし、方法を理解しただけ

で道具を十分に使いこなすことはできない。道具を自身の身体感覚を用いて使うことで、方法という知識は技に変化する。そして、使い込み、蓄積されることで自分の技となり、自分の道具となる。村松が紹介する名人の道具には、どれも個性がある。使い込まれ蓄積される中で、誰もが知っている知識が、自分だけの技となった証である。

　マニュアルから学ぶ知識も確かに必要である。しかしそれは使える技ではない。「工芸の教育」が専門家だけでなく、子どもたちや多くの生徒、学生にとって必要な理由の1つがここにある。本当の学びとは、知識を活用して生まれる技能の育成のことである。

　また、前述の電動式の工作機械や工具類は、その使用目的が限定的な場合が多い。その工程に適切な道具を用いることは大切な技能の1つであるが、1つの道具に多様な使い方を見出すことも、大切な学びであり、技である。小学校の図画工作教室、中学校の美術教室、高等学校の美術室・工芸教室の環境整備については次節で取り上げるが、一般的な学校の予算では十分な道具を買い揃えることは難しい。むしろ、道具の不足をどのように補うかの工夫が、指導者として日常的な仕事とも言える。そのような限られた予算の中で揃えるのは、なるべく単純な道具がよい。単純な道具ほど多様な使い道がある。すなわち、単純な道具を用いることが、児童生徒が道具の一般的な使い方や方法を工夫し、自分なりの使い方や技を発見するという、本当の学びの機会を多く提供してくれるのである。

註1　1948（昭和23）年に警視庁所管として設立された団体。戦争孤児と言われる子どもたちが多かった時代に、青少年の健全育成や非行防止活動を展開した。近年では、子どもと高齢者の交通事故防止活動などが中心となっている。

註2　バタフライナイフには溝のついた2つのグリップがあり、その2つの溝で刃をはさむように収納する機能がある。慣れれば片手で素早く開閉する操作が可能であり、このときの見栄えのする派手な動きも魅力とされ、愛好者も多い。

註3　竹中大工道具館は、大工道具の収集・保存・研究・展示を目的に、1984（昭和59）年に神戸市に設立された。収蔵資料が32,000点（2015年現在）に上る、国内唯一の大工道具専門の博物館である。2014年に、同市内で新築・移転されリニューアルオープンした。設立母体である株式会社竹中工務店は、織田家普請奉行であった竹中藤兵衛正高を祖とする（1610年創業）、大手ゼネコンの1つである。

第1節　道具と手仕事　245

註4　「労働科学研究所」は、1919（大正8）年に倉敷紡績社長・大原孫三郎によって「大原社会問題研究所」が創立されたことにはじまる。1937（昭和12）年には東京青山に移転し、「日本労働科学研究所」となる。1945年に「財団法人労働科学研究所」として再建され、2015（平成27）年からは「公益財団法人大原記念労働科学研究所」となり渋谷区に移転している。

その定款には、事業経営の健全化、労働者の福利の増進及び社会福祉の向上発展に資するために、労働状況、条件及び環境並びに労働者の資質、健康生活及び医事厚生に関する研究調査等を行うことを目的とすると示されている。

註5　「わが国大工の工作技術に関する研究」は、1943年に東京土木建築工業組合（現一般社団法人東京建設業協会）の「日本紀元2600年記念事業」の一環として「労働科学研究所」に委託された研究であり、同名の報告書が刊行されている。主として労働科学研究所の研究員黒川一夫が担当執筆している。また、調査研究に際しては、当時大森区大工組合長であった石井正作棟梁の全面的な協力があったと記されている。

しかし、太平洋戦争下の困難な状況での調査であり、報告の発表は戦後の1949年となっている。また、報告書の体裁はB5判のザラ紙にガリ版印刷、仮綴じで、発行部数も少なかった。1984年に、村松貞次郎監修のもと、「財団法人労働科学研究所」より復刻刊行されている。

全ページ中、「個々の道具について」は下記の10種に分けて記述し、さらに「作業方式について」は同じく11種について記している。なお、「第三章、第一節　作業方式について、十一、続飯（そくい）の作り方と使い方」の「続飯（そくい）」とは糊（のり）のことで、これを使う仕事を「糊はぎ仕事」「はぎもの」などと言う。

第二章　道具について
第二節　個々の道具について
一、墨掛道具並に定規類　　二、鋸
三、のみ　四、鉋
五、錐　六、玄能・金槌
七、釘抜・釘締　八、毛引
九、まさかり・釿（ちょうな）　十、雑道具

第三章　作業方式並に大工の修業過程
第一節　作業方式について
一、墨掛けのやり方　二、釿の使い方
三、まさかりの使い方　四、鋸の使い方
五、のみの使い方　六、鉋のかけ方
七、毛引の使い方　八、錐の使い方
九、鋸の目立のやり方　十、刃物の研ぎ方と研ぎ場
十一、続飯（そくい）の作り方と使い方

註6　戦後の大工道具
大正時代に生産が始まった電動工具は、第二次大戦後の復興とともに昭和30年代から急速に普及していった。鋸は電動鋸（丸鋸）へ、鑿は角鑿機へ、錐は電気ドリルへと姿を変え、替刃式など手入れの必要のない道具も登場した。これらの便利な道具の普及によって、手道具は次第に減少していった。

（『竹中大工道具館常設展示解説 Vol.1 道具の歴史』竹中大工道具館編、竹中大工道具館、2009、p.26）

246　第5章　工芸の技法

第2節　工作・工芸の教室と教材

学校施設整備指針

　工房と教室の大きな違いは、工房は1つの技法や素材を扱う専門的な場所であるのに対して、小学校の図画工作室や中学校の美術教室、高等学校の美術教室・工芸教室などは、多様な技法、造形活動に対応したものでなければならないことである。また、工房にも生産や制作を行う場所としての工房と、技術研究所や美術大学のように教育研究を主たる目的とする工房があるが、いずれにせよ、一度に大人数で使用することは想定されていないことが多く、初等教育や中等教育における図工室や美術・工芸室とは、そこに集まる人の数にも大きな違いがある。30名から40名の児童・生徒の創作の場である図工室や美術・工芸室には、当然のことながら集団を指導するための工夫が必要になってくる。また、これらの教室がある学校は、教育の場としての施設である以外に、地域の公共施設としての性格も持っている。

　文部科学省大臣官房文教施設企画部は、2014（平成26）年7月に、東日本大震災によって明らかになった課題や学校施設に関する課題に対応し、学校施設の津波対策や避難所としての機能強化、老朽化対策等に関する規定の充実を柱とする「学校施設整備指針」を改正している。この整備指針では、災害対策を中心として、また、地域のコミュニティとして、これから学校施設が社会の中で果たすべき役割という視点と、これからの多様な教育の方向性を踏まえた教育環境の整備が示されている。

　工芸教室をはじめとする特別教室（註1）も、学校施設の一部としてその機能は検討されるべきであり、ここでは同指針における小学校の図画工作室、中学校の美術教室、高等学校の美術・工芸教室に関する記述を取り上げてみる。

小学校施設整備指針

第4章 各室計画

第2 学習関係諸室

10 図画工作教室

(1) 表現活動の内容に応じた適切な大きさの可動式の机等を活動しやすい間隔で配置することができるよう面積、形状等を計画することが重要である。

(2) 収納、保管、展示、鑑賞等のための家具等を設置することのできる空間を確保することが重要である。

(3) 平面的な表現に係る学習空間と立体的な表現に係る学習空間は、それぞれ区分するとともに、必要に応じ一体の空間としても利用することのできるような室構成とすることが望ましい。

(4) 工作用の機械等を児童が安全に利用できるような動作空間を計画しつつ、危険防止の防護柵等で区分けした空間にまとめて設置することのできる面積、形状等とすることが重要である。

(5) 十分な水栓、流し、水切り等を利用しやすいよう設置することのできる空間を確保することが重要である。

(6) 準備室内に、揮発性の高い塗料等の危険な材料、各種工具等を安全に保管することのできる空間を設けることが重要である。また、準備室内等に、製作途中の作品等を一時的に保管できる空間を設けることが望ましい。

(7) 附随して戸外に、直接出入りすることのできる、流し等の設備を設けた活動空間を確保することが重要である。

中学校施設整備指針

第4章 各室計画

第2 学習関係諸室

9 美術教室

(1) 表現活動の内容に応じた適切な大きさの机等を活動しやすい間隔で配置することができるよう面積、形状等を計画することが重要である。

(2) 収納、保管、展示、鑑賞等のための家具等を設置することのできる空間を確保することが重要である。

(3) 平面的作業を行う空間と立体的作業を行う空間とに区分して計画することが望ましい。

(4) 工作用の機械等を生徒が安全に利用できるような動作空間を計画しつつ、危険防止の防護柵等で区分けした空間にまとめて設置することのできる面積、形状等とすることが重要である。

(5) 十分な水栓、流し、水切り等を利用しやすいよう設置することのできる空間を確保することが重要である。

(6) 準備室内に、揮発性の高い塗料等の危険な材料、各種工具等を安全に保管することのできる空間を設けることが重要である。また、準備室内等に、制作

248　第5章　工芸の技法

途中の作品等を一時的に保管できる空間を設けることが望ましい。

（7）附随して戸外に、直接出入りすることのできる、流し等の設備を設けた活動空間を確保することが重要である。

高等学校施設整備指針

第4章 各室計画

第2 学習関係諸室

9 美術・工芸・書道関係教室

（1）美術・工芸のための教室は、学習活動の内容に応じた適切な大きさの机等を活動しやすい間隔で配置し、採光、照明に十分配慮した上で、美術・工芸作品の掲示・展示空間、材料、用具、制作途上の作品等の収納空間や流し等の設備の設置空間をコーナー等として設置できるような面積、形状等とすることが重要である。

（2）必要に応じ、平面的作業を行う空間と立体的作業を行う空間とに区分して計画することが望ましい。

（3）直接出入りできる位置関係で、戸外に、流し等の設備を設けた作業空間を確保することも有効である。

（4）製図室は、個別学習と教員の机間巡視に対応可能な机の配列とし、材料、用具等の収納のための家具、完成品等の保管、展示等のための家具などを設置できるような面積、形状等とすることが重要である。

（5）工作用の機械等を生徒が安全に利用できるような動作空間を計画しつつ、危険防止の防護柵等で区分けした空間にまとめて設置することのできる面積、形状等とすることが重要である。

（6）書道のための室・空間は、床面の利用にも配慮しつつ、適切な大きさの机等を活動しやすい間隔で配置でき、用紙、用具等の収納空間、流し等の設備の設置空間や書の作品の展示空間をコーナー等として設置できるような面積、形状等とすることが重要である。

（7）美術・工芸・書道のための教室に隣接して、教材等の準備、材料や用具、機器等の収納のための準備室を計画することが重要である。

（8）準備室内に、揮発性の高い塗料等の危険な材料、各種工具等を安全に保管することのできる空間を設けることが重要である。また、準備室内等に、制作途中の作品等を一時的に保管できる空間を設けることが望ましい。

この内、「高等学校施設整備指針」では、「第1章 総則、第3節 学校施設整備の基本的留意事項」の中に「運営方式に係る計画条件」の項目を設定し、「特別教室型」と「教科教室型」による運営方式に大別している。
　特別教室型は、「通常は普通教室において授業を受けるが、特別な装置等が必要な場合は特別教室において授業を受ける学校運営方式」とし、教科教室型は「教科毎に専用の教室があり、生徒が時間割に合わせて各教科の教室に移動して授業を受ける学校運営方式」としている。すなわち、ホームルームを中心とする方式と、教科学習を中心とする方式であるが、後者は総合高等学校など単位制の高校（註2）でよく採用される方式である。
　指針全体として、まず安全性についての配慮は重点項目であるが、教室空間の区分についても配慮を求めている。平面的作業と立体的作業によって空間を区分することや、展示空間、作品等の収納保管空間、流し等の付帯設備空間など、目的に応じたコーナーを設置することが重要であるとしている。特に、工作機械については、危険防止のための防護柵などで区分けした空間にまとめることを考え、それらに必要な面積や形状とすべきことも指摘している。

普通科高等学校の工芸教室

　1992（平成4）年に当時の文部省は、本書「第4章、第3節」でも取り上げた『指導計画の作成と学習指導の工夫──高等学校芸術科美術、工芸指導資料』（文部省、東洋館出版、1992）を刊行しているが、その中の「第5章 施設、備品、指導資料の整備」において、次に示すような「工芸教室の設備・備品の設置例」を掲載している。

■多様な授業の展開を前提とした工芸教室

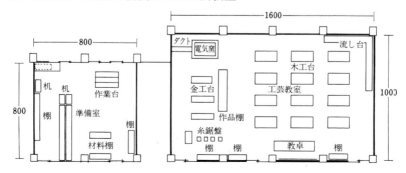

■金工の授業を軸とした工芸教室

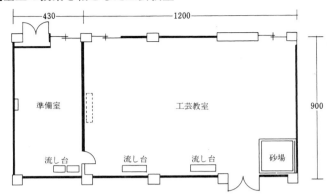

■木工の授業を軸とした工芸教室

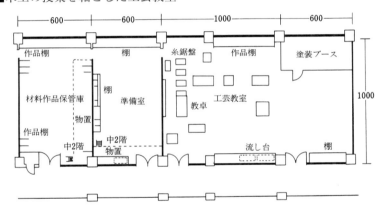

■陶芸の授業を軸とした工芸教室

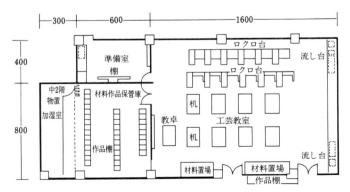

ここに示された工芸教室は、普通科の高等学校における理想的な施設例として示されているのであるが、実際には単独の工芸教室を設置している普通科の高等学校は少ない。「はじめに」の中で示したように、芸術科工芸の履修者が、全国で工芸Ⅰは約22,000人、工芸Ⅱは約9,000人という状況から推測しても、工芸を開設している普通科の高等学校が少ない上に、開設されていてもここに示されたような専用の工芸教室を設置する例は稀である。芸術科は時間割編成上、音楽、美術、工芸、書道の各科目を同時展開した方が効率がよいため、工芸を開設している学校には何らかの工芸教室もしくは工芸の授業用スペースは確保されているが、その場合でも「多様な授業の展開を前提とした工芸教室」としての機能を持つ教室が一般的であるし、場合によっては普通教室を転用しているケースもある。

　一般的な普通教室が60㎡程度（標準7×9m）であるのに対して、準備室や保管庫などを除いた教室部分だけで、先に示した4つの設置例は2倍から2.5倍以上の面積を想定しており、いささか現実とはかけ離れている。しかし、このような工芸教室があくまでも理想であるとしても、工芸教育の環境整備は工芸を担当する教師の重要な教育活動の1つである。

　教育環境や条件はそれぞれの学校によって違うのは当然であるが、年次計画のもとに予算を計上し、学校の管理職や設置者とも相談をしながらよりよき学習環境を保障すべく努力することは重要であり、工芸科の教師はそれらを踏まえたマネージメント能力も必要である。特に、教室の設備や環境が不十分なことによって学習効率が低下することは避けなければならないし、工芸の学習内容によっては、教室が狭く生徒の動線が確保できない場合は、怪我など安全面の問題が発生しやすいことも考えられる。

教材整備指針

　教室空間のマネージメントとともに重要なのが、そこで用いる教材の整備である。教材には、教科書や副読本、問題集、資料集など書籍関係のもの、ノートや筆記用具のような文具関係、理科などで用いる実験用具、音楽の楽器類、体育の運動器具類、近年ではパソコンやタブレット及び関連するソフト類なども含まれ、多種多様である。これらの教材は、学習のための道具という意味で「教具」と呼ばれることもある。

　図画工作や美術・工芸の授業は他教科と比較して、多くの教材を用いる教科であり、その準備はどのような授業をどのような目的と方法で実践するか

252　第5章　工芸の技法

を検討する題材開発と直截的に結びついている。図画工作や美術・工芸を担当する教師にとって、年間の指導計画を立てることは、教材の使用計画を立てることと同義と言ってもよいだろう。

　文部科学省は、1967（昭和42）年以来、学習指導要領の改訂に応じて、小中学校の教育活動に必要な教材を「教材基準」「標準教材品目」「教材機能別分類表」などによって示してきた。2008（平成20）年の学習指導要領改訂に際しては、「教材整備指針」として、学校で共通に使用するものや各教科で使用する品目をその整備の目安とともに提示している。ここでは、小学校図画工作科と中学校美術科の内容を取り上げる。

■小学校教材整備指針

教材等	機能別分類	例示品名	目安番号	新規
図画工作	発表・表示用教材	教授用掛図（表現指導用、鑑賞指導用など）	⑧	
		鑑賞資料（児童作品集、日本・諸外国の美術作品集など）	⑧	△
		色立体模型	①	
		配色パネル	①	
		色彩図表	①	
		展示用額	⑦	
		展示板	④	
		教師用木工用具（小刀、のこぎり、糸のこぎり、金づち、彫刻刀セット、Ｔ定規など）	⑧	
	道具・実習用具教材	画板	⑦	
		画架	⑦	
		エアブラシセット	①	
		ローラーペイント用具	⑦	
		スパッタリング用具	⑦	○
		版画作業板	⑦	
		版画プレス機	①	
		彫刻刀	⑦	
		木彫用具（のみ、木づちなど）	⑦	
		卓上回転彫塑台	⑤	
		粘土板	⑦	
		粘土彫塑べら	⑦	
		粘土練り機	①	
		焼窯	①	
		粘土ろくろ	⑦	
		絵付け・釉がけ用具	④	
		工作ばさみ	⑦	
		カッティングセット（カッティングマット、カッター、定規など）	⑦	
		押切器	①	
		加工用工具（小刀、のこぎり、金づち、ペンチなど）	⑦	
		小型加工機器（糸のこ機械、電気はんだごて、ホットメルトセットなど）	④	△

第2節　工作・工芸の教室と教材　253

教材等	機能別分類	例示品名	目安番号	新規
図画工作	道具・実習用具教材	固定具（万力など）	⑤	
		染色用具（はけ、染色容器、ろう筆、ろう容器など）	⑦	
		ドライヤー	⑤	
		整理用教材（整理戸棚、材料収納棚・箱、掃除機（集塵機）など）	⑧	

■中学校教材整備指針

教材等	機能別分類	例示品名	目安番号	新規
美術	発表・表示用教材	教授用掛図（表現指導用、鑑賞指導用、知的財産権・肖像権指導用など）	⑧	△
		鑑賞資料（日本・諸外国の美術作品集など）	⑧	△
		模型（日本・諸外国の文化遺産など）	⑧	○
		色立体模型	①	
		配色パネル	①	
		色彩図表	①	
		展示用額	⑦	
		展示板	④	
		教師用木工用具（小刀、のこぎり、糸のこぎり、金づち、彫刻刀セット、T定規など）	⑧	
	道具・実習用具教材	画板	⑦	
		画架	⑦	
		エアブラシセット	①	
		ローラーペイント用具	⑦	
		スパッタリング用具	⑦	○
		版画作業板	⑦	
		版画プレス機	①	
		彫刻刀	⑦	
		木彫用具（のみ、木づちなど）	⑦	
		卓上回転彫塑台	⑤	
		粘土板	⑦	
		粘土彫塑べら	⑦	
		粘土練り機	①	
		焼窯	①	
		粘土ろくろ	⑦	
		絵付け・釉がけ用具	④	
		製図器	⑦	
		カッティングセット（カッティングマット、カッター、定規など）	⑦	
		押切器	①	
		加工用工具（小刀、のこぎり、糸のこぎり、金づち、ペンチなど）	⑦	
		小型加工機器（ベルトサンダー、糸のこ機械、電気はんだごて、ホットメルトセット、電動ドリル、アクリル曲げ用ヒーターなど）	④	△
		固定具（万力など）	⑤	
		染色用具（はけ、染色容器、ろう筆、ろう容器など）	⑦	○
		ドライヤー	⑤	○
		整理用教材（整理戸棚、材料収納棚・箱、掃除機（集塵機）など）	⑧	

各品目に付された「目安番号」は、教材整備に際しての数量について示したもので、下の表がその具体的な内容の一覧である（小・中学校共通）。

単位	整備の目安	
	番号	目安
Ⅰ．学校	①	1校あたり1程度
Ⅱ．学年	②	1学年あたり1程度
Ⅲ．学級	③	1学級あたり1程度
Ⅳ．グループ （1学級分）	④	8人あたり1程度
	⑤	4人あたり1程度
	⑥	2人あたり1程度
	⑦	1人あたり1程度
その他	⑧	とりあげる指導内容等によって整備数が異なるもの

　この指針は義務教育国庫負担制度（註3）の考え方を基にしており、高等学校に関するものはない。しかし、小学校図画工作や中学校美術を担当する教師はもちろんのこと、高等学校において美術・工芸を担当する教師も、これらの品目については十分に理解するとともに、その使用方法や扱いについては習熟しておく必要がある。

　また、その学校が存在する「地域文化」との関連を考えた教育の重要性という観点から、たとえば、陶芸の伝統工芸を特色とする地域の学校では陶芸の題材を積極的に取り上げ、その学習に必要な教材を充実させることは重要なことである。ただし、それが学校の教育方針として継続的に実践展開されることが必要であり、担当する教師の交代によって重点教材が変更され、教材の整備に偏りが生じることは避けるべきである。

　現在、中学校美術科においても高等学校芸術科美術・工芸においても、多様な造形活動の体験が求められており、教材の整備方針も多様な表現に対応できることを基本とする必要がある。

キット教材

　工芸の教育が、素材と道具と人の造形能力によって成立する実践的な教育であることに、そう多くの異論はないと考える。特に素材をどのように理解し、素材から何を感得するかが工芸の学習や制作において重要なことは当然であり、素材体験の軽視は工芸の教育の独自性を失うことになる。幼稚園のときから触っている粘土ではあるが、高校生になってあらためて触る粘土は、また新たな創造への発想を生み出してくれるだろう。

　このような認識は広く共有されているはずであるが、現場では必ずしも実

第2節　工作・工芸の教室と教材　255

践の前提とはされていないのが現実である。その現れとして、学校に配布される種々の教材カタログを見ると、通称「キット教材（セット教材）」と呼ばれるものが数多く掲載されている。一般的には、学習者1人分の部材や消耗品がセットになったものや、材料がすでに半製品化されたものがキット教材であるが、中でも木彫素材として販売されているものに、その類のものが多い。

たとえばオルゴールの木箱の場合、あらかじめ箱として組み立てられているものや、組み立てられてはいないが板材は箱の各部分にカットされ、接着剤で組み立てればすぐに箱になるようなものである。同じようなものとしてティッシュボックス、手鏡など、表面に模様を彫ることを目的とした、さまざまな木彫キット教材商品が紹介されている。また、「木でつくるカトラリー」と題する教材として紹介されているスプーンとフォークをつくるキット教材では、スプーンやフォークのデザインで最も重要な首と柄の部分の傾きが、材料として配布される段階ですでにつけられているものもある。

このようなキット教材を用いた授業は高等学校では稀であるが、小学校や中学校では多く実施されており、実際に小・中学校や地域の造形展などでは、キット教材を用いた作品展示をよく見かける。キット教材が教師によって選択され、授業に導入されている背景の1つには、図工美術の授業時間が減少する中で、時間効率のよい授業展開を余儀なくされているという現実がある。本来はスプーンやフォークが使われる状況を考えたり、木の特性を生かしたデザインを考えたりすることが、学習の大きな目的であるはずだが、制作を含めた全体の時間配分から作品完成を中心とする指導計画となる傾向がある。そのような指導計画においては、制作時間短縮という視点から、キット教材の利便性は高いと言わざるをえない。

また、各教室の環境が不十分で、長い板材を木取りするところからはじめる授業が展開できないという物理的な条件もある。さらに、多忙な教師にとって、教材会社への連絡だけで、無駄なく全員分の教材が用意できるという利点もある。キット教材の多くは木材などの質が均一な上に、比較的安価であり、教材費を低額に抑えることもできる。すなわち、キット教材は、授業の内容や指導目標からというよりも、時間的、物理的、経済的条件から導入されていると言える。

キット教材の最大の問題点は、表現の学習において重要な学習目標となる発想や構想の段階における思考や判断にあらかじめ制約をかけることになり、

256　第5章　工芸の技法

本来、素材と各自の感性から紡ぎだされるべき個性的で多様な造形活動としての学習の要素が限定的、場合によっては強制的なものとなる点にある。特に、工芸の学習は素材の理解が重要な学習目標であり、半製品化された状態のキット教材においては、加工のための部分的な技術については体験的に学習できたとしても、素材の特性と目的から生み出される造形要素は希薄なものとなってしまうことになる。

　筆者が担当する「工芸教育法」の授業では、学生たちに小学校、中学校、高等学校での図工美術、工芸の授業を振り返らせ、キット教材についての体験と感想を交換させている。受講者が、自身の考えや主張を大切にする美術大学の学生であるから当然と言えばそうなのだが、発想が限定的にならざるを得ないキット教材を用いた授業については、そのほとんどが否定的である。しかし目的を特化することでキット教材を有効利用することも可能ではないかとの意見も出てくる。特に、模擬的に年間指導計画を作成する授業では、設定する題材の授業時間を考慮し、キット教材を用いた計画案が提出されることもある。そこには、表現の学習では最後に完成された作品がなければならないとの根強い題材観が存在する。授業で育てるべき資質や能力を明らかにすることがこれから一層求められる中、キット教材の教育的評価については絶えず検討していく必要がある。

註1 普通教室が学級やホームルームの基点となり、実技を要しない授業が実施される教室であるのに対して、特別教室には特定の実技を伴う授業のための教室と、特定の目的のために共通で使う各種の部屋がある。「義務教育諸学校等の施設費の国庫負担等に関する法律施行令」には、小・中学校の特別教室として次のようなものが示されている。

小学校
理科教室、生活教室、音楽教室、図画工作教室、家庭教室、視聴覚教室、コンピュータ教室、図書室、特別活動室、教育相談室

中学校
理科教室、音楽教室、美術教室、技術教室、家庭教室、外国語教室、視聴覚教室、コンピュータ教室、図書室、特別活動室、教育相談室、進路資料・指導室

註2 総合高等学校は、1994（平成6）年より導入された「総合学科」を教育課程とする高校である。総合高等学校の教育課程は普通教育を主とする「普通科」と専門教育を主とする「専門学科」があり、それらの教科科目を横断的に学習できる教育課程として開設された。
　　また、学年による教育課程枠をなくし、卒業までに所定の単位を修得すれば卒業が認定される単位制を原則としている。その目的には、「将来の職業選択を視野に入れた自己の進路への自覚を深めさせる学習を重視すること。」「生徒の個性を生かした主体的な学習を通して、学ぶことの楽しさや成就感を体験させる学習を可能にすること。」を掲げており、2016（平成28）年現在、総合学科の高等学校は、全高等学校4,675校中、333校となっている。

註3 義務教育国庫負担制度は、「義務教育は、これを無償とする」との憲法二十六条の定めを受け、国が必要な経費を負担することにより、教育の機会均等とその水準の維持向上とを図ることを目的とするものである。
　　その内容は、「教職員の給与等に要する経費の国庫負担（義務教育費国庫負担法）」、「義務教育諸学校等の施設費の国庫負担（義務教育諸学校等の施設費の国庫負担等に関する法律）」、「教科用図書の無償給付（義務教育諸学校の教科用図書の無償措置に関する法律）」が柱となっている。教材費については、1985（昭和60）年から教材費の国庫負担が廃止され、一般財源化（地方交付税措置）がなされている。

第3節　技法と題材開発

工芸授業の題材開発

　「中学校美術科」及び「高等学校芸術科工芸」の学習題材において普及している工芸技法は、「木工」「陶芸」「金工」が中心となっている。本節ではこれに加えて「テキスタイル」「ガラス」「編組素材」、「プロダクトデザイン」で必要な「モデルメーキング」などを取り上げる。それぞれの技法の概説ではなく、小学校図画工作科や中学校美術科を視野に入れつつ、主として高等学校芸術科工芸での授業展開を考えた場合の教育的効果や留意点を取り上げ、題材開発のための資料とするものである。

　工芸の専門家育成を目的とする教育機関での工芸教育と、普通教育を担う小学校図画工作科や中学校美術科、高等学校普通科芸術科工芸の授業としての工芸教育は、「はじめに」で述べたように「学習者の年齢やその教育機関が担う教育目的に違いがあっても、人間の生き方に立脚した工芸教育」という土台は共通であるとの定義が本書の趣旨である。しかし、それぞれの教育環境は、教育目的の違いによって端的に差が生じる部分でもある。前節の「工作・工芸の教室と教材」は、小学校の図画工作室や中学校の美術教室、高等学校普通科の美術教室や工芸教室を想定したものであり、そのような環境での授業題材としての工作・工芸の技法には、さまざまな条件や制約がある。伝統として積み重ねられ洗練され、世界から注目されるようなわが国の工芸技術をそのまま普通教育の場で展開することは不可能である。すなわち、授業題材の目標に照らして必要な、そして普通教育の環境の中で展開可能な技法による題材の開発が重要である。

　最初に教育目標があり、そのために必要な方法が選択される点では、隣同士にある美術の授業と工芸の題材は同じである。しかし、工芸の題材において教育目的上からも方法論上からも重視すべきは、素材との出会いであり、素材と学習者の身体性との関わりから生まれる創造的思考である。したがって指導者は、素材とその技法の中から、教育目標に対応した要素を取り出し、環境や施設設備を勘案し題材を設定することになるが、作品の完成を目的とするあまり、安直な技術指導が中心となることには、注意しなければならない。素材の何たるかを生徒自らが体験的に学ぶことができる題材の開発こそ必要である。

一方、普通科高等学校における芸術科工芸の授業において、伝統として蓄積され洗練されてきた工芸技法に立脚し、そこから素材の造形性を学ぼうとするとき、そのための設備や工具の整備は当然必要になってくる。しかし、前述したように最低限の施設設備や工具を整備するだけでもかなりの予算を必要とするし、素材についても本格的なものであればあるほど高額となる。そして、それがまた芸術科工芸の開設が普通科高等学校で普及しない大きな理由の1つでもある。

　ここで考えるべきことは、ハンマー1本からはじまる工芸の教育である。環境を整備し、道具をそろえることは工芸教育を担当する指導者として重要な責務である。しかし、それらが揃わなくても、万全ではなくても思考する脳と手を活性化させる工芸の教育は在り得るのではないか。我々の周りをよく見れば、さまざまな素材にあふれている。空き缶、ペットボトル、針金、新聞紙、古着等々、工芸の領域からは考えもつかない材料がそこにはある。道具もまた然りである。そして、さまざまなものを工夫して生かすという創造的な視点や姿勢が指導者にとって必要なだけでなく、工芸の教育を通して学習者に育てるべき資質や能力なのではないか。1本のハンマーが人の手によってどのように使われるか、それこそが題材開発の目標とすべき課題である。

　また、このような制約の多い環境での芸術科工芸の題材に対して、工芸の専門家や専門家育成を担当する指導者からは疑問視されることも多い。しかし、普通科高等学校における芸術科工芸の授業が、工芸家育成のための基礎教育ではなく、文化芸術の土台を形成することを目的とする教育であるとの視点こそ理解されるべきである。むしろ工芸の専門家には、工芸作品とともに暮らす人々にとって必要な工芸の体験的な学びについての提案を期待したい。

木工

①特徴

　本書「第3章、第3節」では、手工教育草創期に活躍した上原六四郎（p.99参照）が、各種加工法や題材を教育目的や指導の留意点によって評価した一覧を掲載している（pp.101-104参照）。これは技術教育としての性格が強い教育評価であることに留意しなければならないが、その第1位に木工があげられている。上原は他の技法と比較して、木工については応用が広く制作物が

多く、教育上にも最適であるとして木工第一主義を主張し、これが後の世代まで影響したとされる。

しかし、風土を考えながら日本列島を俯瞰してみるならば、森林に恵まれた島国であることは明白である。すなわち、多種多様な樹木が繁茂し、優れた素材としての木材が手に入りやすい環境であることから、伝統的に木の文化が発達したのである。

前節において大工道具の種類の多さを取り上げたが、まさに木材加工技術の発展を裏づけている。また、ひと昔前の我々の暮らしの中では、建物から日用品まで木材が最も広く用いられていた。日本の伝統文化の学習という視点からも、木工は工芸の教育の重要な技法の1つである。

②素材

題材として木工の授業展開を考えるときは、どのような木材を用いるかが重要になってくる。まず自然材の場合は、木目がきつくなく比較的加工しやすい朴や桂がよく用いられる。小型の木彫素材としては、槐（えんじゅ）、桜、チーク、ウォルナット（胡桃）なども用いられるが、高価な木材もあるので、授業の材料としては注意が必要である。また、板材や角材、つき板、枝や幹などその形状についても題材に応じた選択が必要である。自然材のよさは、木本来の特性を体験できる点にあるが、それだけに材料が均一でなかったり、そりやたわみ、ひび割れなどが生じたりすることもある。また、繊維の方向を考えないと強度に問題があるなど、注意すべき点も多い。しかし、まさしくそれが木材を素材として学習する意味であるとも言える。なお、自然材の製材による各部の名称（板目、柾目、木表、木裏、木口、木端など）については、中学校技術科の学習内容にもなっている。

自然材に比べて合板は、前述のようなそりなどの問題がなく、作品のデザイン構想を直截的に反映しやすいという利点がある。合板の主なものとして

シナベニヤを用いた「スツール」（高等学校2年生）

は、一般的にベニヤ板と呼ばれるプライウッドと、木材のチップを接着剤で固めた木質ボードがある。さまざまな大きさがあり、強度、均質性などに優れた合板は家具などの制作に向いている。写真は、シナベニヤを用いて高等学校2年生が制作したスツールである。釘や接着剤を用いず、各パーツを組み合わせて安定した構造が得られるようにデザインされている。

　合板は均質性などから授業用材料として使用しやすい一方、接着剤を用いている関係上、アレルギーなどに対する配慮が必要である。最近は接着剤の改良も進み健康上の問題も少ないとされるが、化学物質過敏症などの生徒への対応を考慮する必要がある。

③工程

　一般的な板材による家具や箱物の制作工程は、「1デザイン・設計」「2木取」「3切削」「4組み立て」「5塗装」となるが、長期間の題材となることから、各工程の節目を設定するなどして、クラス全体の制作進度を把握する必要がある。また、電動工具などの台数と人数のバランスを考えた割り振りなども効率だけでなく安全性の上からも重要である。

　板材による家具や箱物制作以外に、木工の題材として次のような技法も取り上げられることが多い。

○積層材

板材を積み重ねることで立体を構成する方法である。段ボールなどを用いてモデルを制作し、積層による構成を十分に検討させる必要がある。電動糸鋸中心の作業で、比較的効率のよい制作が可能である。

○曲げ輪づくり

伝統工芸として知られる「ぶなこ」の技法である。テープ状の木材を底板に巻きつけて、形をつくり出し、ボンドを塗って固定する。巻きつけるときの木材のずらし具合等によって、変化のある形をつくり出すことができる。

○刳り物

鑿などを使い手作業で彫り込み、器などを制作する方法である。大きさや木の質にもよるが、基本的に時間がかかる制作方法である。小型のものでは、前述の木工カトラリーの制作もこれにあたる。

○寄木細工

色の違う木材を集め接着し、削り出していく方法である。「箱根寄木細工」

は、寄木によってつくり出した模様を薄く削り、箱などに貼りつけたものである。

○挽物

木工ろくろ（註1）を用いた「挽物」は高度な技術を必要とし、安全性の問題からも一般的な工芸の授業では普及していない。挽物の伝統がある地域では、専門家を指導者として招いて授業化しているところもある。

　一口に木工と言っても、その制作目的によって、工法も違えば工程も違ってくる。工芸の授業としての目的や目標をどこに設定するか、題材としての設定理由を明確にした上で、教室の環境や設備、備品を勘案し工程を授業計画として構成することになる。

④工具

　工作・工芸で使用する工具一般は、電動工具と手工具に分類することができる。ここでは、高等学校芸術科工芸の授業を中心にして整備すべき電動工具と手工具を考えてみる。木工の電動工具の内、大型の工作機械と呼ばれるものは、能力も高く授業展開に有効に活用できるものであるが、全体に高価であり、普通科の高等学校では、予算化できにくいという傾向にある。また、その扱いは危険を伴うものも多く、熟練した技術が必要なこともあり、実際にはあまり普及していない。その中でも、利用度の高いものとしては、次のような工作機械があげられる。

○製材用バンドソー（帯鋸盤）

比較的大きく木材を切り分けるときに用いる。一般的に木材の縦挽きには丸鋸盤が用いられるが、手の指の切断などの重大な事故が起こる危険を伴う機械であることから、教室備品としてはその代りもできるバンドソーの方がよい。比較的安価な小型のものもある。

○ボール盤

丸穴を開けるための機械であるが、ハンドドリルと違うところは垂直を正確に出すことができる点である。また、数の多い穴あけには便利である。

　上記のもの以外に、板の厚さを加工する「自動鉋盤」や、ほぞ穴をあける「角鑿盤」などもあるが、自然材よりも合板を使うことが多くなっている

第3節　技法と題材開発　263

ことを考えると、これらの利用度は低いと言える。また、小型の木工電動工具としては次のようなものがあげられる。

○電動糸鋸機

初等中等教育現場で、最も普及している電動工具である。小学校図画工作科では、糸鋸を使った学習が学習指導要領で求められており、そのほとんどは電動糸鋸機で行われている。また、汎用性の高い工具であることから、複数台の整備が望ましい。

○ベルトサンダー

帯状のサンドベルトを回転させて木材を研削する。削りかすが飛び散るので、集塵機と接続して使用する。

○ハンドドリル

丸穴をあけたり、ビス止めに使用したりする。

○サンダー

広い面のサンドペーパーがけに用いる。他の素材でも利用可能。

○ジグソー

大まかに曲線を切る機械だが、使用できる素材は薄い板に限られる。

○電動丸鋸（サーキュラソー）

木材を大まかに切断する機械であるが、丸鋸盤と同様の危険性もあるので、生徒による使用は禁じている学校もある。

　ここでは、比較的汎用度の高い電動工具をあげたが、これらを生徒に使用させる場合には、事前の安全な使用方法についての十分な指導が必要である。特に設置型の電動工具よりも、「電動丸鋸」などのように手に持って使用する電動工具は、事故の確率が高い。共通する注意事項としては、電源スイッチの操作よりも、電源コンセントの抜き差しを徹底することと、使用する際の姿勢が特に重要である。

　手工具については、本章の「第1節　道具と手仕事」において「大工道具」を取り上げたが、まさしく木工技術の基本となるものである。基本となる工具であるだけに、生徒の人数を勘案し、授業展開に支障のない数の準備が必要である。教室に備えつける基本的な工具としては、次のようなものがあげられる。

○切削のための工具
鋸、鉋、鑿、錐、小刀など
○組み立てに必要な工具
金槌（玄能）、木槌、釘抜き、ドライバーなど
○研磨のための工具
木工やすり、サーフォームなど
○固定するための工具
端金(はたがね)、クランプ、木工万力など

陶芸

①特徴

　粘土を焼成して器などをつくるいわゆる「焼きもの」は、わが国においては1万6千年前の縄文時代にはじまり、世界でも最も古い歴史を持つ。さらに日本各地では、多様な粘土を用いた特徴的な陶磁器がつくられ、日本の伝統的な美意識や芸術性を学ぶ上でも重要である。また、陶磁器は芸術表現としての性格と生産業としての側面を持っている。工芸の授業としての陶芸制作においても、日常生活の中で生きる陶磁器を考え制作する学習題材から、陶磁器による立体的造形表現の学習まで、その応用範囲は広い。写真は、「モーニングセット」として、高等学校1年生が作成したものである。

　「陶磁器」という言葉は「陶器」と「磁器」をまとめた言葉であるが、「焼きもの」として概観するならば、陶芸は「土器」「炻器(せっき)」「陶器」「磁器」の4種に分類することができる。

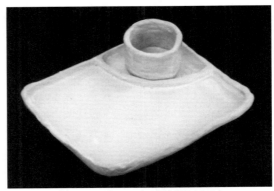

陶芸による「モーニングセット」（高等学校1年生）

○土器

「縄文土器」や「弥生土器」などに代表されるように、粘土を700〜900℃で焼成したもので、いわゆる素焼きの状態のものを指す。現在も植木鉢などに見ることができる。

○炻器

鉄分などの多い陶土を1,200℃前後の高温で焼き締めたもの。常滑焼、備前焼、信楽焼、伊賀焼などが代表的なものであるが、無釉（釉薬を用いない）の陶器として分類することもある。

○陶器

精製した陶土を素焼きしたものに、さまざまな釉薬をかけて本焼きをする。萩焼、益子焼、唐津焼、古瀬戸焼など全国に窯場がある。工芸の授業として実践されている陶芸のほとんどはこれにあたる。

○磁器

陶石を生成した磁器土を1,300〜1,400℃の高温で焼いてつくる。江戸時代初期に有田ではじまった（p.320参照）。釉薬だけでなく、素地も滑らかなガラス質になる。鍋島焼、九谷焼、京焼などがある。

②素材

　陶芸用の粘土は長石や石英、雲母などを主成分とし、代表的なものとしては「カオリン」「蛙目粘土」「木節粘土」「陶石」などがある。それぞれに色や質に特徴があるが、学校教材用として販売されている陶芸粘土は、このような粘土を調合して、成形しやすく乾燥時にも割れが少なくなるよう精製されたものである。したがって、購入したばかりのときは、土練りの必要がないほど均質な状態になっている。しかし、土練りによって粘土を均質にし、混入物や空気孔などをなくすことは制作する上で重要な作業だが、同時に生徒にとってはあらためて粘土の質感を確認し、制作のための発想を得る機会でもある。「棒練り」や「荒練り」は初心者にとっても難しくはないので、粘土の素材体験として土練りを授業計画に組み込むことが望ましい。

　教材用粘土は初心者にとっては失敗の可能性が低く、扱いやすい粘土であるが、さらに学習を深めるにあたっては、特色のある粘土を用い、自らの表現に適した質感を追求することも重要である。地域に伝統的な陶磁器があり、特有の粘土が産出する場合には、それを授業に取り入れることも考えるべきである。また、釉薬については、焼成による変化の実際を、釉薬見本などを

参考に体験的に学ぶ必要がある。また、多種類の釉薬を揃えることができない場合、下絵つけの上にかける石灰や長石などの透明釉の適正焼成温度に近いものを選択しておくと、焼成の回数を減らすことができる。

③工程

　一般的な陶器の制作工程は、「1土づくり」「2成形」「3素焼き」「4下絵つけ」「5施釉」「6本焼き」「7上絵つけ」「8焼きつけ」となる。また、「4下絵つけ」や「7上絵つけ」「8焼きつけ」をしない場合もある。そのときは「2成形」とともに、「5施釉」が作品の全体像を決定することになる。

　このような工程を授業展開する場合、授業時間以外の工程も含まれることに留意する必要がある。たとえば、「3素焼き」の前には乾燥の期間が必要であり、「3素焼き」にしても「6本焼き」にしても焼成の最中と徐冷期間は、授業外の時間である。すなわち、一定期間連続して陶芸の授業を継続することはできないことから、他の題材との組み合わせによって授業計画を構成することになる。

　一方、乾燥期間の生乾きのうちに、加飾として文様を彫ったり、象嵌をしたりすることもあるので、複数のクラスで実施する場合などは、綿密な時間配分が重要である。

　成形の方法としては次のようなものがある。

○手捻り（手捏ね）
丸めた粘土の塊を親指で抑えながら、縁を盛り上げ、回しながら椀形につくっていく。
○紐づくり
太さが一定のひも状にした粘土を、積み上げていく。大型のものは、途中でたたき板などを使って形を整える。
○たたらづくり（板づくり）
四角くまとめた粘土を、たたら板と切糸で均一の板状に切り分ける。出来上がった板状の粘土を組み合わせて成形する。あらかじめデザインに応じたパーツを型紙としてつくっておくと、比較的整った形を短時間につくり出すことができる。色の違う粘土を練り合わせてつくる練り込みの技法でもよく用いられる。

○型づくり

石膏型などにたたらづくりでつくった粘土板をあてて成形する。型の内側にあてる「内型」と外側にあてる「外型」がある。同じ形のものを量産するときに適している。

○ろくろ成形

ろくろを使って回転させながら成形する方法である。菊練りによって、ろくろ用に粘土を練り上げることが必要である。電動ろくろ自体が高価であり、十分な台数が整備されている学校は少ない上に、一定程度の修練を要するため、履修者の少ない工芸Ⅲなどで用いられることが多い。

　これら以外に、香合や土鈴、オカリナ、鳩笛などの小型の作品成形では、粘土の塊を2つに割って、内部をくり抜いてつくり、紙など燃えるものを芯として入れ、焼き上げる方法もある。

④工具

　粘土の最大の特徴は可塑性であり、その可塑性を生かした成形に用いる道具類には、伝統的に用いられてきたものもあるが、それがなければ絶対に制作できないというものは少ない。むしろ工夫によって代用可能であり、陶芸とは無縁な身近な道具が新しい表見へと繋がることもある。しかし、絶対に必要な道具が陶芸窯である。野焼きなどの方法もあるが、土器以外は陶芸窯が必要になってくる。

　現在量産されている陶芸窯には、その熱源の違いから電気窯、石油窯、ガス窯があるが、中でも小学校、中学校、高等学校の教材用として紹介されているのは、そのほとんどが電気窯である。コンピュータが組み込まれ、焼成温度や「あぶり」「のばし」の時間設定が容易で、失敗がないところが電気窯の利点である。また、石油窯やガス窯と違って火を使わないことから窯の設置条件が厳しくなく、教室内の設置も可能なことや、焼成中にその場を離れることも可能なことが、学校現場に向いている。また、電気窯では酸化焼成（註2）だけしかできないが、最近はガスによる性能のよい還元バーナーを組み合わせることで、還元焼成ができるものもある。また、電気窯はガラスの制作にも転用できる利点もある。

　陶芸窯は高価であり、簡単に予算化されにくいものの1つであるが、新規に設置する場合には、年間の授業計画を基に、どれくらいの数と大きさの作

品を焼成するか考慮する必要がある。それによって窯の大きさが決まってくるし、作業量から上蓋式よりも前開き式（註3）であるなどの検討項目が明らかになってくる。

金工
①特徴
　多くの金属は、それを含む鉱石や岩石を熱によって製錬し、さらに純度を高めるための精錬をすることで得られる。その歴史は古く、本格的な冶金の技術は、紀元前6000～5000年ごろのペルシャにはじまるとされる（註4）。やがてその技術は広まり、人類はさまざまな金属を手に入れ、文明を発展させてきた。近代においては「鉄は国家なり」の言葉が示すように、鉄を中心とする近代文明が成立した。このように金属は産業構造を支える資源としての性格を持つものでもあるが、一方、多様な加工によってさまざまな表情や美しさを持つ存在感のある金属の質感は、美術品の素材として古代より人類を魅了してきた。

　工芸教育の題材という観点から金工を見るならば、まず金属の美しさや多様性は重要であるが、同時にその加工は他の素材に比べて労力と時間が必要であり、技の積み上げによる造形活動を体験的に学ぶことに適していると言える。効率のよさや瞬時に情報を集めることを中心にする教育の時代にあって、金工の実体験から得られる学びは、時間的効率とは違った価値観を見出すことができる。下の写真は、1人の高等学校3年生が「雫」をテーマにして、ほぼ半年をかけて制作した鍛金による作品である。素材は銅とアルミニウムであるが、シンプルでありながら冷たさよりも優しさを感じる形に仕上がっている。

鍛金による「雫」をテーマにした作品（高等学校3年生）

第3節　技法と題材開発

②素材

　伝統的な金工の世界で用いられる金属は、まず「五金」と呼ばれる「金
（こがね）」「銀（しろがね）」「銅（あかがね）」「錫（あおがね）」「鉄（くろが
ね）」がある。また、これらの合金として、銅と錫に亜鉛や鉛を混ぜた「青
銅」、金と銅を混ぜた「赤銅」、金銀銅の合金である「朧銀」、銅と亜鉛の合
金「黄銅（真鍮）」などもよく用いられる素材であるが、合金は混合する金
属の配分量によってさらに細かく分類される。

　しかし、これらの金属の多くは高価であったり、硬く加工が難しかったり
などの困難が伴う。中でも銅はその展延性のよさから、初心者にも扱いやす
い金属として学校でもよく用いられてきたが、近年の金属価格の上昇に伴い
大型の銅板を中学校や高等学校で大量に用いることは難しくなってきている。
現在、板金加工の教材として最も普及しているのはアルミニウムである。銅
と比較して展延性に劣ることもなく、比較的安価であり大型の作品制作も可
能である。また、カトラリーなどの制作では銀の代わりとして、「洋銀（洋
白）」もよく用いられる。これは銅と亜鉛、ニッケルの合金で、磨くと銀の
ような光沢を得ることができ、柔軟性もある。鋳金の教材用金属としては、
低融点合金が用いられることが多い。低融点合金のほとんどは錫を主原料と
しており、融点は240 ～ 270℃程度で、一般的な電気コンロなどでも溶かす
ことができる。中学校技術科の教材として鋳型制作は普及している。

③工程

　金工の主要な技法には、「鋳金」「鍛金」「彫金」がある。鋳金については、
前述の低融点合金による小品の制作は、通常の工芸授業として題材化するこ
とも可能であるが、青銅など本格的な鋳造金属を用いる場合には高炉などが
必要になり、題材化は難しい。一方、小品の中でもロストワックス法（註5）
によるアクセサリーづくりなどは次第に普及してきている。

　一般的な金工題材は板金打ち出しがほとんどで、それに彫金による加飾を
することもある。鍛金の工程の中で、最も時間を要するのが打ち出しである
が、初心者にとっては大型のものも扱い難いが、小型のものも絞りのような
打ち方は難しい。また、多人数での授業では、打ち出しの際の騒音対策とし
ての耳栓の使用などの配慮も必要である。打ち出しの技法を用いて立体的
な金属造形を制作する場合は、板金の接合方法に関する指導も必要であるし、
鍛金の題材は長時間題材となるので、各工程の節目としての中間チェックを

行うことや、デザインの構想を明確にさせる指導などが重要である。

④工具

金工に用いる工具は、素材が金属という硬く抵抗感のあるものであるだけに、専用の工具が必要になってくる。したがって、金工の授業展開を考えるうえでは、数年の予算配分の中で、見通しを持った工具の整備が必要である。ここでは、板金打ち出しの題材で必要な最低限度の工具を取り上げる。

○切削のための工具

金きり挟（直刃・柳刃・えぐり刃）、たがね（平たがね・烏帽子たがね）、押切器、金きり鋸など。

○折り曲げのための工具

ペンチ（ラジオペンチ）、やっとこ（平口・丸口）、折台（打木）など。

○鍛造のための工具

ハンマー、木槌、いも槌（鉄製、木製）、打ち台（角床・レール床・砂袋・油土・蜂の巣床・当て金）など。

○研磨のための工具

金工やすりなど。

○けがきのための工具

けがき針、けがきコンパス、センターポンチ、鋼尺など。

○固定するための工具

万力、クランプなど。

テキスタイル

テキスタイルの主たる技法は、「染め」と「織り」に大別することができる。中学校や高等学校では、染めも織りもこれまで家庭科の題材として普及してきた経緯があり、美術工芸の題材としての開発は不十分なところもあるが、布地の広義な意味としてのファブリックの多様な素材感や、テクスチャーの概念を学習することは、生活者として必要な資質の1つであり、造形の視点を広げる学習が可能である。また、現代の高校生のファッション等に対する関心の高さからすれば、教育効果の高い題材開発が可能であろう。

染めについては、糸の状態から染める「先染」と布地を染める「後染」に大別される。「手織り機」を導入している場合には、先染をした糸を使うこ

とで多様な織りが可能となるが、「手織り機」の導入はまだ少ない。したがって実際には、後染のさまざまな技法を題材化している事例が多い。中でも染料を糊に混ぜた色糊を布につけて染める「捺染(なっせん)」と呼ばれる技法は、直接塗るやり方から、版や型を用いてプリントする方法まで多様であり、小学校から高等学校まで広く普及している。大判の布へのプリントも、小型のシルクスクリーンを版にしたパターン模様で、多様性と広がりのある造形が可能である。なお、染色は染料の染着性を利用するもので、顔料を固着剤で繊維に固着させるものは、染色とは別のものである。

織りの題材については、前述の「手織り機」を用いた授業も考えられるが、「手織り機」自体が、普通科高等学校にとっては高額であることと、足踏み式のような本格的なものを複数台導入するには広めの設置場所も必要になってくることから、技術の修得も含めて普及には課題が多い。ただし、卓上式の簡易型「手織り機」については授業教材として導入することは可能である。

織りの原理を理解し、織りから生まれるテクスチャーについて学ぶ方法として、簡単で且つ多様な表現が可能な方法として、木枠などのフレームを用いる方法もある。木枠上下辺に等間隔に打った釘に5mm程の経糸(たていと)をかけ、さまざまな繊維を緯糸(よこいと)として通し、織っていくものである。いわば織りの原点を学ぶものであり、古くなった布を裂いて緯糸にした裂織(さきおり)なども伝統として残っている。下の写真は、高等学校1年生がF4の油絵キャンバス用木枠を用いて作成したものである。

油絵キャンバス用木枠を用いたテキスタイル作品（高等学校1年生）

また、染めや織りの技法による表現とは違って、さまざまな色彩や質感を持った布や繊維製品を組み合わせたり構成したりして、表現する学習も考えられる。右ページの写真は、《季節の贈り物》と題して、高等学校3年生が作成したものである。それぞれ「夏」「秋」「冬」がテーマとなっている。

さらに、不織布やメッシュ素材のような比較的安価な素材を用いて、空間構成を目的としたデザインの学習として広げることも可能である。

《季節の贈り物》と題されたテキスタイル作品。順に「夏」(左上)「秋」(右上)「冬」(下)がテーマとなっている(高等学校3年生)

ガラス

ガラスも、工芸の題材としてはあまり普及していないものの1つである。その理由は、材料費が高くなることと、制作方法によっては、50分を単位とする授業時間に組み入れにくいことなどが考えられる。

ガラスの主な技法は、次のように分類することができる。

○コールドワーク
熱を使わずに研磨やカットなどでガラスを加工装飾する。カットグラス(切子)、エングレービング、エッチング、サンドブラスト、ステンドグラスなど。

○キルンワーク
キルン(kiln：窯、主に電気炉)の熱でガラスを融着、変形、成形する技法。キルンキャスト、パート・ド・ヴェール、フュージング、スランピングなど。

○ホットワーク

炉で熔融した高温のガラスを成形、加工する技法。吹きガラス、ホットキャストなど。

○バーナーワーク

ホットワークの一種で、バーナーを用いて加熱成形する。とんぼ玉など。

　これらの中で、ステンドグラスやサンドブラストなど、コールドワークに関するものは、工芸Ⅲなど比較的少人数の授業題材として展開されている事例もある。また、とんぼ玉の制作は、比較的に道具の種類も少なく、複数のガスバーナーの設置が可能な工芸教室では授業題材化しやすい。

　しかし、溶融による成形というガラスの最も特徴的な素材体験を授業化するには、やはり専門の設備や道具などの環境整備が必要である。その中で、キルンワークについては普及している陶芸用の電気炉を用いた題材化の可能性がある。比較的安価な板ガラスを用いたフュージングやスランピングでは、膨張率（註6）が同じガラスであれば融着、成形ができる。これからの授業題材として研究すべき領域である。

編組素材

　線状の素材を編み上げて成形する技法としては、竹や籐、あけび、紙ひも等を用いたものなどがあるが、特に竹工芸は、日本全国の竹の産地にその技術が伝わっている。美術工芸品としての竹工芸と同時に、日常的に用いる生活雑貨としての竹細工もまだ数多く存在しており、題材を考える上で日本人と竹の関わりにはもっと注目すべきだろう。また、同じようなものとして藁細工もあるが、これは現代の生活の中で見かけることはほとんどなくなってきている。

　線状の素材を編み上げる基礎的な技術を修得することは、中学生や高校生にとってさほど困難なものではなく、その技能の応用によって比較的大型の造形制作を目指すことも可能になる。編み上げる素材に、ある程度の堅牢性や腰の強さがあれば、籠や笊などの日常生活で用いるものだけでなく、空間造形としての視点からの題材化も考えられる。右ページの写真は、校庭の樹木に巻きついた蔓を採取し編み上げた《動物の謝肉祭リース》と題する高等学校3年生の作品である。

　前述の竹は、価格の面からも利用価値からも造形素材として可能性の高い

ものの1つである。木と同様に日本の風土の中で多様に自生し、日本人の生活を支えてきた素材である。したがって、竹の加工方法や技術は学校で学ぶべきものというよりも、日常生活の中で身につけるものであった。現代人が生活用具を自分でつくることから遠ざかるにつれて、竹の教材としての可能性は高くなっていると言える。しかし、編組用の素材とするために丸竹を割ることは中高生でも可能であるが、竹を剥ぎ、必要な竹ひごを得るまでに加工するのには高度な技術を要する。それらを

《動物の謝肉祭リース》と題された蔓の編組作品
（高等学校3年生）

勘案しながらも、竹を伐採するところからはじまり、材料に加工し、制作し使用するところまで一貫した工程を学習できる素材として、竹工芸の題材化は検討すべき要素を持っている。

モデルメーキング

　本書「第2章、第4節」で詳しく述べたように、「平成21年3月改訂告示 高等学校学習指導要領」では、芸術科「工芸Ⅰ」「工芸Ⅱ」「工芸Ⅲ」の各科目に「(1) 身近な生活と工芸」「(2) 社会と工芸」の2項目が示されているが、それらは「平成11年3月改訂告示 高等学校学習指導要領」では、「(1) 工芸制作」「(2) プロダクト制作」となっていた。このことから、芸術科工芸の学習の一部として「プロダクトデザイン」に関する学習が位置づけられていると理解できる。

　また、2009年12月に文部科学省より提示された『高等学校学習指導要領解説 芸術（音楽 美術 工芸 書道）編 音楽編 美術編』（文部科学省、教育出版、2009）では、自身のアイデアを企画書としてまとめ、スケッチや図面、模型などを作成し、より具体的なイメージをもって構想を練ることが求められている。さらに学習の最終段階を、粘土を使った模型で終了することもあるとしている。

　普通教育におけるプロダクトデザインについての学習は、社会の在り方や

第3節　技法と題材開発　275

人間性と物の関係を考えるという教育課題上重要な内容を含んでいる。そして、プロダクトデザインそのものが、使用する側の立場を重視し、その思いをリサーチすることからはじまるならば、優れた使用者もしくは消費者がそこに存在することこそ、プロダクトデザインの発展に欠かせない。しかし、学習指導要領が求めるプロダクトデザインとしての発想や構想を根底にした実践や題材の開発は未だ不十分であり、これからの研究開発が必要な分野でもある。

　ここでは、モデルメーキングに用いられる素材を、高等学校工業科教科書『デザイン技術』(p.75参照) に取り上げられたものを中心にして示し、プロダクトデザイン題材の資料とする。同教科書では、一連のデザインプロセスの中で、さまざまな目的を持ったモデルが作成されることが示されている。特に一般的なものとして、「スタディモデル (研究模型)」「プレゼンテーションモデル (展示模型)」「プロトタイプモデル (試作原型)」を取り上げ、その制作に用いられる素材を各種紹介しているが、ここでは芸術科工芸の授業で用いる可能性の高いものを取り上げる。

○油土 (オイルクレー)
手軽で扱いやすい素材であるが、強度がなく精密な成型に向かない。また、着彩等の表面処理はできない。
○インダストリアルクレー
精密モデル用に開発されたもの。温めると軟化し、常温に戻ると硬化する。硬化したものは切削することもでき、表面の塗装も可能であるため、展示模型制作に適している。
○石膏
型どり成形の際に用いる。わずかに膨張しながら硬化するので、微細な形も写し取ることができる。また、挽型成形 (註7) にも用いられる。
○プラスチック
アクリル、スチレン、塩化ビニル、ウレタン、ポリエステルなどさまざまな樹脂が用いられる。その工法も「注型」「折曲げ」「真空成型」など多様であるが、発泡材 (フォーム材) の切削や研削による作成が最も手軽で、かつリアリティのある表現が可能である。アクリルフォーム、硬質ウレタンフォーム、スチレンフォームなどがある。
○ペーパーモデル

発泡スチロールの両面にクラフト紙を張り合わせたスチレンペーパーを用いる。カッターナイフで切削可能で、接着も簡単にできる。表面の着色も可能で、普通教室でも作成可能である。

その他の技法素材

これまでに取り上げた技法や素材以外では、「七宝」がある。小型の七宝電気炉は、学校によく普及しているものの1つであるが、多くは課外活動などで用いられることが多く、授業題材として展開するには七宝釉が高価なこともあって普及していない。しかし、繊細な銀線を用いる有線七宝に取り組む学校もある。金工と組み合わせての題材化が考えられる。

絵画表現の支持体としての紙は馴染みがあっても、立体造形の素材としての紙は、まだまだ題材化の可能性が低いと言える。まず、工芸の授業では、本制作の前に構想段階におけるモデル用素材として使用することが多い。これは、前述のようなプロダクトデザインの学習だけでなく、クラフトにおいても自身の構想をチェックするときに必要であり、学習の深まりを考える上では重要な学習過程である。

また、紙そのものを造形の素材として用いた題材としては、ハニカムボードのような木材に近い強度を持つものを用いた家具の制作や、紙に近い性質を持つ不織布や和紙などを用いた照明器具の制作などの展開も可能である。写真は、高等学校3年生が制作した校庭の樹木の枝と油紙を用いた野外の臨時照明用ランプシェードである。簡単にその場で誰もが組み立てることができ、油紙によって少々の雨にも耐えることができる。洗練された造形美を追求することは工芸の学習の重要な目的であるが、状況から判断してそこにあるものを活用し短時間で問題を解決することも、経験的学習によって積み重ねられる大切な資質である。

樹木の枝と油紙を用いた「ランプシェード」（高等学校3年生）

本書では、木工にしても金工にしても、

表面加工や塗装についてはページの関係もあって取り上げていない。しかし、実際に題材として取り上げる場合には、当然、それぞれの目的に応じた塗装を研究する必要があるし、有機溶剤などの使用に関しては安全への配慮なども必要である。

また、漆に関しては、近年、安価な教材用人工漆も用いられるようになってきており、日本の伝統ある漆芸についての関心が高まるにつれて、漆がどのような特性を持つものであるかの学習や、多様な漆芸の技法についても体験的に学習できる題材を開発する必要がある。

ここまで、伝統工芸の技法を中心として、芸術科工芸の授業題材としての可能性を考えてきたが、本節の最初で述べたように、これまで工芸の素材として考えられなかったようなものについても、工芸の授業題材としての展開を研究する姿勢こそ重要である。「巧みにつくることは考えること」すなわち、「巧」は「考」である。身の回りに存在するものすべてを素材とする工芸の授業を考えるとき、伝統工芸とも芸術工芸とも違う、教育としての工芸が生まれてくる。

註1 木工ろくろは木工旋盤とも呼ばれ、電動以前は人力で回転させていた古い工具である。木材の乾燥状態や節、木目を見極めて、木工バイトという刃をあてて削るが、微妙な力加減が必要であり、無理をすると刃が欠けるなどの危険性もある。

註2 酸化焼成とは、燃料が完全燃焼するだけの十分な酸素がある状態での焼き方であり、電気窯の場合は酸素の状況に関係なく完全燃焼の状態にある。それに対して還元焼成とは、酸素が足りない状態、すなわち不完全燃焼になるので、石油窯やガス窯での還元焼成では、黒い煙が発生する。酸化焼成と還元焼成では、釉薬の発色が大きく変化する。陶芸表現の多様性においては重要な焼成方法である。

註3 陶芸窯のサイズは多様であるが、比較的普及している中型のものは上蓋式、すなわち窯の蓋が上面にあり、重りを使って持ち上げる形式のものが多い。しかし、作品数の多い学校の状況を考えるならば、作品の出し入れの負担や安全性を考慮して、大型に多い前扉開閉式の方が理想的である。

註4 香取正彦＋井尾敏雄＋井伏圭介著『金工の伝統技法』理工学社、1986、p.1-1「1 金工について、金工の起源」より

註5 ロストワックス法による銀製ジュエリーなどの制作では、蝋でつくった指輪などの原型を耐火焼石膏で固め、熱によって脱蝋し、溶けた銀を流し込む方法である。シルバーアクセサリー用の銀は約950℃が融点であるので、学校によくある七宝用の窯でも溶かすことは可能である。しかし、銀は高価なため、銀を若干含有し、銀の質感を持つ安価な合金も開発されている。

註6 ガラスはその成分によって多種多様な性質を持つものが生産されている。それらはまた成分によって、熱融合する際の膨張率に違いがある。膨張率が合っていないもの同士を融合させようとすると、融合途中や冷却中に破損してしまうことが多い。中には短期的には破損しなくても、時間経過後に割れてしまうこともある。

註7 同じ形の断面が続く回転体のようなものは、型板を用いて硬化する前の石膏を削るように成形する挽型（ひきがた）を用いることが多い。直線的に型板を動かす挽型と、モデルを回転させるものの2種類がある。

第3節　技法と題材開発　279

第6章　工芸の鑑賞

第1節　行動としての鑑賞

鑑賞行動

　履歴書の趣味の欄などに記入される「美術鑑賞」とは、一般的に美術作品のよさや美しさを味わい楽しむことと理解される。それを人の行動として見るならば、鑑賞の対象である美術作品や工芸作品が展示される美術館やギャラリーという場において、人は鑑賞対象の前に立ち観察し、タイトルや説明文を読み、場合によってはイヤホンから流れる解説（註1）に集中する。また、近年の学校の授業における鑑賞や美術館などの教育普及活動としての「ギャラリートーク」などでは、「対話型鑑賞」が普及し、主体的な鑑賞態度が重要視されているが、いずれにしても「美術鑑賞」という行動は、美術館やギャラリーもしくは教室という限られた空間の中にあると思いがちである。

　しかし、鑑賞の対象を芸術作品に限らず、鑑賞という行動を広義に捉えるならば、人は日常的に鑑賞行動を行っていると言える。よさや美しさは芸術作品のみが持つものではなく、世界に存在するものすべてにあるものである。そして人は絶えずものの価値判断のための鑑賞行動をしながら生活している。

　一方、鑑賞とは美術作品や工芸作品が有する優れた芸術的造形的価値を理解することであり、そのよさや美しさが享受されることで、芸術による人間性の陶冶がなされるとする考え方がある。このような「啓蒙主義」（註2）的な考え方は芸術教育においては未だに根強いものがある。小学校図画工作科、中学校美術科、高等学校芸術科の教科目標が「豊かな情操を養う。」で締めくくられていること（註3）も、芸術の啓蒙主義的要素の残照と見ることもできるだろう。

　この考え方に倣うならば、そこでは鑑賞すべきは一流の芸術作品でなくてはならないし、人間性の陶冶にふさわしい内容のものでなければならない。実際に、小学校図画工作科教科書、中学校美術科教科書、高等学校芸術科美術及び工芸の教科書に掲載されている作品の多くは、国宝や重要文化財に指定されている作品であり、美術館や博物館に所蔵されているものもある。そこに期待されているのは文化芸術の継承であり、国民としての情操の育成である。このことは、現在の学校での鑑賞教育の目的の一部として、学習指導要領においても求められている。

また、能力育成を核にするこれからの鑑賞指導に望まれるのは、「クリティカル・シンキング」（註4）に代表される造形的思考能力を土台にした鑑賞行動力の育成である。そこでは、自らの思考判断が重要になってくる。すなわち、よく知られた代表的な、教科書の定番とされるような美術作品の定着した価値観を学び理解するのではなく、自身の経験や感性を基に作品についての分析的な思考を重ね、自身にとっての意味付けや価値観を形成するという活動であり、そこで得た能力を他の場面でも生かすことができる行動力である。

　指導者からの一方的な価値観の押しつけであるならば、それが対話型鑑賞や主体的鑑賞による指導方法が用いられたとしても、そこに本来的な鑑賞行動は存在しない。あるのは「インストラクション」すなわち「教授」である。鑑賞行動の主語は鑑賞者であり、鑑賞者が自ら発見し、つくり上げる価値観こそ重要である。我々は、美術作品に限らず身の周りに存在するものすべてを鑑賞の対象とし、今一度、鑑賞行動そのものを捉え直す必要がある。

幼児の行動から

　ここで、子どもの行動に眼を向けてみよう。

　乳児と幼児の境目（註5）にある1歳くらいの子どもにとって、自身が存在する周りの空間は不思議で魅力的なものであふれている。一般的な1歳は、やっと立ち上がることができ、気になるものを手に持つことができるようになった段階である。母親に抱っこされながらも、周りの不思議なものに手を伸ばし、それを手に持つことができると、それが何であれ口に持っていくことが多いが、この行為は食事の欲求によるものではない。

　成長のために食べることと寝ることが最も大切な1歳児にとって、口は単なる消化器官ではなく、最もよく発達した感覚器官でもある。どのような味がするかも含めて、硬い軟らかい、冷たい温かいなどさまざまな素材と形の要素が、口を通して知覚される。そして、よく観察をしているとその行動にお好みのものがあることが解る。一度でおしまいにするものもあれば、何度も口に持っていくものも存在するのである。すなわち、そのものがどのようなものであるかは不明でも、主として目、手、そして口で知覚できるものに対して自身の価値判断をしているのである。幼児が自らを囲む世界を認していくこのような行動を、鑑賞行動そのものとは言い難いが、そこに鑑賞行動の根源を見ることは可能である。

第1節　行動としての鑑賞　283

1歳女児が手に持つお気に入りの陶製の箸置き　　　1歳女児が繰り返す新聞などの紙を裂く遊び

　写真の1歳女児が手に持っているのは、家族が使う陶製の箸置きである。家族とともに食卓に着くと、青い不思議な形をしたこの箸置きに手をやり、口に運ぶことを繰り返している。おそらく自分の手にフィットする箸置きの大きさや形がお気に入りなのだろう。当然のことながらその用途については不明であるが、女児にとっては何度も味わいたい感触であるらしい。

　また、この女児のもう1つのお気に入りは、新聞などの紙を裂く遊びである。新聞を両手に持って、大人につけてもらった切り口から引き裂くことを、何度も何度も繰り返している。引き裂いていく感触と音が愉快であるらしく、引き裂いたあとの紙にはあまり頓着していないが、笑い声を上げながら何度も繰り返すのは、そこに快感があるからに間違いない。

　今、この女児の行動を1歳児ゆえの行動であると片づけてしまうことはできない。なぜならば、近年注目を集めている非認知能力と認知能力（註6）の関係性から言えば、自らの嗜好や価値観を有するという非認知能力が、これから爆発的に発達する理解、記憶、分析、思考、判断などの認知能力に大きく関わり、この女児の将来の人となりをつくる土台となるのである。

　さらに、表面的には表れないかもしれないが、大人の鑑賞行動にもその要素を見ることができるのである。すなわち、鑑賞行動の最初の動機に、心地よさや嗜好といった個人の特性が強く関係しているのである。鑑賞行動は新たな自身の価値観を形成し、それを活用することであるが、その根底には感

覚的な嗜好がある。そしてその嗜好の多くは、身体性と感性を源としている。その源に発した一筋の流れは、成長とともに大河となり、自己を形成していくことになる。鑑賞が美術館やギャラリー、教室の中だけにあるとする視点からは、この女児の行動に鑑賞行動の源を見出すことはできない。鑑賞行動こそ、非認知能力と認知能力の両方によって成立するものなのである。

鑑賞行動の日常性

　本節の最初の部分で「人は絶えずものの価値判断の為の鑑賞行動をしながら生活している。」としたが、ここでは日常性を芸術領域にまで昇華させた「茶道」について考えてみる。

　正式なお茶会である「茶事」には三千家（註7）によって多少の差異があるが、その一般的な流れは「待合」「席入」「初座」「中立」「後座」「退席」となる。いずれの流派においても、この一連の流れの中に、巧みに鑑賞の機会が設定されている。

　まず、「待合」では庭の風情を鑑賞し、最初に茶室に入る「席入」では床と釜の拝見がある。床の間の前に進んで、掛物と花、花入れ、香合などを拝見し、次に踏込畳（亭主の入り口）の前で、道具畳の風炉や棚飾を拝見する。次に「初座」では、「初炭」と言われる亭主の炭手前を拝見し、先ほど鑑賞した庭や床、釜などについて亭主と正客の間で問答がなされる。また、「後座」では床の掛物は花に代わり、その花や花入れなどを鑑賞する。そして、やがて一通りお茶を飲み終わった後、「お道具拝見」がある。正客が茶器と茶杓の拝見を申し出て、客が順次これを回して拝見するものである。その方法は茶器の全体の姿を拝見するとともに、両手を畳についてできるだけ低い位置で茶碗や棗、茶杓を扱う。また、ここでも茶器の銘等について正客と亭主の問答がなされる。これらを通して、客は今回の茶会の意図を読み取り、亭主が茶会という方法で表現した美意識を鑑賞するのである。

　このような「茶事」の一連の流れは、当然のことながら茶を飲むという日常的行為が土台になっており、その行為や環境、道具などを優れた鑑賞行動によって美意識の表現へと昇華させたものである。すなわち、茶道は衣食住すべての要素を、茶を飲む行為に収斂させることによって、日常性に芸術性を見出すことに成功したのである。それは、人の五感すべてを用いた鑑賞行動の結実ということができる。したがって、鑑賞行動そのものは日常生活の中に絶えず存在し、その能力を高めることこそ鑑賞教育の大きな目標としな

ければならない。

「めでる」と「たなごころ」

　ここまで「鑑賞行動」について考察してきたが、それでも美術館での作品鑑賞と、スーパーマーケットでの野菜の吟味を同じ視点で論じることには反論も多いと思う。しかしながら、美術館とスーパーマーケットにそれほどの違いがあるものだろうか。美しい色と形をした野菜や果物は、多く絵画の題材として用いられてきたし、自然や環境の中に表現の主題を見出してきたのが美術の歴史である。鑑賞行動という視点から考えるならば、鑑賞と発想や構想、創作、表現は一体であり、それを意識するとしないとにかかわらず、人は絶えず鑑賞を通して価値判断をし、それにより自身を表現して生活しているのである。

　ここで、「めでる」と「たなごころ」の２つの言葉を、鑑賞行動の日常性を考えるときのキーワードとして取り上げてみる。「めでる」という言葉は「愛でる」と表記され、心ひかれ感動する気持ちが生じる意味で用いられるが、もともとは「愛づ」という他動詞であった。自らが愛すべき対象に働きかけそのよさや美しさを見出す行動を意味していた。もののよさや美しさは自ら近づかなければ見えてこないのである。

　また、「たなごころ」について現在は、手の内側、手のひらを意味する言葉となっているが、漢字は「掌」を用いる。この漢字のつくりが意味するのは「手の心」である。茶碗など手に持つものに対する評価として「たなごころがよい」と言うことがある。それは、単に握りやすいとかちょうどよい大きさや重さであるという意味ではなく、手の心を通して心地よいことを意味している。

　この「愛で、掌を味わう」鑑賞行動は、特に工芸の鑑賞において重要な視点である。「素材感」「用の美」「生活感情」など現実の空間に存在する工芸品の価値を発見する鑑賞行動においてこそ、この「めでる」と「たなごころ」の視点からなされるべきものである。本章では、後節において「工芸デザイン史」「手仕事の日本（民藝）」「重要無形文化財」「伝統的工芸品」などを取り上げるが、これらの知識を身につけることが工芸の教育における目的ではないことは、繰り返すまでもない。これらは鑑賞行動の対象の一例であって、目指すべきは、生きていく術として「めでる」と「たなごころ」の言葉に代表される鑑賞行動の能力の育成である。

註1　近年の大規模な美術展では、音声ガイドの導入が一般化している。機械の形式はイヤホンを用いる型や携帯電話型などさまざまであるが、解説ナレーションに有名俳優を採用するなどして、利用拡大が進んでいる。美術館側が専門の業者に委託して、来場者に有料サービスしているケースがほとんどである。

註2　17世紀末のイギリスにはじまり、18世紀に広まった合理主義や批判的精神に代表されるヨーロッパの革新的思想。理性によって過去の因習や権威を否定し、新たな秩序の建設を主張した。ジョン・ロック（英、哲学者、1632-1704）、デイヴィッド・ヒューム（英、哲学者、1711-1776）、ヴォルテールことフランソワ＝マリー・アルエ（仏、哲学者、1694-1778）、シャルル＝ルイ・ド・モンテスキュー（仏、哲学者、1689-1755）、ゴットホルト・エフライム・レッシング（独、詩人・劇作家・思想家・批評家、1729-1781）などが代表とされる。

註3　平成20年3月改訂告示 小学校学習指導要領 図画工作科
第1 目標
表現及び鑑賞の活動を通して感性を働かせながら、つくりだす喜びを味わうようにするとともに、造形的な創造活動の基礎的な能力を培い、豊かな情操を養う。

平成20年3月改訂告示 中学校学習指導要領 美術科
第1 目標
表現及び鑑賞の幅広い活動を通して、美術の創造活動の喜びを味わい美術を愛好する心情を育てるとともに、感性を豊かにし、美術の基礎的な能力を伸ばし、美術文化についての理解を深め、豊かな情操を養う。

平成21年3月改訂告示 高等学校学習指導要領 芸術科
第1款 目標
芸術の幅広い活動を通して、生涯にわたり芸術を愛好する心情を育てるとともに、感性を高め、芸術の諸能力を伸ばし、芸術文化についての理解を深め、豊かな情操を養う。

註4　クリティカル・シンキングは、一般的に「批判的思考」と訳される。さまざまな情報に対して、適切な批判的思考を働かせて分析する態度のことを意味するが、批判の中には自身の論理構成に対する内省も含まれる。また、情報を無批判に受け入れている状況は、クリティカル・シンキングが欠如した状態であるということになる。

註5　児童福祉法では、生後0日から1歳未満までを乳児とし、1歳から小学校就学までを幼児としている。一般的に、乳児期はハイハイから歩き出すまでの時期であり、幼児期は自分で歩きはじめるとともに、脳が成長して言語や動きなどが発達する時期である。

註6　現在の幼児教育では、非認知能力と認知能力の関係に注目が集まっている。一般的に、認知能力（Cognitive skills）はIQやアチーブメント・テストで計測可能な能力とされ、非認知能力（Non cognitive skills）は、意欲、協調性、粘り強さ、忍耐力などの個人の特性を意味する。そしてこの2つは絡み合って成長するものとされる。

註7　千家三代目の宗旦隠居に際して、宗旦の三男宗左が家督を継ぎ不審菴表千家となり、宗旦の隠居所を継いだ四男宗室が今日庵裏千家を、養子に出ていた次男宗守が官休庵武者小路千家を称し、三千家となった。

第1節　行動としての鑑賞　287

第2節　工芸デザイン史

文部科学省著作教科書『高等学校用デザイン史』

　デザイン史の鑑賞に関する授業は、同じ高等学校であっても、芸術科美術及び工芸と工業科や美術科ではその学習の目的は大きく違ってくる。芸術科美術や工芸では、鑑賞活動においてより深くそのよさや美しさを味わうための知識であり歴史であるが、専門教育である工業科や美術科におけるそれらの知識は新たな制作や創作に直截的に関わる基礎的要素という性格を持っている。文部科学省著作教科書（註1）である工業科用教科書『高等学校用デザイン史』（東京電機大学、2005）では、デザイン史を学ぶ目的を次のように解説している。

第1章 序説
第1 デザイン史を学ぶ理由
（中略）
この「デザイン史」は、人間が歴史の中で≪もの≫を作り出してきた営みを振り返って見ようとするものである。この創造の営みは、単に人間の生活だけでなく、それを取り巻く自然や社会の環境をも反映している。したがってわれわれは、過去に作り出された《もの》の中から、その時代の生活や精神を読み取ることが大切となる。このことは、過去をとおして現在の自分の位置を確かめ、時代や地域の座標の中で自己のあり方を再認識することにもなる。

　現在、高等学校用に編集された教科書としてはデザイン史の領域で最も詳細なものと言える本書がどのような区分で太古から現在までのデザインを整理しているか、その目次を見ると次のように構成されている。

第1章 序説
第1 デザイン史を学ぶ理由　　　　第2 デザイン史の対象と領域
第3 造形の様式　　　　　　　　　第4 地域と時代
第5 これからのデザインを学ぶために

第2章 日本

第1節 原始

第1 原始時代の住まい　　　　第2 原始時代の生活用具

第3 装飾古墳と原始絵画

第2節 古代

第1 飛鳥時代　　　　　　　　第2 奈良時代

第3 平安時代

第3節 中世

第1 鎌倉時代　　　　　　　　第2 室町時代

第4節 近世

第1 桃山時代　　　　　　　　第2 江戸時代

第5節 近代

第1 明治・大正時代　　　　　第2 昭和時代前期

研究問題

第3章 西洋

第1節 原始

第1 原始の造形文化

第2節 古代

第1 オリエント　　　　　　　第2 エーゲ海文明

第3 ギリシャ　　　　　　　　第4 ローマ

第3節 中世

第1 初期キリスト教文化　　　第2 ビザンチン

第3 イスラム　　　　　　　　第4 ロマネスク

第5 ゴシック　　　　　　　　第6 中世の住まいと生活

第4節 近世

第1 ルネッサンス　　　　　　第2 バロック

第3 ロココと新古典主義　　　第4 19世紀

第5節 近代

第1 近代デザインのはじまり　第2 近代デザインの成立と展開

研究問題

第2節　工芸デザイン史　289

第4章 現代

第1節 産業復興と現代デザイン活動の始まり

第1 日本の戦後復興とデザイン　　　第2 海外のデザイン動向

第2節 産業の発展とデザイン

第1 高度経済成長とデザイン　　　　第2 日本のデザインの発展

第3 デザインの国際交流　　　　　　第4 海外のデザイン動向

第3節 現代デザインの諸問題

第1 経済成長から成熟化社会へ　　　第2 デザインの反省と将来への展望

研究問題

デザイン史年表

索引

　時代区分としては、美術史やデザイン史の専門書、一般書と大きな差はないが、デザイン史という視点からは「近代」及び「現代」に他よりも多くのページをあてている。特に「現代」では「サスティナブルデザイン」（註2）や「ユニバーサルデザイン」（註3）を取り上げ、次世代へのデザインの課題としている。

学習指導要領 工芸Ⅰ、工芸Ⅱ、工芸Ⅲ

　一方、文部省検定済教科書である芸術科工芸の教科書のデザイン史の扱いは、近代以降の工芸デザイン史に集約されているが、その学習の目的は、あくまでも鑑賞に必要な知識としての位置づけである。「平成21年3月改訂告示 高等学校学習指導要領 芸術科」では、「工芸Ⅰ」「工芸Ⅱ」「工芸Ⅲ」それぞれの鑑賞を次のように示している。

工芸Ⅰ

鑑賞に関して、次の事項を指導する。

ア　工芸作品などのよさや美しさ、作者の心情や意図と表現の工夫などを感じ取り、
　　理解を深めること。

イ　制作過程における工夫や素材の生かし方、技法などを理解すること。

ウ　自然と工芸とのかかわり、生活や社会を心豊かにする工芸の働きについて考え、

理解を深めること。

エ　日本の工芸の特質や美意識に気付き、工芸の伝統と文化について理解を深めること。

工芸Ⅱ

鑑賞に関して、次の事項を指導する。

ア　作品や作者の個性などに関心をもち、発想や構想の独自性、表現の工夫などについて、多様な視点から分析し理解すること。

イ　生活環境の改善や心豊かな生き方にかかわる工芸の働きについて理解を深めること。

ウ　時代、民族、風土などによる表現の相違や共通性などを考察し、工芸の伝統と文化についての理解を一層深めること。

工芸Ⅲ

鑑賞に関して、次の事項を指導する。

ア　生活文化と工芸とのかかわり、作品が生まれた背景などを考察し、自己の価値観や美意識を働かせて作品を読み取り味わうこと。

イ　国際理解に果たす工芸の役割について理解すること。

ウ　文化遺産としての工芸の特色と文化遺産等を継承し保存することの意義を理解すること。

　これらについて、2009年12月に文部科学省より提示された『高等学校学習指導要領解説 芸術（音楽 美術 工芸 書道）編 音楽編 美術編』（文部科学省、教育出版、2009）では、鑑賞もまた創造活動の一環であるとし、多様なものの見方を身につけることや主体的によさや美しさを感じ取れるようにすることを求めている。また、その鑑賞対象として、「伝統的な作品」「現代の工芸作品」「工業製品」「生徒の作品」「身近にあるもの」をあげ、実物に触れることや実際に使う形での鑑賞を奨励している。また、鑑賞作品を調べ討論、批評し合う学習も示している。

　さらに、「工芸Ⅰ」にある「エ 日本の工芸の特質や美意識に気付き、工芸の伝統と文化について理解を深めること。」については、同書において次のような解説をしている。

第2節　工芸デザイン史　291

「日本の工芸の特質や美意識」とは、日本の気候、風土、生活様式、諸外国からの影響など様々な要素と、工芸にかかわり真摯に生きてきた人々の素材や美へのこだわりから生み出されてきたもののことである。

日本の工芸は、時代の流れの中で多くの異文化を吸収咀嚼（そしゃく）しつつ発展・変容し、独自の文化を形成してきたという特質がある。これらを踏まえ、日本文化の根底に受け継がれてきた独自の美意識や自然観、それぞれの時代の創造的精神や美を求める心情、創作への知恵、素材への繊細な思いなどを感じ取ることが重要である。例えば、特定の時代に栄えた表現形式や、木工、金工、陶芸、染色等の表現方法、意匠、素材の特質などについて調べるなどして、それらのよさや美しさを理解したり、その相違や共通点を比較検討したりしながらその特質を把握させることが大切である。

「工芸の伝統と文化について理解を深めること」とは、日本における工芸に関する作品、作風、作家、価値観、美意識などの表現の総体として工芸の文化を位置付け、伝統的かつ創造的側面を重視して理解を深めることである。各時代の生活や社会の状況、信仰や人生観など人々の精神的背景に裏付けられつつ形成されてきた日本の工芸の伝統と文化について理解を深めることが必要である。

その際、工芸作品は、生活の中では単体で使われるよりは、様々な組合せで利用されることから、工芸作品としての器の形や色や質感とそこに盛られる料理の形や色の組合せ、重ねられる衣装の柄や色と帯の組合せ等によって新鮮な美が生み出されることにも気付かせることが重要である。

また、日本の工芸作品には、時代や地域特有の美意識が表れているだけでなく、流派・様式として継承されてきた美意識や自然観、作者によって異なる個性など様々な要素があることや、伝統的な行事が人々の生活の中の美に対するあこがれや理想などを形づくり、生活を心豊かにしていくものづくりへの夢やあこがれをもたせたことにも気付かせる必要がある。

上記の解説文は、日本の工芸の特質を端的にまとめたものとして注目すべきであるが、一方、「工芸Ⅱ」の「イ 生活環境の改善や心豊かな生き方にかかわる工芸の働きについて理解を深めること。」についての解説は、主として表現「社会と工芸」に対応する鑑賞として読むことができる。まず、「社会と工芸」については、使う人の側から社会や生活を見つめることから発想し、使う側の求める機能性や合理性を考えて、社会的視点から創意工夫し表現する能力と定義している。次に「イ」の解説は次のようなものである。

「生活環境の改善」とは、心地よく豊かな環境をつくるために、生活を工芸の視点から見直し、改善を図ることである。

　人々の生活が多様化し、生活の中で使われる様々なものが数多く流通している現代社会において、工芸によって生活環境の改善を図るためには、必要なものを適切に選び出す能力が必要である。　「心豊かな生き方にかかわる工芸の働きについて理解を深めること」とは、工芸の視点から生活や社会を見ることにより、工芸が生活を機能的にするだけでなく、美しさや安らぎをもたらし、人々の心のつながりや相互に理解し尊重し合う土壌を提供し、心豊かな社会を形成するという働きがあることについての理解を深めることである。よりよいもの、より美しいものを求め、生み出す機能、国や民族の違いを超えて美的共感を与える作用などについて考察し、伝統を継承し新たな価値を生み出し、生活を心豊かにする工芸の働きについて理解を深めさせることである。

　また、「工芸Ⅲ」の鑑賞では「国際理解」と「文化遺産等の継承」が中心的な内容となっている。すなわち、全体を通して工芸デザイン史の学習にあたる内容は、明示されておらず、あくまでも予備的な知識として、もしくは参考資料として文部省検定済教科書、高等学校芸術科『工芸Ⅱ』に示された「近代デザインの変遷」は扱う必要がある。

工芸Ⅱにおける「近代デザインの変遷」

　文部省検定済教科書『工芸Ⅱ』では、実際にどのような項目で、どのような作品を掲示しているのか、次の3冊の教科書における「近代デザインの変遷」の内容を整理してみる。

　1850年代からはじまるデザイン史の時代区分と各内容については、①『工芸Ⅱ』（小松敏明監修／長濱雅彦＋川野辺洋著、日本文教出版、2014）のものを用い、それぞれの時代区分に示されている作品については、同書に加え②『工芸Ⅱ』（小松敏明＋川野辺洋著、日本文教出版、2003）、③『工芸Ⅱ』（小松敏明＋四宮義四郎著、日本文教出版、2000）に掲載されている作品も整理している。

　なお、作品名に続く①、②、③の表示は、上記3冊中どの教科書に掲載されたのかを示している。

第2節　工芸デザイン史　293

■近代デザインの変遷

1. 初期の機械生産（1760年代から1830年代の産業革命）

　・水晶宮（英、1851）①②③　ジョゼフ・パクストン（英、1801-1865）

　・ミシン（米、1851）①②③　アイザック・メリット・シンガー（米、1811-1875）

2. 美と人間性の回復──アーツ・アンド・クラフツ運動（註4）

　・赤い家（英、1859）②③　ウィリアム・モリス（英、1834-1896）、フィリップ・ウェッブ（英、1831-1915）

　・食器棚（黒檀風仕上げのマホガニー材、銀鍍金の金具、1867）①②③　エドワード・ゴドウィン（英、1833-1886）

　・内装用ファブリック「クレイ」（木版、木綿、1884）①②③　ウィリアム・モリス

　・蜻蛉に蝉文花瓶（ガラス、1887）③　エミール・ガレ（仏、1846-1904）

　・エッフェル塔（仏、1889）①②③　ギュスターブ・エッフェル（仏、1832-1923）

3. アール・ヌーヴォー（註5）とドイツ工作連盟（註6）

　・ハミルトン懐中時計（米、1892）①②③

　・トレイ（鋳造ブロンズ、木、銀鍍金、1898）①②　アンリ・ヴァン・デ・ヴェルデ（ベルギー、1863-1957）

　・パリの地下鉄の入口（鋳鉄、ブロンズ、ガラス、1898）①③　エクトル・ギマール（仏、1867-1942）

　・飾り棚（胡桃材、ブロンズ、鍍金、1900）①②③　ウジェーヌ・ガイヤール（仏、1862-1933）

　　・セセッション・ポスター（オーストリア、1906）②③

　・ドイツ工作連盟ケルン展のポスター（1914）①　ペーター・ベーレンス（独、1868-1940）、フリッツ＝ヘルムート・エームケ（独、1878-1965）

4. 芸術と技術の統合──バウハウス（p.145参照）

　・ワインのデカンタ（銀、黒檀、1923頃）①②③　クリスツィアン・デル（独、1893-1974）

　・バウハウス校舎（独、1925）①②③　ヴァルター・グロピウス（独、1883-1969）

　・椅子（1933）③　アルヴァ・アアルト（フィンランド、1898-1976）

　・カメラ「コダック・バンタム・スペシャル」（スチール、黒エナメル塗装、

ガラス、1934）①②　ウォルター・ドーウィン・ティーグ・シニア（米、1883-1960）

- フラワーベース（ガラス、1937）①②　アルヴァ・アアルト

5. モダンデザインの確立
6. 手と生活者のために、再び人間性の回復へ（日本の工業デザイン）

- 壁掛け式時計（1956）①②③　マックス・ビル（スイス、1908-1994）
- ミシン「ミレッラ」（スチール、アルミニューム、1957）①②③　マルチェロ・ニッツォーリ（伊、1887-1969）
- 直視型ポータブルトランジスタテレビ「TV8-301」（日、1959）①②③
- ナイフ、フォーク、スプーン（ステンレス、1961）②③　タピオ・ヴィルカラ（フィンランド、1915-1985）
- 電気シェーバー「シクスタント SM31」（独、1962）①
- 椅子「スポッティ」（1963）②　ピーター・マードック（英、1940-）
- タイプライター「ヴァレンタイン」（伊、1969）①　エットーレ・ソットサス（伊、1917-2007）
- 銀の紅茶・コーヒーセット（1983）②③　チャールズ・ジェンクス（米、1939-）
- サイドテーブル「KYOTO」（スターピーステラゾー、1983）②　倉俣史朗（日、1934-1991）
- 書き物机（1986）③　ノルベルト・ベークホーフ（独）、ミヒャエル・A・ランデス（独）、ヴォルフガング・ラング（独）
- パーソナルコンピュータ「128K」（米、1984）①　スティーブ・ジョブズ（米、1955-2011）、スティーブ・ゲーリー・ウォズニアック（米、1950-）
- ボウル「フォークス」（ポリプロピレン、1997）②　ハンス・マイヤー＝アイヘン（独、1940-）
- 加湿器「±0加湿器 Ver.3」（日、2005）①　深澤直人（日、1956-）
- 電気自動車（日、2010）①

第2節　工芸デザイン史　295

これらの時代区分と作品が、一般的高校生にとって近代のデザインを概観し、各時代の状況と「工芸デザイン」の関係を考える資料として適切であるかどうかについては、検討の余地があるとしても、「工業デザイン」を中心とする人間の歴史の知識については、一般市民の見識としてもその必要度が上がりつつあると言える。

　ここ数年、近代デザイン美術館の必要性が多方面から聞かれるようになるとともに、優れた日本のものづくりを支えている重要な要素として、デザインの評価が高まっている。「工芸Ⅱ」の授業においてこれらの作品すべてに向き合うことは不可能であるにしても、多くの高校生が時代の要求や人の生活の変化とともにある工芸や工業デザインの変遷について興味関心を持つことは、新たなデザインの展開の原動力となり、文化の発展に寄与することになるだろう。なぜならば、ここに登場するデザイナーやクリエイターたちの背後には、優れた感性と鑑賞行動の能力を持つ消費者がいたはずだからである。「近代デザインの変遷」は決して、デザイナーやその作品のみの歴史ではない。それらを求めた、我々消費者の歴史でもある。

資料「椅子の変遷」

　また、「工芸Ⅱ」の教科書には「近代デザインの変遷」を補足する資料として「椅子の変遷」を掲載している。椅子はまさしく人の暮らしと密着した道具であり、個人的な嗜好を強く反映するものもあれば、公的空間においてその位置づけを示すものなど多様な要素を含んでいる。座るという人間の行動から発想し、多様な素材から構想し、機能と構造の関係を思考するなど、学習の要素は多岐にわたり、小学生から高校生、一般の人々までを対象とする多様な「工芸デザイン」の学習に対応できる教材である。また、鑑賞対象としては、その椅子が置かれる場、空間の性格を考えることが必要であり、人の「座る」という行動そのものについて再考させることで、椅子と人との関わりを深めることができる。

　ここでは、前述の「近代デザインの変遷」と同じく①『工芸Ⅱ』（小松敏明監修／長濱雅彦＋川野辺洋著、日本文教出版、2014）、②『工芸Ⅱ』（小松敏明＋川野辺洋著、日本文教出版、2003）、③『工芸Ⅱ』（小松敏明＋四宮義四郎著、日本文教出版、2000）に掲載された椅子を整理している。ここに示された椅子はそのほとんどが名作として名高いものであり、指導者は基礎的な知識としてそれぞれの特質について理解をしておく必要があるだろう。

296　第6章　工芸の鑑賞

なお、各項目冒頭の数字は制作年を示している。作品名に続く①、②、③の表示については、「近代デザインの変遷」(pp.293-295参照)と同様である。

1859　NO.14／カフェチェア（木材、籐／高さ86cm）①　ミヒャエル・トーネット（オーストリア、1796-1871）

1860　ロッキングチェア／曲木椅子（木材、籐／高さ101cm）②③　ミヒャエル・トーネット

1900　磨き込んだウォールナットの食堂椅子（木材、革／高さ141cm）①②③　ウジェーヌ・ガイヤール（仏、1862-1933）

1902　ヒルハウス1（木材、布／高さ141cm）①②③　チャールズ・レニー・マッキントッシュ（英、1868-1928）

1918-23　レッド・アンド・ブルー（木材／高さ88cm）①②③　ヘリト・トーマス・リートフェルト（オランダ、1888-1964）

1922　帝国ホテルの椅子（木材、革／高さ96cm）①　フランク・ロイド・ライト（米、1867-1959）

1926　LC4（スチールパイプ、皮革、スチール／高さ61cm）③　ル・コルビュジエ（仏、1887-1965）

1928　スリングチェアLC1（スチールパイプ、革／高さ64cm）①②　ル・コルビュジエ他

1929　バルセロナチェア（スチール、革／高さ75cm）①②③　ルートヴィヒ・ミース・ファンデル・ローエ（独→米、1886-1969）

1929　S32（スチールパイプ、木材、籐／高さ78cm）①　マルセル・ブロイヤー（ハンガリー→米、1902-1981）

1939　NO.406（木材、布／高さ84cm）①②③　アルヴァ・アアルト（フィンランド、1898-1976）

1946　LCM（スチールパイプ、成型合板／高さ74.9cm）②③　チャールズ・イームズ（米、1907-1978）

1946　DCW（成形合板／高さ71.5cm）①　チャールズ・イームズ、レイ・イームズ（米、1912-1988）

1950　DAR（スチールロッド、強化プラスチック／高さ78cm）③　チャールズ・イームズ

1950　Yチェア（木材、ペーパーコード／高さ73cm）①②③　ハンス・ヨルゲンセン・ウェグナー（デンマーク、1914-2007）

第2節　工芸デザイン史　297

| 1951 | ダイヤモンドチェア（スチールロッド、フォームラバー／高さ 76cm）①②③　ハリー・ベルトイヤ（米、1915-1978） |

1951　ダイヤモンドチェア（スチールロッド、フォームラバー／高さ76cm）①②③　ハリー・ベルトイヤ（米、1915-1978）

1952　アントチェア（成形合板、スチールパイプ、ゴム／高さ77cm）①　アルネ・ヤコブセン（デンマーク、1902-1971）

1955　セブンチェア（スチールロッド、成型合板／高さ78cm）②③　アルネ・ヤコブセン

1957　699スーパーレジューラ（木材、籐／高さ83cm）②③　ジオ・ポンティ（伊、1891-1979）

1958　エッグチェア（硬質発泡ウレタン、布、アルミニューム／高さ107cm）①　アルネ・ヤコブセン

1967　パントンチェア（強化プラスチック／高さ82cm）①②③　ヴェルナー・パントン（デンマーク、1926-1998）

1967　ブロウ（ポリ塩化ビニル／高さ83cm）①②③　カルラ・スコラーリ（伊、1930-）他

1968　サッコ（ポリスチロール片、布／高さ68cm）①②③　ピエロ・ガッティ（伊、1940-）他

1982　セコンダ（スチール、ポリウレタン／高さ72cm）①②③　マリオ・ボッタ（スイス、1943-）

1991　ラグチェア（リサイクル衣装、メタルストラップ／高さ100cm）①　テヨ・レミ（オランダ、1960-）

2000　エアチェア（グラスファイバー入リポリプロピレン／高さ77.5cm）①　ジャスパー・モリソン（英、1959-）

註1 高等学校農業、工業、水産、家庭及び看護の一部の教科書や特別支援学校用の教科書は、需要数が少なく民間の教科書会社等による発行がなされず、文部科学省が著作・編集した教科書が用いられている。これを文部科学省著作教科書と言い、2014（平成26）年においては、文部科学省検定済教科書と合わせて、次のような冊数の教科書が出版されている。

	文部科学省 検定済教科書	高等学校用 文部科学省著作教科書	特別支援学校用 文部科学省著作教科書
発行種類数	958種類	50種類	21種類
発行点数	1,286点	57点	183点
需要冊数	約10,615万冊	約14万冊	約5万冊
発行者数	55者	5者	7者

註2 サスティナブルデザインは、サスティナビリティを考えたデザインを意味する。サスティナビリティとは、未来の世代に対して責任を持ち、危険にさらさないよう人類や地球環境の能力を維持、向上させることである。同様に、サスティナビリティに配慮した教育として「持続可能な開発のための教育」（Education for Sustainable Development: ESD）も重要な課題となっている。

註3 ユニバーサルデザイン（Universal Design: UD）とは、文化や言語、国籍、性差、年齢差などの違いや障害、能力程度などを問わずに利用可能な施設・製品・情報のデザインを言う。

最初にユニバーサルデザインを提唱したアメリカ、ノースカロライナ州立大学ユニバーサルデザインセンターは、次の7項目をその条件として提示している。

1. 公平な利用（どんな人でも公平に使えること。）
2. 利用における柔軟性（使う上での柔軟性があること。）
3. 単純で直感的な利用（使い方が簡単で自明であること。）
4. 認知できる情報（必要な情報がすぐに分かること。）
5. 失敗に対する寛大さ（うっかりミスを許容できること。）
6. 少ない身体的な努力（身体への過度な負担を必要としないこと。）
7. 接近や利用のためのサイズと空間（アクセスや利用のための十分な大きさと空間が確保されていること。）

註4 19世紀末から20世紀初頭にかけてウィリアム・モリス（p.208参照）らを中心として、イギリスに興った美術工芸運動。ジョン・ラスキン（英、著述家・美術評論家・画家、1819-1900）が、当時の機械化、分業化された生産に対して、効率的であってもそこには人間的創意や工夫、喜びはなく、芸術性や誠実さを欠いていると批判し、これに共鳴したモリスや仲間たちは、中世の手工芸に美の本質を見出し、機械生産による俗悪な工芸品に対抗する改革運動を展開した。特に、家具、織物、食器、文字、印刷、装丁、挿絵などのデザインに優れた作品を残し、後のアール・ヌーヴォーや近代デザインに大きな影響を与えた。

註5 1890年代から20世紀初頭にかけて、ベルギーやフランスを中心にして感覚的で有機的な曲線や非対称の構成を特徴とする「新芸術」を意味するアール・ヌーヴォーが流行した。やがてその影響は各国に広がり、ドイツではユーゲントシュティール（青春様式）、イタリアではリバティ様式などと呼ばれ、共通性を持ちながらも多様な展開をした。

註6　ドイツ工作連盟は、1907年にヘルマン・ムテジウス（独、建築家、1861-1927）を中心にして、工芸家、建築家、実業家などで結成された協力団体。「ソファのクッションから都市計画まで」をスローガンに、芸術と工業、手工業の共同により教育、宣伝、デザインの近代化などの諸問題に向き合い、産業労働を向上させることを目的とした。やがて、ムテジウスは新たな産業社会の理念として規格化、標準化の綱領を提案するが、アンリ・ヴァン・デ・ヴェルデ（ベルギー、建築家、1863-1957）を中心とする芸術家たちは作家の芸術性や個性を主張し、いわゆる規格化論争へと発展した。

第3節　手仕事の日本

手仕事

　本書の第3章「手工教育の変遷」及び第4章「工芸教育の変遷」を概観するならば、戦前の手工教育にしても、戦後の工芸教育においても「手工芸」すなわち「手仕事」の教育であった。部分的な機械の導入はあっても「手仕事」から学ぶことは基本であり、教育的意義もそこに多くがある。すでに現在の高等学校芸術科工芸の学習に、職業教育としての意味はなくなり、勤労を尊ぶ姿勢の育成はどこにも示されてはいないが、主として手を用いた誠実な制作を基本とする学習であることには違いがない。

　また、第1章の「身体性による学び」では、手に象徴される身体性が、急激に低下していることを示したが、そのような現代人の弱点から考えるならば、「手仕事」の復権は、今日的課題として重要である。本節で取り上げる柳宗悦の著書『手仕事の日本』は、まさしく我々の周りから消え去ろうとする「手仕事」の記録である。そして一度消えてしまった「手仕事」は決して復活し得ないのである。それが本節の主題である「伝統工芸品」と称される高度な技術による創作活動だけでなく、我々の生活の中にある「手仕事」もまた復活しようのないところまで減少しつつある。

　鑑賞の対象として「民藝」を考えることが本節の目的であるが、「民藝運動」で示された「手仕事」への敬意とともに、「手仕事」が育てる人間性についても忘れてはならない。明治の教育者たちが見出した「手工」の教育的価値は、産業労働者育成だけにあったのではなかった。「手仕事」から学ぶ誠実さや几帳面さはその人となりを育て、やがてさまざまな学びにおける基本的な姿勢を育成することを見出したのである。

　これはまた、現代の教育課題についても重要な意味を示唆している。幼児教育を中心とする非認知能力と認知能力の関係性や、アクティブ・ラーニングに代表される学習者の主体性を土台とする教育方法論においては、物事に対する各自の姿勢がますます重要になっている。「手間暇を惜しまず」という古い道徳観があるが、それは強制されるのではなく自らの意志として持つ姿勢であるとき有益となる。ここでは「手仕事」を代表する「伝統工芸品」を「民藝運動」の視点から取り上げるが、そこに人の誠実さがあることを見逃してはならない。

伝統工芸

「伝統的工芸品産業の振興に関する法律（伝産法）」（p.314参照）により指定された「伝統的工芸品」（p.315参照）が生産地を形成し、産業として成立しているかが重要な要件であるのに対して、「伝統工芸品」と言う場合には「伝統的工芸品」も含みつつ、伝統的技法を土台にした工芸品一般を意味する。したがって、工芸作家による芸術的作品や、「民藝運動」（p.304参照）が見出した職人の手によって生み出され、生活の場で用いられる工芸作品なども含まれることになる。

「民藝運動」を起こした柳宗悦（美学者、1889-1961）は、1930（昭和15）年頃の青森から沖縄までの「手仕事」による日用品220品を調査し、『手仕事の日本』にまとめている。原稿は1942年から1943年にかけて執筆されているが、初版は1948年に靖文社から出版されている。

『手仕事の日本』における柳宗悦の視点は、まず手仕事によって生み出された日用品そのものに注がれており、その造形性や美しさ、機能性について考察されている。そして、その美しさをより印象的に伝えるために、芹沢銈介（註1）の手による、それぞれの品物をデザイン化して表した小間絵、すなわちイラストが添えられている。考察の内容としては、その手仕事や品物が生まれた背景を「自然」「歴史」「固有の伝統」を中心にして分析し、最終章では、「職人の功績」「実用と美」「健康の美」などのテーマに沿って民藝論を展開している。ここで取り上げられた220品の伝統工芸品もしくは民芸品の中には、後に「伝産法」により「伝統的工芸品」に指定されたものや、伝統が廃れてしまい現在はつくられていないものもある。

これらの多彩な伝統工芸品は、現在、中学校美術科や高等学校芸術科工芸の教科書でも取り上げられ、鑑賞の対象となっている。また、「平成20年3月改訂告示 中学校学習指導要領」の「第2章 各教科、第6節 美術、第2 各学年の目標及び内容、2 内容、B 鑑賞」には「身近な地域や日本及び諸外国の美術の文化遺産などを鑑賞し」（第1学年）や「日本の美術や伝統と文化に対する理解と愛情」（第2、3学年）などの記述があり、さらに

小間絵《けら（陸奥津軽）》

「平成21年3月改訂告示 高等学校学習指導要領」の「第2章 各学科に共通する各教科、第7節 芸術、第2款各科目、第7 工芸Ⅰ及び第8 工芸Ⅱ、第9 工芸Ⅲ」における鑑賞では、「日本の工芸の特質や美意識に気付き、工芸の伝統と文化について理解を深めること。」（工芸Ⅰ）、「時代、民族、風土などによる表現の相違や共通性などを考察し、工芸の伝統と文化についての理解を一層深めること。」（工芸Ⅱ）、「文化遺産としての工芸の特色と文化遺産等を継承し保存することの意義を理解すること。」（工芸Ⅲ）などの内容が示されている。

　これらの内容からもわかるように、普通教育における工芸学習は、前述したように工芸そのものの技術継承を目的とするものではなく、工芸の学習を通しての人間性の育成がその目的である。しかしながら、産業としての性格を持つ「伝統的工芸品」や工芸作家による「伝統工芸作品」、「民藝運動」が光をあてた日用品としての「民藝品」などは、普通教育における工芸学習を成立させる土台でもあり、同時に学習教材でもある。これらのことから、初等中等教育において美術工芸教育を担当する者は、少なくとも地場産業としての地域の伝統工芸や、近隣の工芸家などに関する状況を把握、理解し、地域連携の中で題材化の可能性を検討する姿勢を持つ必要がある。

　『手仕事の日本』はもともと、若い世代に対する伝統工芸を学ぶことの重要性を説く目的で書かれており、柳宗悦はその「後記」において次のように述べている。

後記

　この一冊は若い方々のために、今までよく知られていない日本の一面を、お報_しらせしようとするのであります。ここでは手仕事に現れた日本の現在の姿を描くことを主眼としました。それは三つのことを明かにするでありましょう。

　第一は手仕事が日本にとって、どんなに大切なものだかを語るでしょう。固有な日本の姿を求めるなら、どうしても手仕事を顧みねばなりません。もしこの力が衰えたら、日本人は特色の乏しい暮しをしなければならなくなるでありましょう。手仕事こそは日本を守っている大きな力の一つなのであります。

　第二に、この一冊は日本にどんなに多くの手仕事が今なお残っているかを明かにするでしょう。昔に比べたらずっと減ってはいますが、それでも欧米などに比べますと、遥_{はる}かに恵まれた状態にあることを見出します。それ故にこの事実を活かし育てることこそ、国民の賢明な道ではないでしょうか。

第3節　手仕事の日本　303

第三には地方的な郷土の存在が、今の日本にとってどんなに大きな役割を演じているかを明かにするでありましょう。それらの土地の多くはただに品物に特色ある性質を与えているのみならず、美しくまた健康な性質をも約束しているのであります。私たちはそれらのものを如何に悦びを以て語り合ってよいでありましょう。

　吾々はもっと日本を見直さねばなりません。それも具体的な形のあるものを通して、日本の姿を見守らねばなりません。そうしてこのことはやがて吾々に正しい自信を呼び醒まさせてくれるでありましょう。ただ一つここで注意したいのは、吾々が固有のものを尊ぶということは、他の国のものを謗るとか侮るとかいう意味が伴ってはなりません。もし桜が梅を謗ったら愚かだと誰からもいわれるでしょう。国々はお互に固有のものを尊び合わねばなりません。それに興味深いことには、真に国民的な郷土的な性質を持つものは、お互に形こそ違え、その内側には一つに触れ合うもののあるのを感じます、この意味で真に民族的なものは、お互に近い兄弟だともいえるでありましょう。世界は一つに結ばれているものだということを、かえって固有のものから学びます。

（『手仕事の日本』岩波文庫、1985、pp.239-240）

民藝運動

　「民藝」という言葉は、柳宗悦、濱田庄司（註2）、河井寬次郎（註3）が、紀州（和歌山県、三重県南部）調査旅行中に「民衆的工芸」という意味を込めた新語として創ったとされる。それは、『日本民藝美術館設立趣意書』が宣言される前年のことである。「民藝運動」は、1926（大正15）年の『日本民藝美術館設立趣意書』にはじまる。少し長くなるが、下にその趣旨文全文を示している。ここで柳らは「民藝」の何たるかを明解に伝えている。

日本民藝美術館設立趣意書
趣旨

　時充ちて、志を同じくする者集り、茲に「日本民藝美術館」の設立を計る。

　自然から産みなされた健康な素朴な活々した美を求めるなら、民藝 Folk Art の世界に来ねばならぬ。私達は長らく美の本流がそこを貫いてゐるのを見守つて来た。併し不思議にも此世界は余りに日常の生活に交る為、却て普通なもの貧しいものとして、顧みを受けないでゐる。誰も今日迄その美を歴史に刻もうとは試みない。私達は埋もれたそれ等のものに対する私達の盡きない情愛を記念する為に

304　第6章　工芸の鑑賞

茲に此美術館を建設する。

　必然蒐集せられる作は、主として工藝 Craft の領域に属する。それは親しく人の手によつて作られ、実生活の用具となつたものを指すのである。わけても民衆に用いられた日常の雑具である。それ故恐らく誰の目にも触れてゐる品々である。併し今日迄その驚くべき価値を反省した人は殆んどない。人々はかゝるものに如何なる美があるかをさへ訝るであらう。併し此美術館の成就に於て、凡ての危惧は一掃せられるにちがひない。それは新しき美の世界の示現として、予期し得ない驚きを賜るであらう。

　私達の選択は全く美を目標とする。私達が解して最も自然な健全な、それ故最も生命に充ちると信じるものゝみを蒐集する。私達はかゝる世界に美の本質がある事を疑はない。従つて此美術館は雑多なる作品の聚集ではなく、新しき美の標的の具体的提示である。

　私達はかゝる美が、寧ろ美術品と見做されてゐるものに少なく、却て雑具として考へられる所謂「下手（げて）」のものに多いのを看逃す事が出来ない。もとより美は至る処の世界に潜む。併し概して「上手（じょうて）」のものは繊弱に流れ、技巧に陥り、病疫に悩む。之に反し名無き工人によつて作られた下手のものに醜いものは甚だ少ない。そこには殆ど作為の傷がない。自然であり無心であり、健康であり自由である。私達は必然私達の愛と驚きとを「下手もの」に見出さないわけにはゆかぬ。

　のみならずそこにこそ純日本の世界がある。外来の手法に陥らず他国の模倣に終らず、凡ての美を故国の自然と血とから汲んで、民族の存在を鮮やかに示した。恐らく美の世界に於て、日本が独創的日本たる事を最も著しく示してゐるのは、此「下手もの」の領域に於てゞあらう。私達は此美術館を日本に残す事に栄誉を感じないわけにはゆかぬ。

　幸ひにも私達はそれ等の美を認識し得る時代に達した。又それ等の美を要求する時代に活きる。彼等は愛せられる為に、長い間私達を待つてゐた様にさへ考へられる。若し私達が今それ等のものを集めずば、凡てのものは注意される事なく失はれて行くであらう。何故ならそれは今日迄一般からも鑑賞家からも歴史家からも、省みを受けていないからである。同時に価値なく考へられてゐる為、今尚巷間に散在し、その市価はまだ極めて低廉である。而も日常の用具であつたから、数に於ても乏しくはない。私達は今此絶好の機会を捕へて、それ等のものを蒐集しようとするのである。

　民藝の美には自然の美が活き国民の生命が映る。而も工藝の美は親しさの美であり潤ひの美である。凡てが作為に傷つき病弱に流れ情愛が涸死して来た今日、

第 3 節　手仕事の日本　305

吾々は再び是等の正しい美を味ふ事に、感激を覚えないであらうか。美が自然から発する時、美が民衆に交る時、そうしてそれが日常の友となる時、それを正しい時代であると誰か云ひ得ないであろう。私達は過去に於てそれらがあつた事を示し、未来に於てもあり得べき事を示す為に、此「日本民藝美術館」の仕事を出発させる。

大正十五年四月一日

富本　憲吉

河井寛次郎

濱田　庄司

柳　　宗悦

（『柳宗悦全集』第十六巻、筑摩書房、1981、pp.5-7）

　柳宗悦が「下手物」に眼を開き「民藝」を唱え、この趣意書を濱田らと構想するまでには、学習院高等学科在学中の『白樺』創刊（註4）への参加、イギリスのスリップウェア（註5）や朝鮮陶磁器（註6）、木喰仏（註7）との出会いなど、いくつもの要素が重なっている。中でも、趣意書に名を連ねる濱田庄司、河井寛次郎、富本憲吉（註8）やバーナード・リーチ（註9）など作家たちの交流が、単なる理念としての「民藝」ではない行動し創造する運動となったと言える。やがて芹沢銈介や棟方志功（註10）なども加わるとともに、1934（昭和9）年には「日本民藝協会」が設立され、柳は初代会長となっている。そして、1936年には念願の「日本民藝館」が現東京都目黒区駒場に開館し、柳らの「手仕事」の調査研究、「民藝品」の収集は勢いを増すことになる。『手仕事の日本』に記された全国の「民藝品」のほとんどは、現在も「日本民藝館」に所蔵されている。

　柳が「民藝品」として説く物の特性は「実用性」「無銘性」「複数性」「廉価性」「労働性」「地方性」「分業性」「伝統性」「他力性」を持つものであり、そこには「無心の美」「自然の美」「健康の美」の「民藝美」があるとする。中でも、激しい労働と熟練した技術をともなう「労働性」、地域の暮らしに根ざした独自の色や形などを指す「地方性」、多量な製造のための複数の職人による共同作業を意味する「分業性」、先人たちの技や知識の積み重ねによって守られている「伝統性」、個人の技量よりも、風土や自然、伝統など、目に見えない力によって支えられている「他力性」などは、柳の思想を理解

する上で、また「民藝品」の鑑賞においても重要である。

民藝の鑑賞

　戦後の昭和期における中学校美術科教科書、高等学校芸術科美術及び工芸の教科書を見ると、「民藝運動」に参加した作家の作品が数多く掲載されている。特に陶芸の濱田、河井、富本、染の芹沢などは定番の作家である。それに加えて柳が収集した日本民藝館所蔵作品も頻繁に掲載されている。その理由の1つは、美術科及び芸術科として教科が再編されていく時期である昭和20年代後半から30年代にかけては、「民藝運動」が活発に展開した時代であったことが考えられる。柳にとっては晩年にあたるが、数々の著作を発表するとともに、「民藝」が一般用語「民芸」となって、広く社会に浸透した時代である。教科書の編集を担当した美術工芸教育研究者や教師たちもまた、日本の美の典型として「民藝」を理解したのである。特に、市井の人々の暮らしとともにある「民藝」は、高みにある芸術とは違った教育的価値を提示できる要素を持っていた。

　もう1つの理由として、表現の学習の参考となりやすいという「民藝」の特質がある。これは美術における印象派と同様の理由である。すなわち中学生や高校生が絵を描く題材に向かうときの参考作品として、ルネサンスの緻密な写実のための高度な技術が用いられた作品を示しても、中高生が直接制作に生かせる要素は少ない。しかし、印象派の絵画は光と影について、構図について、筆のタッチについてなど、すぐに生徒が制作に反映できる要素をわかりやすく取り上げることができる。そして、結果的に泰西名画と称される印象派、後期印象派などの作品が教科書のかなりのページを占めることになったのである。これと同じことが、工芸の表現における「民藝」の扱いにおいても生じていたのである。

　工芸の題材として中学校及び高等学校で普及しているのは陶芸である。しかし、限られた授業時間の中では、中心的な授業課題は「成形」の部分であり、しかも多くは「手びねり」や「ひもづくり」「板づくり」によるものである。それに「素焼き」の後、「下絵つけ」をし、簡単に「施釉」をして終了する。焼成は教師が行うか、専門の業者に依頼することになる。このような「成形」「施釉」のみを体験する陶器の学習において、有田焼のような均整のとれた形と精緻な模様が施された磁器を参考として示してもあまり意味がない。それに比して、「民藝」の作家たちの作品及び「民藝品」は、はじ

めて陶土を触る生徒にとっても、作陶の経験の乏しい大人にとっても示唆の多い教材となると考えられた。その結果として、本物とは似て非なる「民藝」風の陶芸作品が数多く制作され、「民藝」の作家たちの作品が教科書のページを占めるようになったのである。

　柳が「下手物」と評した「民藝品」は、素人の手によるものとの類似性により曲解される可能性もある。「民藝」を鑑賞するとは、柳宗悦らが見出した「無心の美」「自然の美」「健康の美」を基にして「民藝品」のよさを味わうことであっても、その造形を真似て「民藝」様式をつくり出すことではない。日本の美術のよさや美しさを鑑賞する1つの視点として「民藝」があることを理解する必要がある。

註1　芹沢銈介（1895-1984）は、沖縄の紅型との出会いから、染色家の道を志している。図案、型彫り、染めまでを一貫して行う「型絵染」の技法による明るい色調と明快な文様を特徴とする作品を生み出した。柳宗悦の依頼により1931（昭和6）年創刊の雑誌『工藝』の装幀を担当し、民藝運動に本格的に参加するようになる。

註2　濱田庄司（1894-1978）は、東京高等工業学校窯業科から京都市立陶磁器試験場に入所している。ここで河井寛次郎やバーナード・リーチ（註9参照）と出会い、イギリスで陶芸家としての活動をはじめている。1924（大正13）年に益子に移住し拠点とした。そして、柳宗悦や河井寛次郎らとともに民芸運動創始の1人となり、工芸界に大きな影響を与えた。

註3　河井寛次郎（1890-1966）は、東京高等工業学校窯業科で濱田庄司と交友し、卒業後は京都市立陶磁器試験場に技師として入所している。やがて濱田を介して柳宗悦と親交を結び、1926年には『日本民藝美術館設立趣意書』の起草に参加し、民藝運動の推進者として活躍した。

註4　文芸・美術雑誌である『白樺』は、1910（明治43）年4月に創刊され、1923（大正12）年8月に廃刊となっている。その中心は武者小路実篤（1885-1976）、志賀直哉（1883-1971）、木下利玄（1886-1925）、正親町公和（おおぎまち　きんかず、1881-1960）、有島武郎（1878-1923）らで、学習院関係者が多かった。柳宗悦は同誌において、宗教や哲学の論文を発表したり、西欧近代美術の紹介などを行ったりしている。

註5　スリップウェア（Slipware）は、ヨーロッパを中心に各地でつくられた化粧がけの技法を用いた陶器である。素地に泥漿釉（スリップ）をかけ装飾を施す。起源はローマ時代までさかのぼるが、17世紀以降、特にドイツやイギリスで盛んにつくられた。

註6　柳宗悦と朝鮮陶磁器の出会いは、1914（大正3）年に『白樺』の読者であり彫刻家を目指していた浅川伯教（あさかわ のりたか、1884-1964）が持参した《染付秋草文面取壺》にはじまる。その美しさに魅了された柳は朝鮮を訪問し、陶磁器以外にも絵画や彫刻、建築などの造形美に触れ、朝鮮を深く敬愛するようになる。

註7　木喰仏は、諸国巡礼に出た木喰上人（1718-1810）が60歳を過ぎたころからつくり出した仏像で、「微笑仏（みしょうぶつ）」と呼ばれる優しく微笑んだ顔に特徴がある。柳宗悦は1924（大正13）年に偶然、甲府の旧家で木喰物と出会い、その後約3年にわたり調査を行っている。

註8　富本憲吉（1886-1963）は、東京美術学校図案科在学中、イギリスに留学している。後に、来日したバーナード・リーチ（註9参照）と交友を結び、その影響を受けて独学で作陶をはじめた。国画会工芸部を中心に活動し、色絵磁器に取り組んでいる。帝国美術院会員や東京美術学校教授を務めたが、戦後はそれらの職を辞し、京都で制作を行った。「模様から模様を造るべからず」を信条として、独創的な意匠と造形を追求した。

註9　バーナード・リーチ（英、1887-1979）は、香港で生まれ幼少期を日本で過ごしている。帰国後、ロンドン美術学校で学び、1909（明治42）年に再来日している。柳宗悦ら白樺派の人々と親交を結ぶとともに、6代目尾形乾山に入門し、千葉県我孫子の柳邸内をはじめとして、日本各地で作陶を行ったが、1920（大正9）年濱田庄司を伴って帰国した。イギリス、コーンウォール州セント・アイヴスに日本風の登窯を築き拠点とした。

註10　棟方志功（1903-1975）は、最初、洋画家を志すも友人の影響もあり木版画に転向している。柳宗悦や濱田庄司、河井寛次郎ら民藝運動家との出会いから、その制作は大きく変化し、宗教的主題による木版画の傑作を生み出していく。やがて、絵と文字を造形的に統合した「板画」を確立する。

第4節　文化財保護法と伝産法

文化と経済

　工芸が多様な性格を持つことはここまで度々論じてきたが、中でも文化財としての性格と産業としての性格は法的な位置づけがなされている。その法律が、「文化財保護法」と「伝統的工芸品産業の振興に関する法律（伝産法）」である。

　「文化財保護法」の所管は文部科学省及び文化庁であり、「伝産法」は経済産業省となっている。工芸家もしくは工芸技術者を育成する教育においては、この2つの法律は直接的に関わってくるが、普通教育においては工芸の法的定義はあまり意識されない。しかし、鑑賞の対象として教科書等に掲載される作品を見てみると、相当数の作品はこれらの法的定義下にある。それはまた、工芸も社会的存在として経済的価値を有するものであることを意味している。工芸のみならず芸術教育全体において文化の継承と発展は、重要な教育内容の1つであるが、そこには経済活動としての要素が存在することも無視できない。

　本書「第2章、第1節」において、「雑貨」という工芸の現代的側面を提示した。そこで示したように安価であることが工芸の価値を普及させていく条件の1つであることは間違いないが、安価であることは反面、安易な製造を促進させてしまう。このことは、歴史を振り返っても明らかである。1人の工芸家が一生をかけて到達できる技能は、その土台に先人たちの工夫や研究の蓄積がある。そこから生まれる精緻な技術が伝えられ、発展していくためには、ほどほどの技術でつくり出される安価な工芸、すなわち「雑貨」で担うことはできない。当然のことながら、精選された素材、精緻な技術、伝統に支えられた高度な技能、優れた造形感覚、洗練された美意識によって、長い時間を経てつくり出される工芸品は高い経済的価値を有することになる。

　現代美術社（註1）が1981（昭和56）年に発行した文部省検定済中学校美術科教科書『少年の美術2』には、次のような「つくり手と使い手の願い」と題する秋岡芳夫（工業デザイナー、1920-1997）の言葉（抜粋）を掲載している。

310　第6章　工芸の鑑賞

1年使ったら駄目になる1コ360円のお椀と
10年使っても飽きない3,600円のお椀は
どっちも1日の使用料はおんなじ1円だ！
どっちも1日の使用料が1円なら
いい椀を使おう
〈使いすて〉同然の安手のものを
買うのは止めよう！
10倍〈いいもの〉を10倍長く使おう！

（『少年の美術2』p.35）

　この教科書が刊行された当時、中学校の美術教師であった筆者は、ここから「ものの質」の問題を生徒たちに考えさせようとしたが、うまくいかなかった記憶がある。また、この文章が教科書にあること自体を問題視する美術教育関係者もあった。今も芸術や美術を、経済の価値観で評価することに抵抗感を持つ人は多い。しかし、この短文によって工芸の経済的側面を理解させることは難しいとしても、文化の発展と経済との関係について考えることは、単なる消費者ではなく文化の主体者として育つべき中高生が学ぶ視点として、今後ますます重要となる。
　本節で取り上げる「文化財保護法」と「伝統的工芸品産業の振興に関する法律」については、工芸を文化振興と経済的振興の2つの側面から、社会機能として定めたものとして理解する必要がある。

文化財保護法
　文化財の保存と活用、支援を目的とする「文化財保護法」は、1950（昭和25）年に制定された。その「第一章 総則、第一条」には「この法律は、文化財を保存し、且つ、その活用を図り、もつて国民の文化的向上に資するとともに、世界文化の進歩に貢献することを目的とする。」と記されている。
　そもそもこの法律は、1949年の法隆寺金堂壁画焼失、焼損（註2）を機に文化財保護を目的とする総合的な法律として成立したものである。この中で文化財は「有形文化財」「無形文化財」「民俗文化財」「記念物」「文化的景観」「伝統的建造物群」の6種類に分類されている。これに該当するものを文化財とし、文部科学大臣は文化審議会の答申を受け、重要なものを指定、認定、選定、登録、選択し、保護することができる。この内、工芸がその対象とな

る「有形文化財」と「無形文化財」について、「文化財保護法、第一章 総則、第二条（文化財の定義）、第一号及び第二号」では、次のように規定している。

一　建造物、絵画、彫刻、工芸品、書跡、典籍、古文書その他の有形の文化的所産で我が国にとつて歴史上又は芸術上価値の高いもの（これらのものと一体をなしてその価値を形成している土地その他の物件を含む。）並びに考古資料及びその他の学術上価値の高い歴史資料（以下「有形文化財」という。）
二　演劇、音楽、工芸技術その他の無形の文化的所産で我が国にとつて歴史上又は芸術上価値の高いもの（以下「無形文化財」という。）

　すなわち、歴史上、芸術上価値の高い工芸品そのものについては、「有形文化財」として指定されるが、工芸技術については、「無形文化財」の中に位置づけられている。そして、歴史上、芸術上価値の高い工芸技術が「重要無形文化財」として指定され、これを保持する個人や集団が「重要無形文化財保持者」として認定されることになる。これが一般的に用いられている「人間国宝」である。
　また、「重要無形文化財保持者」の認定については、「各個認定」、「総合認定」、「保持団体認定」の方式があり、「各個認定」は「重要無形文化財に指定される芸能を高度に体現できる者または工芸技術を高度に体得している者」、「総合認定」は「2人以上の者が一体となって芸能を高度に体現している場合や2人以上の者が共通の特色を有する工芸技術を高度に体得している場合において、これらの者が構成している団体の構成員」、「保持団体認定」は「芸能または工芸技術の性格上個人的特色が薄く、かつ、当該芸能または工芸技術を保持する者が多数いる場合において、これらの者が主たる構成員となっている団体」となっている。
　具体的な事例をあげると、佐賀県の有田焼（註3）、柿右衛門窯は「柿右衛門窯（濁手）」の名称で1971（昭和46）年に「柿右衛門製陶技術保存会」として「重要無形文化財保持団体」の認定を受けている。1982（昭和57）年には酒井田正（陶芸家、1934-2013）が第十四代酒井田柿右衛門襲名と同時に、同保存会の代表となっているが、その第十四代酒井田柿右衛門本人は2001（平成13）年に、「重要無形文化財保持者」として「各個認定」を受け、いわゆる人間国宝となっている。なお、「濁手」とは柿右衛門窯に代々伝わる温かみのある乳白色の素地で、柿右衛門様式の色絵と最もよく調和するとされ、

それが重要無形文化財指定の理由の1つである。

　2016（平成28）年9月現在、工芸技術における「重要無形文化財保持者」は「各個認定」が58人（重複認定が1人あるため実数は57人）、「保持団体認定」は下記に示す14件となっている。なお、市町村名は主要製造地域である。

1. 柿右衛門（濁手）　佐賀県西松浦郡有田町
2. 色鍋島　佐賀県西松浦郡有田町
3. 小鹿田焼　大分県日田市
4. 小千谷縮・越後上布　新潟県小千谷市、南魚沼市
5. 結城紬　茨城県結城市、結城郡八千代町、栃木県小山市、下野市
6. 久留米絣　福岡県久留米市、筑後市、八女市、八女郡広川町、三潴郡大木町
7. 喜如嘉の芭蕉布　沖縄県国頭郡大宜味村
8. 宮古上布　沖縄県宮古島市
9. 久米島紬　沖縄県島尻郡久米島町
10. 伊勢型紙　三重県鈴鹿市
11. 輪島塗　石川県輪島市
12. 石州半紙　島根県浜田市
13. 本美濃紙　岐阜県美濃市
14. 細川紙　埼玉県比企郡小川町、秩父郡東秩父村

　「重要無形文化財」の指定を受ける工芸技術は、材料の精選から加工、制作のための熟練技術などが保存、伝承され、わが国の文化に大きな影響を与えてきたこと、すなわち歴史的価値が高いことが重要な要件であるが、同時に、芸術性としての価値の高さも審議されることになる。

　工芸における芸術的表現や創造性は、工芸技術の創意工夫と発展なしにはあり得ない。特に、「各個認定」による「無形文化財保持者」には、伝統的工芸技術の継承とともにその発展としての独自性

《濁手花瓶》第十四代酒井田柿右衛門

第4節　文化財保護法と伝産法　313

も求められることになる。そのような工芸作家が自らの制作、研究の研鑽を発表し、工芸の発展と文化の向上を目指す場としての各種団体が存在する。一般的に公募展と呼ばれるものであるが、その中でも歴史的に古く、「無形文化財保持者」が多数所属するのが「公益財団法人日本工芸会」である。現在、「日本工芸会」には「陶芸」「染色」「漆芸」「金工」「木竹工」「人形」「諸工芸」の7分野があり、同会が主催する「日本伝統工芸展」は、多くの社会的関心を集めるものとなっている。

伝統的工芸品産業の振興に関する法律

　本書の第1章では、人間が人間として生きはじめた最初から工芸は存在し、そしてそれらはやがて多方面に展開し、発展し、洗練され、文化を形成していったとした。そして、工芸はさまざまな形で人々の暮らしを支え、わが国の文化を構成するとともに、経済活動としての役割も担うに至っている。中でも伝統工芸の特色はそれぞれの熟達した技術が何世代もの職人によって伝えられ、洗練されてきたことと、それぞれの地域の風土と強く結びついている点にある。その結びつきは、材料の調達や気候風土の特性による技法など制作に直接かかわる場合や、その風土での暮らしに必要な生活の道具を制作するという必要性などがある。また、それらは産業としての流通性や経済的価値がなければ、長い年月をかけて何世代にもわたって伝えられることはなかったのである。

　しかし、昭和のはじめ頃から社会や産業構造の変化に伴い、多くの伝統工芸が経済的に成立しにくい状況となり、後継者不足も相まって、伝統が途絶えるのではとの危機感が生じてきた。そのような状況を鑑み、1974（昭和49）年には「伝統的工芸品産業の振興に関する法律」が制定された。

　略して「伝産法」と呼ばれるこの法律の第一条（目的）には、以下のように示されている。

（目的）
第一条　この法律は、一定の地域で主として伝統的な技術又は技法等を用いて製造される伝統的工芸品が、民衆の生活の中ではぐくまれ受け継がれてきたこと及び将来もそれが存在し続ける基盤があることにかんがみ、このような伝統的工芸品の産業の振興を図り、もつて国民の生活に豊かさと潤いを与えるとともに地域経済の発展に寄与し、国民経済の健全な発展に資することを目的とする。

この法律により伝統的工芸品としての指定を受けたものに対して、国や自治体が適正な保護育成のための支援を行うことを定めている。また、その第二条（伝統的工芸品の指定等）には、伝統的工芸品の要件として次の5項目を掲げている。

（伝統的工芸品の指定等）
第二条　経済産業大臣は、産業構造審議会の意見を聴いて、工芸品であつて次の各号に掲げる要件に該当するものを伝統的工芸品として指定するものとする。
一　主として日常生活の用に供されるものであること。
二　その製造過程の主要部分が手工業的であること。
三　伝統的な技術又は技法により製造されるものであること。
四　伝統的に使用されてきた原材料が主たる原材料として用いられ、製造されるものであること。
五　一定の地域において少なくない数の者がその製造を行い、又はその製造に従事しているものであること。

伝統的工芸品

　「伝産法」に基づき、経済産業省は次の5項目の要件をすべて満たし、経済産業大臣が指定したものが「伝統的工芸品」であるとしている。

「伝統的工芸品」とは、次の要件を全て満たし、伝統的工芸品産業の振興に関する法律（昭和49年法律第57号、以下「伝産法」という。）に基づく経済産業大臣の指定を受けた工芸品のことをいいます。
1. 主として日常生活で使用する工芸品であること。
2. 製造工程のうち、製品の持ち味に大きな影響を与える部分は、手作業が中心であること。
3. 100年以上の歴史を有し、今日まで継続している伝統的な技術・技法により製造されるものであること。
4. 主たる原材料が原則として100年以上継続的に使用されていること。
5. 一定の地域で当該工芸品を製造する事業者がある程

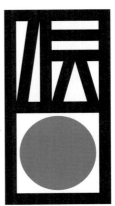

伝統的工芸品シンボル
「伝統マーク」
（デザイン：亀倉雄策）

第4節　文化財保護法と伝産法　　315

度の規模を保ち、地域産業として成立していること。

（経済産業省ウェブサイト「日用品・伝統的工芸品」、2016年12月現在
http://www.meti.go.jp/policy/mono_info_service/mono/nichiyo-densan/）

　2015（平成27）年6月現在、伝統的工芸品は全国に222品目があり、伝統的工芸品産業の振興を目的とする「一般財団法人伝統的工芸品産業振興協会」が設立されている。そしてここでは、要件に合致し指定を受けたものに対して、一般的用語としての「伝統工芸品」ではなく、「伝統的工芸品」という名称を用いている。以下に示すのは、222品目の伝統的工芸品を業種ごとに分けた一覧である。

伝統的工芸品指定品目一覧・業種別

織物

1. 二風谷アットゥシ　2. 置賜紬　3. 羽越しな布　4. 結城紬　5. 伊勢崎絣　6. 桐生織　7. 秩父銘仙　8. 村山大島紬　9. 本場黄八丈　10. 多摩織　11. 塩沢紬　12. 小千谷縮　13. 小千谷紬　14. 本塩沢　15. 十日町絣　16. 十日町明石ちぢみ　17. 信州紬　18. 牛首紬　19. 近江上布　20. 西陣織　21. 弓浜絣　22. 阿波正藍しじら織　23. 博多織　24. 久留米絣　25. 本場大島紬　26. 久米島紬　27. 宮古上布　28. 読谷山花織　29. 読谷山ミンサー　30. 琉球絣　31. 首里織　32. 与那国織　33. 喜如嘉の芭蕉布　34. 八重山ミンサー　35. 八重山上布　36. 知花花織

染色品

1. 東京染小紋　2. 東京手描友禅　3. 加賀友禅　4. 有松・鳴海絞　5. 名古屋友禅　6. 名古屋黒紋付染　7. 京鹿の子絞　8. 京友禅　9. 京小紋　10. 京黒紋付染　11. 琉球びんがた

その他の繊維製品

1. 加賀繍　2. 伊賀くみひも　3. 京繍　4. 京くみひも

陶磁器

1. 大堀相馬焼　2. 会津本郷焼　3. 笠間焼　4. 益子焼　5. 九谷焼　6. 美濃焼　7. 常滑焼　8. 赤津焼　9. 瀬戸染付焼　10. 四日市萬古焼　11. 伊賀焼　12. 越前焼

13. 信楽焼　14. 京焼・清水焼　15. 丹波立杭焼　16. 出石焼　17. 石見焼　18. 備前焼　19. 萩焼　20. 大谷焼　21. 砥部焼　22. 小石原焼　23. 上野焼　24. 伊万里・有田焼　25. 唐津焼　26. 三川内焼　27. 波佐見焼　28. 小代焼　29. 天草陶磁器　30. 薩摩焼　31. 壺屋焼

漆器

1. 津軽塗　2. 秀衡塗　3. 浄法寺塗　4. 鳴子漆器　5. 川連漆器　6. 会津塗　7. 鎌倉彫　8. 小田原漆器　9. 村上木彫堆朱　10. 新潟漆器　11. 木曽漆器　12. 高岡漆器　13. 輪島塗　14. 山中漆器　15. 金沢漆器　16. 飛騨春慶　17. 越前漆器　18. 若狭塗　19 京漆器　20. 紀州漆器　21. 大内塗　22 香川漆器　23. 琉球漆器

木工品・竹工品

1. 二風谷イタ　2. 岩谷堂箪笥　3. 仙台箪笥　4. 樺細工　5. 大館曲げわっぱ　6. 秋田杉桶樽　7. 奥会津編み組細工　8. 春日部桐箪笥　9. 江戸和竿　10. 江戸指物　11. 箱根寄木細工　12. 加茂桐箪笥　13. 松本家具　14. 南木曽ろくろ細工　15. 駿河竹千筋細工　16. 井波彫刻　17. 一位一刀彫　18. 名古屋桐箪笥　19. 越前箪笥　20. 京指物　21. 大阪欄間　22. 大阪唐木指物　23. 大阪泉州桐箪笥　24. 大阪金剛簾　25. 豊岡杞柳細工　26. 高山茶筌　27. 紀州箪笥　28. 紀州へら竿　29. 勝山竹細工　30. 宮島細工　31. 別府竹細工　32. 都城大弓

金工品

1. 南部鉄器　2. 山形鋳物　3. 東京銀器　4. 東京アンチモニー工芸品　5. 燕鎚起銅器　6. 越後与板打刃物　7. 越後三条打刃物　8. 信州打刃物　9. 高岡銅器　10. 越前打刃物　11. 堺打刃物　12. 大阪浪華錫器　13. 播州三木打刃物　14. 土佐打刃物　15. 肥後象がん

仏壇・仏具

1. 山形仏壇　2. 新潟・白根仏壇　3. 長岡仏壇　4. 三条仏壇　5. 飯山仏壇　6. 金沢仏壇　7. 七尾仏壇　8. 名古屋仏壇　9. 三河仏壇　10. 彦根仏壇　11. 京仏壇　12. 京仏具　13. 大阪仏壇　14. 広島仏壇　15. 八女福島仏壇　16. 川辺仏壇

和紙

1. 内山紙　2. 越中和紙　3. 美濃和紙　4. 越前和紙　5. 因州和紙　6. 石州和紙

7. 阿波和紙　8. 大洲和紙　9. 土佐和紙

文具

1. 雄勝硯　2. 豊橋筆　3. 鈴鹿墨　4. 播州そろばん　5. 奈良筆　6. 雲州そろばん
7. 熊野筆　8. 川尻筆　9. 赤間硯

石工品

1. 真壁石燈籠　2. 岡崎石工品　3. 京石工芸品　4. 出雲石燈ろう

貴石細工

1. 甲州水晶貴石細工　2. 若狭めのう細工

人形・こけし

1. 宮城伝統こけし　2. 江戸木目込人形　3. 岩槻人形　4. 江戸節句人形　5. 駿河雛
具　6. 駿河雛人形　7. 京人形　8. 博多人形

その他の工芸品

1. 天童将棋駒　2. 房州うちわ　3. 江戸からかみ　4. 江戸切子　5. 江戸木版
画　6. 江戸硝子　7. 江戸べっ甲　8. 甲州印伝　9. 甲州手彫印章　10. 岐阜提灯
11. 尾張七宝　12. 京扇子　13. 京うちわ　14. 京表具　15. 播州毛鉤　16. 福山琴
17. 丸亀うちわ　18. 八女提灯　19. 山鹿灯籠

工芸材料・工芸用具

1. 庄川挽物木地　2. 金沢箔　3. 伊勢形紙

　また、「一般財団法人伝統的工芸品産業振興協会」が実施する認定試験制度として「伝統工芸士」の認定事業がある。これは、後継者不足等により低迷している伝統的工芸品産業の拡大を目的として、1974（昭和49）年から実施されている。2016（平成28）年2月現在、現役の伝統工芸士は全国で4,182名登録されているが、その受験資格としては、伝統的工芸品の製造に従事し、12年以上の実務経験があり、原則として産地内に居住していることが条件となる。また、産地組合によっては、20年以上の実務経験を課すなど、その組合独自の規定を設けているところもある。

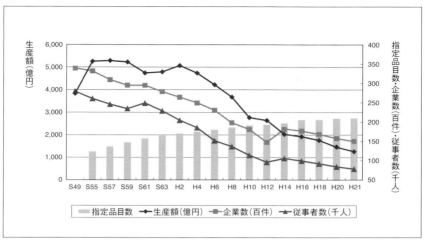

伝統的工芸品産業の生産額等の推移

　しかし、産業振興という視点からは伝統的工芸品産業は減少傾向にある。上のグラフは、経済産業省製造産業局伝統的工芸品産業室が2011（平成23）年2月にまとめた「伝統的工芸品産業をめぐる現状と今後の振興施策について」と題する資料に掲載されたものである。伝統的工芸品の指定数は微増しているが、その全体の生産額や関係企業数、従業員数は減少を続けている。

　前節「手仕事の日本」でも述べたように、伝統工芸は一度消滅してしまうと復活することは難しい。「手仕事」によって文化を育み、継承してきたわが国にとって、現在の状況は、将来的に文化の壊滅的な崩壊をもたらすことになるのではないだろうか。また、手を使い身体性をベースにした思考の重要性を顧みることなく、バーチャルな学びの中で育つ若い人たちが、誰かが巧みにつくり上げた娯楽としての文化の消費者となり得ても、はたして芸術文化の主体者としての意識を持ち得るのか疑問に思うのである。

　伝統的工芸品産業会へのテコ入れや、優れた工芸家、デザイナー、クリエイターの養成も重要であるが、それ以上に急務なのは、高い見識と造形感覚、そして美意識を持った一般の人々の育成である。

註1　現代美術社は、現在は存在しない出版社。1977（昭和52）年から1992（平成4）年にかけて、小学校図画工作科教科書『子どもの美術』、中学校美術科教科書『少年の美術』、高等学校芸術科美術教科書『美術・その精神と表現』、『美術 自然から学ぶ』などを出版した。それまでの教科書は作品のカタログに過ぎないとして、美術を学ぶ意味を問いかける優れた文章などを掲載し、注目を集めた。また、佐藤忠良（彫刻家、1912-2011）が支援したことでも知られる。

註2　法隆寺金堂内の壁画は、外陣土壁の阿弥陀浄土図を中心とする12面、内陣小壁の飛天20面、外陣小壁の山中羅漢図18面である。この内、1949（昭和24）年1月26日早朝の火災によって、外陣土壁壁画と外陣小壁壁画が焼失及び焼損した。内陣小壁の飛天20面は別の場所に保管されていたため無事であった。
　　　現在の法隆寺金堂壁画は、後に模写されたものである。焼けた壁画は、法隆寺内の収蔵庫に、焼け焦げた柱などとともに保管されている。
　　　この火災を契機に、1月26日は「文化財防火デー」となっている。

註3　豊臣秀吉の朝鮮出兵（文禄・慶長の役）から引き上げる際に、肥前藩主鍋島直茂に同行して来日した朝鮮人陶工・李参平（リ サンペイ、生年不詳 -1655）が、有田の泉山に白磁鉱を発見し、1616（元和2）年に天狗谷窯を開き日本初の白磁を焼いたと言われ、有田焼の陶祖とされる。海外では有田よりも伊万里の名前が知られるが、これは有田焼の積出港が伊万里であったことによる。

320　第6章　工芸の鑑賞

おわりに

　最後に、工芸について考えるとき自分の中で未だに整理がつかず、本書では触れることのできなかったいくつかの現実的な課題について示すことで、本書のまとめの代わりとしたい。

「機能美」と「用の美」

　「アシモ」や「アイボ」などのように生きものらしく動くロボットの開発は、わが国の得意分野の1つであり、それを実現しているロボット工学が将来において、人類により大きな利益をもたらす可能性も高い。しかし、造形の視点から見た場合、ロボットが生きものらしく動くことをどのように評価すべきかは難しい問題である。

　現在の人間型ロボットの機能は、人間の動きを完全には再現できていない。そのためか、接する度に高度な技術であると感心はするが、まだまだここまでかとの思いも同時に持ってしまう。不自然さや違和感がつきまとい、その動きを生み出しているフォルムに造形の美を見出すことは難しい。一方、以前自動車製造工場のラインで見た各種の産業ロボットは違っていた。その優れた機能を生み出すためのフォルムは、人間とは似ても似つかない姿であり、なおかつそこには巧まざる美の要素を見て取ることができた。

　確かに人間型ロボットと産業ロボットとでは、その設計思想が全く異なっている。産業ロボットはロボットティーチングと呼ばれるあらかじめ設定されたプログラムを正確に実行するための機械であり、人とのコミュニケーションを前提に人間らしさの再現を目指している人間型ロボットと同列に置くことはできない。しかし、産業ロボットの無駄のない動きを生み出す機能を有する造形には、人を引きつける美が存在するようである。つまり、人に受け入れられるための可愛らしさを持つ人間型ロボットや動物型ロボットに対して、感情の入り込む余地がない程高度に洗練された機能を持つ産業ロボットに、現代における「機能美」の典型を見る思いがするのである。

　数年前に、黒楽の銘碗を手にする機会があった。ずしりと重い黒楽を手元において眺めたとき、その内にある空間の広がりは無限であり宇宙であった。今に伝わる数々の銘碗の美の根源は、やはり「大海を包むが如し」と評されるその内側の空間、すなわち茶をたてて飲むという用を生み出すための

おわりに　321

空間を有するフォルムにある。これを柳宗悦が言う「用の美」とするならば、前述の「機能美」と「用の美」の距離はかなり遠いような気がする。しかし、人は両方の美を知り、人の感性の中では「機能美」と「用の美」は共存し、いかほどの違和感もない。ともに美しく魅力的であるが、本書では「機能美」と「用の美」について論じることはしていない。

大いなる素人工芸愛好家

　私の出身地は磁器で有名な有田の近くである。工芸への興味関心はそこからはじまったと言える。地元に住む私の親は、2人揃って素人の陶磁器愛好家であった。その親と今右衛門窯や柿右衛門窯、香蘭社や深川製磁などの展示場を見て歩く中で、しばしば驚かされることがあった。私が展示品を見終わり特に感慨もなくいる後ろで、両親がケースに展示されている作品を見ながら盛んに感嘆の声を上げているのである。そんなによいものがあったとは思えないのだが、あらためて2人が褒めている作品を見ると、確かによい作品であった。素人である両親から指摘されてはじめて、その作品のよさや美しさに気づいたのである。

　工芸の教育を論じる者として、磁器についても多少の勉強や研究をしてきたつもりの自分が気づかないよさや美しさを、素人である両親が見出すという経験は一度や二度ではなかった。これを「目利き」という言葉で表すのは適当ではない。むしろ「目が肥えている」という言葉の方が相応しいだろう。両親は地の利を生かし、私よりもはるかに多くの有田を巡る機会を持ち、その度ごとに数多くの作品と出会ってきた。まさに、場数を踏んだ愛好者なのである。

　そうして培われた両親の価値判断の基準は明解なものだ。それは、自分の手元に置きたいかどうかである。この基準は、少しばかりの美学の知識や様式論などよりも、明白で非常に強い。学習指導要領が示す「工芸を愛好する心情を育てる。」などの目標では及びもつかない、大いなる素人工芸愛好家の実益も兼ねた鑑賞の術である。本書では、工芸の鑑賞は取り上げているが、目の肥えた素人愛好家の鑑賞についてまでは触れていない。しかし、そのような数多の素人工芸愛好家によって工芸が支えられていることは、工芸の現状や将来を考える上で無視できない現実である。

工業・工芸高等学校の行方

　本書「第2章、第2節」ではウィーン万国博覧会を取り上げ、この博覧会の政府随員として渡欧した納富介次郎（p.53参照）について触れている。しかし、納富が創設に尽力し校長を務めた石川県立工業高等学校（金沢市）、富山県立高岡工芸高等学校（高岡市）、香川県立高松工芸高等学校（高松市）、佐賀県立有田工業高等学校（西松浦郡有田町）については、取り上げることができていない。専門教育における工芸デザイン教育と普通教育における工芸教育を比較することで、それぞれの教育的意味をより明確化できると考えているが、本書では工業科、美術科における専門科目と一部の教科書の紹介程度に留まっている。

　石川県立工業高等学校は、1887（明治20）年に金沢区工業学校として創立され、専門画学部、美術工芸部、普通工芸部を設置している。富山県立高岡工芸高等学校は、1894（明治27）年に富山県工芸学校として創立され、木材彫刻、金属彫刻、鋳銅、髹漆（漆を塗ること）の4科が置かれた。香川県立高松工芸高等学校は、1898年に香川県工芸学校として創立され、木材彫刻科、漆器科、用器木工科、金属彫刻科、鋳造科、用器金工科が置かれた。佐賀県立有田工業高等学校は1900（明治33）年に佐賀県立工業学校有田分校として創立されているが、納富によって1903年に佐賀県立有田工業学校として、陶業科、陶画科、模型科、製品科、図案科が開設されている（参考資料：佐賀県立美術館＋高岡市美術館編『「明治期デザインの先駆者――納富介次郎と四つの工芸・工業学校展」図録』佐賀県立美術館＋高岡市美術館、2000）。

　4校はそれぞれに長い歴史を有し、工芸工業の分野に優れた人材を輩出してきた。しかし、産業構造が変化し入学する生徒の職業観も変わる中で、将来に向けて中等教育後期段階の工芸工業教育を展望する必要に迫られていることも事実である。

　その中で注目すべきは、石川県立工業高等学校では約21,000名、富山県立高岡工芸高等学校では約22,000名、香川県立高松工芸高等学校では約31,000名、佐賀県立有田工業高等学校では約14,000名に及ぶ卒業生たちの活躍である。卒業生たちは、それぞれの強固な同窓会組織としても、また個人としても、担当する職業領域を超えて地域の文化振興に大きな役割を果たしている。そして地域の人々にとっても、4校は単なる教育機関を超えて、自らの地域文化のシンボル的存在となっているのである。その背景には、石川の九谷焼、輪島塗、山中漆器、加賀友禅など、高岡の高岡銅器、井波彫刻、

おわりに　　323

高岡漆器など、高松の香川漆器、そして日本ではじめて磁器を生産した有田焼など、それぞれの土地の伝統工芸の存在がある。現在は工業高校として電気科や機械科などを設置していても、元は地域の伝統工芸に根差した工芸科を中心とする学校である。伝統工芸が地域文化を形成する核となり、それを学んだ若者が地域文化の活性化に活躍するという構図については、さらなる調査と研究が必要である。

暗黙知と形式知

　「暗黙知」とは、言葉で明確に表現することが難しい直観知、身体知、体得知などを意味し、技能的なものも含まれる。それに対して「形式知」とは、言葉や図などで明示的に表現できるもの及び記述できる知識を言う。また、領域によっては前者を「経験知」、後者を「情報知」もしくは「理論知」として説明する場合もある。そして、学校教育の多くは「形式知」によって成り立っている。特別な少数の専門科目を除けば、ほとんどの教科科目に教科書があり、それを使って授業は実践されている。その学校教育の中で、少数ではあるが「暗黙知」に重きを置くのが、芸術系の教科科目である。

　現在の学校教育は、言葉の教育をその中心に置いている。すなわち「暗黙知」を「形式知」に置き換えて教育が展開されているが、実技を中心とする教科の中でも美術、工芸における「暗黙知」は複雑である。本書で度々取り上げている「体験を通して学ぶこと」「見て学ぶ姿勢」は、「暗黙知」を「暗黙知」として理解することを目指すものである。しかし「暗黙知」にしても「形式知」にしても、それらが脳の中でどのように処理され、育てるべき重要な能力の1つである「創造力」は脳のどこに存在するのかは、まだ不明である。

　美術工芸の造形活動による教育は、「暗黙知」を中心とするだけにわかりにくく、わかりにくいだけに学校教育の中心に位置づけられることは少ないという現実がある。しかし、現在、脳のさまざまな働きを観察する機器を使った大脳生理学や認知心理学からの検証が急激に進行しつつあり、今後の脳の働きにおける造形活動の価値についての認識を大きく変化させる可能性がある。さらに、人工頭脳研究が現実味を増すにつれ、「暗黙知」を中心とする教育の意味も再評価されつつある。

　また、このような研究と連動する造形活動の発達段階の研究についても本書では触れることができていない。描画表現における発達に関する研究は、

古典的なローダ・ケロッグ（米、教育者・心理学者、1898-1987）による子どもの絵分析などがある。また、ヴィクター・ローエンフェルド（米、美術教育者、1903-1961）による人間形成を目的とする造形活動全般に関する発達の研究もある。しかし、素材との関わりやデザイン性という視点からの発達研究は不在であり、本書では成長発達という視点からの工作・工芸教育論は取り上げていない。

謝辞

　振り返ってみれば、ないもの尽くしの著作となってしまった感がある。しかし、これから工芸教育を担当しようとする学習者にとって必要な理念と視点は示し得たと考えている。また、すでに工芸の教育を実践している人たちにとっては、目指すべき方向性は指し示したつもりである。とはいえ、まだまだ研究の途中である。本書の内容について、多くの指摘やご意見があることも覚悟している。ここに示したこれからの課題についてのさらなる研究のためにも、多くの方からのご指導を願うものである。

　本来ならば、本書は2年前に刊行されるべきものであった。それがここまで遅れたのは、偏に著者の怠慢が原因である。このことで多大なご迷惑をかけることになった武蔵野美術大学通信教育課程のみなさま、武蔵野美術大学出版局のみなさまには、只々お詫びを申し上げるばかりである。特に、根気強く励ましをいただき、あまり類例のない本書の編集に、的確なご判断をいただいた武蔵野美術大学出版局の奥山直人氏には、深甚なる感謝を申し上げる。

　また、本書の執筆については、武蔵野美術大学国内研究員としての活動期間をあてることができた。講義や公務にご配慮をいただいた武蔵野美樹大学、ならびに国内研究員としての活動を支えていただいた武蔵野美術大学共通デザイン・教職課程研究室にも御礼を申し上げる。

2017（平成29）年1月

大坪圭輔

索引

A–Z

CIE　180, 192, 194

Do it yourself：DIY　244

FEA　50, 59, 178

GHQ　180, 192

InSEA　50, 59

OECD　24, 26

PISA　24, 26

あ

秋岡芳夫（あきおか・よしお）　310

秋元雄史（あきもと・ゆうじ）　42, 46

アクティブ・ラーニング　19, 301

朝倉松五郎（あさくら・まつごろう）　52, 55

浅沼稲次郎（あさぬま・いねじろう）　239

アーツ・アンド・クラフツ運動　208, 294

アート・アンド・ハンディクラフト　183

阿部七五三吉（あべ・しめきち）　111, 118, 119, 122, 125-127, 131, 135, 146

編組素材　259, 274

アメリカ式スロイド　121, 122, 124

荒練り　266

有田焼　312, 317, 320

有院遍良（アルウィン，ベラ）　92

『アルス大美術講座』　134, 135, 145

アール・ヌーヴォー　50, 294, 299

暗黙知　324

井口直樹（いぐち・なおき）　52

石川県立工業高等学校　53, 323

石野隆（いしの・りゅう）　126, 131, 132, 134, 137

椅子の変遷　296

板づくり　267, 307

一戸清方（いちのへ・きよかた）　127, 130

伊藤信一郎（いとう・しんいちろう）　122

命の学習　21

今右衛門窯　322

岩倉具視（いわくら・ともみ）　58

インダストリアルエイジ　234, 236

インダストリアルクレー　276

ヴァン・デ・ヴェルデ，アンリ　Henry van de Velde　145, 294, 300

ウィーン万国博覧会　40, 48-50, 57, 59, 99

上原六四郎（うえはら・ろくしろう）　36, 40, 86, 98, 99, 101, 102, 106, 107, 110, 112, 117, 118, 120, 127, 131, 260

漆　278

エッフェル塔　49, 294

『エノホン』　162, 164-167, 178, 183

オイルクレー　276

『墺国博覧会参同記要』　51, 58

大橋保夫（おおはし・やすお）　14

岡山秀吉（おかやま・ひできち）　36, 112, 118, 120, 122, 131, 135, 146

小川三夫（おがわ・みつお）　62

お道具拝見　285

帯鋸　124, 263

織り　271, 272

オールコック，ラザフォード　Rutherford Alcock　48

御装束神宝　17, 18

恩物　89, 91-98

『恩物大意』　91

か

『海外博覧会本邦参同史料』　47, 50, 57

改正教育令　88, 147

香川県立高松工芸高等学校　53, 323

柿右衛門窯　312, 322

各学科に共通する各教科　4, 71, 74, 236, 303

各個認定　312, 313

学習指導要領　180-183, 194, 209

学習指導要領改訂　23, 71, 198, 202, 231, 235, 253

学習指導要領 家庭科編 高等学校用 昭和二十四
　年度　187

学習指導要領 試案 昭和二十二年度　165, 166,
　180, 181, 183

「学習指導要領 図画工作編 試案 昭和二十二年
　度」の「はじめのことば」　183

学習指導要領の変遷　210

学制　89, 147

『学制百二十年史』　128

『学制百年史』　119, 128, 158

角鑿　246, 263

学力低下問題　23-25

掛図　133, 177

加設科目　82, 98, 100, 103, 110, 111, 134

型づくり　268

学校5日制　23

学校教育法　6, 180, 195, 207

学校教育法施行規則　180, 224, 225

学校施設整備指針　247-250

学校美術協会　137, 146, 160

学力の三要素　6

勝見勝（かつみ・まさる）　198, 230

家庭機械・家庭工作　4, 232-234

家内制手工業　62, 104

金子賢治（かねこ・けんじ）　41, 42, 45

狩野吉信（かのう・よしのぶ）　60, 65

紙　277

神作濱吉（かみさく・はまきち）　106

加用文男（かよう・ふみお）　46

ガラス　259, 268, 273, 274, 279

河井寛次郎（かわい・かんじろう）　304, 306-
　309

川喜田煉七郎（かわきた・れんしちろう）
　136, 146

還元焼成　268, 279

木内菊次郎（きうち・きくじろう）　35, 36

機械工業　41, 45

菊練り　268

『技芸教育ニ係ル英国調査委員報告』　85, 88

技芸師範学校　106

技術・家庭科　82, 83, 85, 223, 227, 228, 230-
　232, 234-236

『技術教育概論』　128, 129, 178

喜多院　60, 65

北澤憲昭（きたざわ・のりあき）　40, 99

キット教材　255-257

『木に学べ──法隆寺・薬師寺の美』　62-64,
　243

機能美　321, 322

基本科目　149, 150, 152

義務教育国庫負担制度　255, 258

義務教育諸学校等の施設費の国庫負担等に関
　する法律施行令　258

義務教育6年制　118, 119

ギャラリートーク　282

教育基本法　180, 207

教育審議会　153, 158-160

教育的スロイド　105-107, 121

教育普及活動　282

教科教室型　250

教科書検定制度　194

教科書制度　7

『デザイン』　201-206

教具　170, 252

教材　170, 247, 252-255

玉成高等保育学校　91

起立工商会社　49, 59

キルンワーク　273, 274

金工　251, 259, 269-271, 277

近代デザインの変遷　293-297

久保義三（くぼ・よしぞう）　223

久米邦武（くめ・くにたけ）　58, 59

クラフトデザイン　7, 43-46, 74-78

クリティカル・シンキング　283, 287

剝り物　262

グロピウス，ヴァルター Walter Gropius　145,
　198, 294

グロピウス教授を囲んでの討論会　198

黒楽　321

経験主義　97, 125

経済協力開発機構　24

経済産業省製造産業局伝統的工芸品産業室
　319

索引　　327

形式知　324

芸術科　194-196, 198, 199, 209

『芸術による教育』　59, 146, 195

芸能科　153, 160, 162, 187

芸能科工作　152-154, 160, 177, 189, 190

啓蒙主義　282

下手物　306, 308

ケルシェンシュタイナー, ゲオルグ Georg Kerschensteiner　122, 129, 158

ケロッグ, ローダ Rhoda Kellogg　325

現代美術社　240, 310, 320

『建築・造園・工藝』　159

小池岩太郎（こいけ・いわたろう）　201, 211, 213, 215

工業　40, 74, 85, 86, 99, 186

工業大意　148, 161, 178

工具　260, 263-265, 268, 271

工芸教育　7, 38, 39

工芸教室　222, 247, 250-252, 259

工芸作家による工芸　41, 42

「工芸手工」論　126, 131, 135, 144

工芸制作　6, 43, 71, 72, 216, 217, 221, 275

工芸デザイン　5, 7, 74, 136, 201, 296

『工藝による教育の研究──感性的教育媒体の可能性』　234, 236

工芸の機能　190, 191

工芸の教育　4, 6, 7, 44

工芸の美　190, 191

工芸未来派　42, 46

工作　67, 85-87, 152, 154, 161

構作科　160

工程　242, 245, 262, 267, 270, 275

『高等学校学習指導要領解説 芸術（音楽 美術 工芸 書道）編 音楽編 美術編』　43, 71, 72, 78, 79, 220-222, 275, 291

高等学校芸術科工芸　71, 194, 259

高等学校施設整備指針　249, 250

高等師範学校ノ学科及其程度　100

高等小学校　82, 100, 103, 111, 113-117, 119, 122, 128, 134, 161, 178

高等小学校実業科　161

高等女学校令　147, 153

高等中学校　100, 147

高等中学校ノ学科及其程度　100

合板　261-263

公民科　87, 149-151

香蘭社　322

五金　270

国際美術教育会議　50, 59, 178

国際美術教育学会　50, 59

国際理解　219, 291, 293

国定教科書　156, 157, 159, 162, 164, 166, 183, 185

『国民学校芸能科精義』　185, 186

国民学校令　86-88, 160-164, 177, 178, 183, 194

国民学校令施行規則　87, 162, 195

国立教育政策研究所　26, 88

コース・オブ・スタディ　180, 181

国家総動員法　152, 158

後藤福次郎（ごとう・ふくじろう）　137, 146, 160

後藤牧太（ごとう・まきた）　98, 104, 106-110, 127

コピー・アンド・ペースト　21

コールドワーク　273, 274

今和次郎（こん・わじろう）　131

権田保之助（ごんだ・やすのすけ）　131

近藤濱（こんどう・はま）　91, 93

さ

『最新工芸大観』　159

酒井田正（さかいだ・まさし）　312

佐賀県立有田工業高等学校　53, 323

裂織　272

サーキュラソー　264

作業科　86, 87, 147, 149-154, 160, 161, 163

作業学校運動　158

サスティナブルデザイン　75, 76, 290, 299

雑貨　44-46, 310

佐野常民（さの・つねたみ）　50

サロモン, オットー Otto Salomon　105-108, 121, 127, 129

酸化焼成　268, 279

産業科教育　122

産業革命　32, 104, 105, 294

産業工芸　41, 45, 135

産業デザイン　41, 45

産業ロボット　321

サンダー　264

サンフランシスコ講和条約　180, 194

椎野庄(正)兵衛（しいの・しょうべえ）　52

塩田眞（しおだ・しん）　53

視覚特別支援学校　29

シカゴ万国博覧会　49

磁器　265, 266

式年遷宮　17, 18, 20

ジグソー　264

シグネウス，ウノ　Uno Cygnaeus　105

仕事　14, 15

自然材　261

実学　21, 25

実業　147, 150

実業科工業　161, 163, 164, 186

実業学校令　147, 153

七宝　277

実利教育　101

自動鉋盤　263

『指導計画の作成と学習指導の工夫──高等学校芸術科美術、工芸指導資料』　220, 250

児童中心主義教育　97, 119, 127

『児童美術創作手工の実際』　131-134, 137, 138

師範学校教則大綱　99

師範学校令　100

渋沢栄一（しぶさわ・えいいち）　48

霜田静志（しもだ・せいし）　136, 137, 145, 146

社会と工芸　6, 43, 71, 72, 218-220, 222, 275, 292

ジャポニスム　15, 19, 48, 145

自由画教育論　125, 132

重要無形文化財　39, 286, 312, 313

重要無形文化財保持団体　312

手芸　66, 130, 163, 193, 229

手工科　40, 82, 85, 87, 88, 100, 101

『手工学習原論と新設備』　136

手工科廃止　112

『手工教育原論』　111, 112, 119, 125-127

『手工研究』　117, 118, 122

手工研究会　98, 112, 117, 118

主として専門学科において開設される各教科　74

シュパンヌンク　146

『小学校学習指導要領解説 図画工作編』　67

生涯学習社会　25

『小学校教師用手工教科書』　113, 116, 118, 120

小学校教則大綱　103, 111

小学校図画工作科　27, 67, 68, 72, 84, 85

『小学校に於ける手工教授の理論及実際』　120, 121, 123

小学校令　40, 98, 100, 103, 111

小学校令改正　111, 112, 119, 122, 127, 134, 161

情操　153, 154 194, 195, 235

情報基礎　234

『昭和教育史──天皇制と教育の史的展開』　223, 235

昭和33年改訂告示 学習指導要領　223-235

職業科　186

職業に関する課程　194

職人尽絵　60, 65

『白樺』　306, 308, 309

新教育運動　122, 125, 127

『新教育に立脚せる図画手工指導の実際』　136

『新手工教科書』　122-125

尋常師範学校ノ学科及其程度　100

尋常小学校　82, 100, 103, 111, 115-118, 128, 134

尋常中学校　100, 147

尋常中学校ノ学科及程度　100

新制高等学校の教科課程に関する件（通達）　182

図画工作科　180, 183, 185-189

図画工作室　247, 259

『図画手工傑作集』　137, 141-143

図画手工統合論　136

スタディモデル　276

墨塗り教科書　181

スランピング　273, 274

スリップウェア　306, 308

スロイド教員養成所　64, 104, 106

スロイドシステム　64, 97, 104, 105

生活感情　45, 46, 286

生活工芸　16-19

製材用バンドソー　263

青春様式　299

生徒の学習到達度調査　24, 26

積層材　262

炻器　265, 266

設計・製図　4, 232, 233

石膏　276

芹沢銈介（せりざわ・けいすけ）　302, 306-308

全国学力・学習状況調査　25

増課科目　150

総合高等学校　74, 250, 258

総合的な学習の時間　21-24, 74, 216

創作手工協会　126, 131, 133, 134

『創作手工と図案』　133

創造の能力　232

創造力　5, 6, 324

素材　68, 259-261, 266, 270, 276-278

染め　271, 308

た

第一次教育使節団　180, 192

第1回パリ万国博覧会　47

第1回ロンドン万国博覧会　47

大工道具　241-246

第5回パリ万国博覧会　49

題材開発　253, 259, 260

第3回パリ万国博覧会　49

泰西名画　307

大斗　63, 65

第2回パリ万国博覧会　48

第2回ロンドン万国博覧会　48

第4回パリ万国博覧会　49

対話型鑑賞　282, 283

ダウ，アーサー　Dow Arthur　136, 145

高橋正人（たかはし・まさと）　198, 201

高村豊周（たかむら・とよちか）　131

武井勝雄（たけい・かつお）　136, 146

竹中大工道具館　241-243, 245, 246

武政太郎（たけまさ・たろう）　92

たたらづくり　267, 268

伊達弥助（だて・やすけ）　52

田中芳男（たなか・よしお）　51, 53, 58

たなごころ　286

単位制　250, 258

鍛金　269, 270

男女共修　232

地域文化　255, 323, 324

竹工芸　274, 275

チゼック，フランツ　Franz Cizek　137, 146

茶事　285

中央教育審議会令　194

『中学校学習指導要領解説 美術編』　69, 70, 84

中学校技術・家庭科　4, 83, 115, 116, 231

中学校教科教授及修練指導要目　153, 154, 156

中学校教則大綱　40, 99, 147

中学校美術科　69, 70, 72, 253-255

中学校令　88, 100, 147, 153

中学校令改正　147

中学校令施行規則　86, 147, 149, 158

中学校令中改正　147

鋳金　270

中等学校令　153, 156, 163, 164

中等教育学校　74, 193

中学校教授要目　147, 158

彫金　270

朝鮮陶磁器　306

直観教授　89, 101

手遊び　38, 39

帝室技芸員制度　66

手織り機　271, 272

テキスタイル　228, 229, 259, 271-273

テクスチャー　217, 219, 271, 272

手捏ね　267

デザイン技術　7, 74-77, 276

デザイン史　74, 288, 290, 293

手仕事　17, 18, 38, 39, 301, 302, 306

『手仕事の日本』　301-306

手島精一（てじま・せいいち）　104, 106, 110, 127, 130

手の教育　4, 41, 135

手捻り　267

デューイ，ジョン　John Dewey　97, 122, 129, 158

テラコッタ　29, 31

伝産法　302, 310, 314, 315

伝習生　48, 52, 53

伝承　17-19

電動糸鋸　264

伝統工芸　7, 15-17, 302, 303, 314, 319, 324

伝統工芸士　318

伝統的工芸品　41, 286, 302, 303, 314-319

伝統的工芸品産業振興協会　316, 318

伝統的工芸品産業の振興に関する法律　302, 310, 311, 314, 315

電動丸鋸　264

ドイツ工作連盟　294, 300

陶器　265-267

東京高等師範学校手工専修科　112

東京女子師範学校　89, 91

東京女子師範学校附属幼稚園　91, 93

東京母の会連合会　239

『東京府学術講義　手工科講義録』　101, 103, 110

東京府手工科講習会　98, 117

『道具と手仕事』　244

陶芸　170, 251, 259, 265-268, 279, 307, 314

陶芸窯　170, 268, 279

胴田貫　238

土器　265, 266, 268

特別活動　74

特別教室型　250

『特命全権大使　米欧回覧実記』　58, 59

徒弟制度　5, 60-62, 64, 65

富本憲吉（とみもと・けんきち）　306, 307, 309

富山県立高岡工芸高等学校　53, 323

豊田芙雄（とよだ・ふゆ）　91, 93

取扱い説明書　244

泥だんご　39, 46

な

『内外技芸教育新書』　106-109

内国勧業博覧会　40, 46, 47

長谷喜久一（ながたに・きくいち）　98

中村喜一郎（なかむら・きいちろう）　52

捺染　272

ニイル，アレキサンダー　Alexander Neill　145

濁手　312, 313

人間国宝　312

西岡常一（にしおか・つねかず）　62, 63, 242-244

西川友孝（にしかわ・ともたか）　159

日本インテリアデザイナー協会　198

日本教育制度ニ対スル管理政策　180, 192

日本工芸会　314

日本手工研究会　98, 118

『日本手工原論』　130

日本デザイン学会　198

『日本の職人』　61

『日本美術教育史』　86, 128, 152, 160, 161, 180, 182, 183, 234

日本美術展覧会　207

日本民藝館　306, 307

『日本民藝美術館設立趣意書』　304-306, 308

ニューヨーク万国産業博覧会　47

人間型ロボット　321

人間国宝　312

認知能力　284, 285, 287, 301

ネース・少年スロイド学校　105, 107

農山漁村文化協会　16, 19

納富介次郎（のうとみ・かいじろう）　53, 323

農民美術運動　134, 144

農民美術講習会　145

索引　331

熨斗袋　33-35
野尻精一（のじり・せいいち）　104, 106, 110

は

バウハウス　136, 145, 146, 198, 207, 208, 294
バウハウスの「基礎課程」　198, 208
博覧会国際事務局　47
バタフライナイフ　239, 245
バーナーワーク　274
ハニカムボード　277
パブリックコメント　209
濱田庄司（はまだ・しょうじ）　304, 306-309
バルセロナ万国博覧会　49
ハンドドリル　263, 264
火打石　32, 36
挽型成形　276, 279
挽物　263
肥後守　238, 239, 241
『美術家の欠伸』　144
美術鑑賞　136, 282
美術教室　245, 247, 248, 258, 259
非認知能力　284, 285, 287, 301
被服製作　4, 232-234
紐づくり　267
表示　197, 210-213, 229-231, 233, 253, 254
平山英三（ひらやま・えいぞう）　52
平山成信（ひらやま・なりのぶ）　51, 58
広川松五郎（ひろかわ・まつごろう）　131
ファブリック　271, 294
フィラデルフィア万国博覧会　48, 106
フェノロサ，アーネスト　Ernest Fenollosa　145
深川製磁　322
深澤直人（ふかさわ・なおと）　44, 295
藤山種廣（ふじやま・たねひろ）　52
『不揃いの木を組む』　64
普通課程　194, 196
普通教室　250, 252, 258
フュージング　273, 274
プラグマティズム　122, 129
プラスチック　276

フレーベル，フリードリヒ　Friedrich Fröbel　89, 91, 92, 94, 97, 101, 105
『フレーベルの恩物の理論とその実際』　91, 92, 95-97
プレゼンテーションモデル　276
プロダクト　6, 7, 72, 201, 202, 220, 222
プロダクト制作　6, 43, 71, 72, 216, 217, 220-222, 275
プロダクトデザイン　7, 43-45, 72, 74-76, 78, 220-222, 275-277
プロトタイプモデル　276
文化遺産等の継承　293
文化財保護法　310-312
文教施設企画部　247
『米国百年期博覧会教育報告』　106
ペスタロッチ，ヨハン・ハインリッヒ　Johann Heinrich Pestalozzi　89, 92, 101, 105, 158
ペーパーモデル　276
ヘムスロイド　104, 105
ベルトサンダー　264
鳳凰殿　49
法的拘束性　181, 198, 223
棒練り　266
法隆寺金堂壁画焼失、焼損　311, 320
ボール盤　263
細谷俊夫（ほそや・としお）　128, 129, 161, 178
ホットワーク　274

ま

曲げ輪づくり　262
正木直彦（まさき・なおひこ）　50, 131, 146
松永東（まつなが・とう）　223
松野クララ（まつの・くらら）　91, 93
松原郁二（まつばら・いくじ）　236
学びの真正性　30
マニュアル　244, 245
マネージメント能力　252
身近な生活と工芸　6, 43, 71, 72, 218, 219, 275
水谷武彦（みずたに・たけひこ）　198
水引　33, 34

三苫正雄（みとま・まさお）　182, 185, 186, 191, 192

宮大工　62, 64, 242

宮脇理（みやわき・おさむ）　98, 234, 236

民間情報教育局　180, 183, 187, 192, 194

民間美術教育団体　195, 207

民藝　38, 41, 105, 286, 301, 304-309

民藝運動　6, 154, 301-304, 307-309

無形文化財　311-314

ムテジウス，ヘルマン Hermann Muthesius 300

棟方志功（むなかた・しこう）　306, 309

村松貞次郎（むらまつ・ていじろう）　244-246

めでる　286

メルボルン万国博覧会　49

木材加工・金属加工　4, 232, 233

木喰仏　306, 309

木工　251, 259-265

木工ろくろ　263, 279

モデルメーキング　259, 275, 276

森有礼（もり・ありのり）　111, 117, 128

モリス，ウィリアム William Morris　208, 294, 299

モルレー，ダビッド David Murray　89

問題解決型学習　25

文部科学省著作教科書　288, 299

文部省手工講習会　40, 86, 101, 107

文部省主催中等教員手工科夏季講習会　113

や

薬師寺　62-64

矢代幸雄（やしろ・ゆきお）　15, 16

柳宗悦（やなぎ・むねよし）　6, 154, 301-304, 306-309, 322

山形寛（やまがた・ゆたか）　86, 87, 128, 146, 152, 160, 180, 182, 183, 192, 234

山本鼎（やまもと・かなえ）　125, 126, 129-132, 134, 136, 137, 144-146

山脇巌（やまわき・いわお）　198

槍鉋　243

有形文化財　311, 312

ユーゲントシュティール　299

油土　271, 276

ゆとり教育　23, 24

ユニバーサルデザイン　75, 76, 290, 299

洋銀　270

幼児教育論　91, 101

用と美　70, 77, 191, 197, 201

用の美　42, 286, 321, 322

洋白　270

横井曹一（よこい・そういち）　136, 137, 145, 146

吉田光邦（よしだ・みつくに）　61

寄木細工　262

ら

ラスキン，ジョン John Ruskin　299

ラーソン，グスタフ Gustav Larson　129

リーチ，バーナード Bernard Leach　306, 308, 309

リード，ハーバート Herbert Read　59, 146, 195

リバティ様式　299

レヴィ＝ストロース，クロード Claude Lévi-Strauss　14-17, 19

連合国軍最高司令官総司令部　180, 192

労作教育　122, 129

労働　14, 15

労働科学研究所　241, 246

ローエンフェルド，ヴィクター Viktor Lowenfeld　178, 325

ろくろ成形　268

ロストワックス法　270, 279

ロボット工学　321

わ

わが国大工の工作技術に関する研究　241, 244, 246

ワグネル，ゴットフリード Gottfried Wagener　48

著者略歴

大坪圭輔（おおつぼ・けいすけ）

1953年、長崎県生まれ。1979年、武蔵野美術大学大学院修士課程修了。

武蔵野美術大学教授。専門分野は、美術・工芸教育法、教育方法。初等中等教育段階を中心とする造形美術教育の実践的研究。特に、造形能力の発達とその社会的教育的意味に関する研究、及びその題材と教育方法の開発。

主な著書に、『美術教育資料研究』（武蔵野美術大学出版局、2014）、平成24年度用文部科学省検定済中学校美術教科書『美術1』・『美術2・3（上下）』（著者代表、開隆堂出版, 2012）、『美術 表現と鑑賞』（共同監修・共著、開隆堂出版、2011）、『美術教育の動向』（共編著、武蔵野美術大学出版局、2009）など。

現在、国際美術教育学会（InSEA）会員、美術科教育学会会員、開隆堂中学美術教科書編集委員会（日本造形教育研究会）著者代表、公益社団法人日本美術教育連合代表理事、公益財団法人教育美術振興会評議委員。

表紙デザイン：白尾デザイン事務所

工芸の教育

2017 年 4 月 1 日　初版第 1 刷発行

著　者　大坪圭輔

発行者　小石新八
発行所　株式会社武蔵野美術大学出版局
　　　　〒 180-8566
　　　　東京都武蔵野市吉祥寺東町 3-3-7
　　　　電話　0422-23-0810（営業）
　　　　　　　0422-22-8580（編集）

印刷・製本　図書印刷株式会社

定価は表紙に表記してあります
乱丁・落丁本はお取り替えいたします
無断で本書の一部または全部を複写複製することは
著作権法上の例外を除き禁じられています

©OHTSUBO Keisuke 2017
ISBN978-4-86463-058-0　C3037　printed in Japan